政府规模与经济增长

李银秀 ◎著

中国社会科学出版社

图书在版编目（CIP）数据

政府规模与经济增长/李银秀著.—北京：中国社会科学出版社，2017.6

ISBN 978-7-5203-0247-0

Ⅰ.①政…　Ⅱ.①李…　Ⅲ.①国家行政机关—行政管理—关系—经济增长—研究—中国　Ⅳ.①D630.1②F124

中国版本图书馆CIP数据核字(2017)第094672号

出 版 人	赵剑英
责任编辑	卢小生
责任校对	周晓东
责任印制	王　超
出　　版	中国社会科学出版社
社　　址	北京鼓楼西大街甲158号
邮　　编	100720
网　　址	http：//www.csspw.cn
发 行 部	010-84083685
门 市 部	010-84029450
经　　销	新华书店及其他书店
印　　刷	北京明恒达印务有限公司
装　　订	廊坊市广阳区广增装订厂
版　　次	2017年6月第1版
印　　次	2017年6月第1次印刷
开　　本	710×1000　1/16
印　　张	14
插　　页	2
字　　数	235千字
定　　价	60.00元

凡购买中国社会科学出版社图书，如有质量问题请与本社营销中心联系调换
电话：010-84083683

摘 要

改革开放后，我国经济增长迅速。从普遍贫困到持续繁荣、从计划经济到市场经济、从闭关锁国到积极参与全球化，这些都是我国在改革进程中发生的经济大转型。在这些成就的背后，政府扮演着非常重要的角色。但是，相对经济转型，政府转型却缓慢而滞后，并在一些领域成为经济发展的障碍。当前，我国正处于转型关键时期，政府转型滞后导致政府在履行职能时存在许多问题，根本原因在于没有搞清楚政府应该管什么、能管什么，政府规模庞大。因此，有必要对政府规模进行研究，而政府规模和经济增长的关系就是一个值得重点关注的角度。

政府规模对经济增长的影响机制非常复杂，最直接的是通过制定各种政策和控制财政支出来影响经济。本书从财政支出角度来分析政府规模通过影响消费、投资、就业和产业结构等直接影响经济增长，以及通过影响资本、劳动和技术进步等生产要素间接影响经济增长，试图对政府规模影响经济增长的机制进行理论解释。在此基础上，应用我国286个地级市的面板数据，以政府机构工作人员数来反映政府规模，采用系统GMM方法对我国政府规模和经济增长之间的关系进行实证研究，结果表明，当前我国政府规模对经济增长产生了不利影响，政府规模的过度扩张显著地阻碍了经济增长。这一结论在基于陕西经验的STR分析中也得到了验证，因此必须压缩政府规模并保持在合理水平。要保持合理的政府规模，必须基于政府能力和市场能力的均衡关系来有效界定和转变政府职能。十八届三中全会明确了实现国家治理现代化这一总目标，政府职能转变应纳入现代国家治理体系框架内才能得到有效的制度保障。只有实现政府、市场和社会三个治理领域协同互动，才能发挥政府治理的主导作用，最大限度地促进经济增长。

关键词： 政府规模　经济增长效应评价　政府职能转变　国家治理体系

Abstract

After the reform and opening up, China has experienced rapid economic growth. Such a significant growth speed caught worldwide attention. From the absolute poverty to continued prosperity, from a planned economy system to a market economy system, from public ownership to private ownership, from seclusion to actively participate in globalization, these are all the economic transformation occurred in China in the reform process, in which governments played a very important role in such a rapid economic growth. But comparing to economic transformation, the government transformation was slow, and in some aspects gradually became an obstacle to economic development. Although large and small institutional reforms were conducted a dozen times, the size of government organizations had not being effectively controlled. Currently, China is in a critical period of transition. But the lagging of government transformation led to its poor performance, such as the excessive government intervention in the market, the absence of governmental supervision and regulation, as well as the dislocation of government functions. The fundamental reason is that it was not sure what the government should control and what the government can control. So the study of the relationship between the government size and economic growth is critical to find an appropriate size of government to optimize the impact of government on economic growth, to maximize the sustainable economic and social development.

Although the mechanism of the impact of government size on economic growth is complicated, the most directly path is by policy making and financial controlling. Therefore, using financial indicator, this paper studied the direct impact of government size through influencing the consumption, investment, employment, and the structure of industries, as well as the indirect impact of government size through influencing capital, labor, and technological improvement, to explain the mechanism of the impact of government size on the economic growth. The panel data of 286 level cities were used to test the impact of government size on the economic growth. In the study, the number of government officers was used to represent government size. The result indicated that over – expansion of government size had negative impact on economic growth, which was also supported by the STR analysis on Shaanxi province. Therefore, it is critical to transform the government function to compress the government size and control it at a reasonable level. In order to achieve this target, it is necessary to define and transform government functions based on the balance between government capability and market capability. The 18th Central Committee of the Communist Party of China cleared the general target of realizing the modernization of state governance, then the transformation of government function should be put in the the modern state governance system, which is the effective institutional guarantee. And in order to play the leading role of government governance, the synergistic interaction of government, market, and society should be achieved, therefor a responsible, scale limited, efficient service – oriented government will maximize the government function to improve economic growth.

Key Words: Government Size; Evaluation of the Effect of Economic Growth; Government Function Transformation; Modern State Governance System

目　录

第一章 导论

第一节 选题背景和意义

一 选题背景

2013 年 11 月 9 日召开的十八届三中全会，提出构建现代国家治理体系是中国行政体制改革的总体战略目标。这也是政府角色定位及其治理方式现代转型的核心问题。全会还明确提出要建设法治政府和服务型政府，并强调要加快转变政府职能，全面正确履行政府职能。我国建立有中国特色的社会主义市场经济体制已经 30 多年，从最初的政府逐步放权让利到进一步强化市场对资源配置的基础性作用，弱化政府的行政干预，再到认识到构建有效政府是完善社会主义市场经济体制的核心，这种转变和发展体现了在市场化的进程中我国政府不断积累经验，对实践中出现问题的理解也越来越深刻清晰。

在社会主义市场经济体制下，政府的主要职能有微观规制、宏观调控和提供公共服务三项。政府应该将控制的资源集中到这三项职能上来，并且要限定在履行应尽的职能范围内（胡家勇，2009），否则就不能实现正确履行政府职能的目标，在现实经济生活中必定会继续存在政府的“越位”“缺位”“错位”等现象。因此，这次全会强调指出：“要进一步简政放权，深化行政审批制度改革，最大限度减少中央政府对微观事务的管理，市场机制能有效调节的经济活动，一律取消审批，对保留的行政审批事项要规范管理、提高效率；直接面向基层、量大面广、由地方管理更方便有效的经济社会事项，一律下放地方和基层管理。在国有企业改革方面提出要完善国有资本经营预算制度，提高国有资本收益上缴公共财政比例，到 2020 年，提高到 30%，并更多地用于保障和改善民生。在建立和完善市场经济的支持性制度方面，提出实行统一的市场准入制度建立公平开放透明的市场规则，改革市场监管体系，实行统一的市场监管，完善主要由市场决定价格的机制。凡是能由市场形成价格的都交给市场，政府不进行不当干预等改革目标”。①

2014 年年底，我国大陆省级区划数共有 31 个，地级区划数共 333 个，地级市 288 个，县级区划数共 2854 个，乡镇级区划数共 40481 个。② 由于我国政府机构具有很强的同构性，因此，从各级区划数量上看政府机构数量是相当庞大的，相应各个部门配备的人员数量也是相当庞大的，而且还会有各种从财政上支付工资的编外人员，所以精简机构，压缩人员编制一直是我国政府机构改革努力实现的目标，但最后结果总是精简掉的机构又重新设立起来，缩减了的人员又扩充到了其他机构。归根结底是因为没有搞清楚政府应该管什么、不应该管什么、政府能管什么、不能管什么，改革最后只能又回到原点。

二　选题意义

诺斯在 1981 年提出，国家具有双重目标，一方面，通过向不同选民集团提供不同的产权，使统治者（或阶级）的权力租金最大化；另一方面，国家还试图降低交易费用（监督、检测和课征赋税）以使推动经济增长的作用最大化，从而增加国家税收。如果将国家面临的竞争和交易费用的双重约束结合起来分析的话，使统治者（或阶级）租金最大化的产权结构与它推动经济增长的作用实际上是相互冲突的。著名的“诺斯悖论”——“国家的存在是经济增长的关键，然而国家又是人为经济衰退的根源”，就描述了国家与社会经济这种既相互联系又相互矛盾的关系。此外，由于存在投票悖论、理性无知、政治市场的不完全竞争以及交易对象难以考核等因素，政治市场的交易费用会很高，政府作用的结果往往是使经济增长停滞。③ 因此，政府是被有限需要的，政府规模不能不受限制地膨胀，反映在政府规模方面就体现为政府规模的适度化，政府的最优规模应该保持在能最大限度发挥政府对社会发展积极作用的水平上。

---

① 详见《中共中央关于全面深化改革若干重大问题的决定》。

② 数据来源于《中国统计年鉴》(2015)。

③ ［美］D. C. 诺斯：《经济史中的结构与变迁》，陈郁等译，三联书店上海分店 1991 年版，第 20—28 页。

英国哲学家和思想家约翰·洛克在其著名的《政府论》中把政府视为“必要的恶”，并提出“有限政府”的概念，认为保障生命、财产和自由等基本人权是政府行为的底线。[①] 美国思想家托马斯·潘恩则对这种“恶”做了区分，认为政府即使在最好的情况下也是不可避免的祸害，在最坏的情况下就成了不可容忍的祸害。[②] 马克思和恩格斯则将国家视为无产阶级争取阶级统治斗争胜利后继承的一个祸害，必须立即尽量除去这个祸害的最坏的方面。[③] 但是，不管政府是肿瘤还是祸害，它同时也是必要的，这是不争的事实。既然政府是不可避免的“恶”，那就应该将这个“恶”控制在适当的范围，让它为我们所用。

斯蒂格利茨认为，政府拥有全体社会成员和强制力这一显著特征使政府在纠正市场失灵方面具有明显优势。

第一，政府能征税。可以通过设置不同税种及税率来实现对生产的监控，达到限制或鼓励某种产品的生产。

第二，政府拥有禁止权。可以通过进入许可来限制企业进入市场，甚至可以禁止任何活动。

第三，政府拥有处罚权。虽然法律对所有合同的履行及违约做出了规定，比如对有限责任债务限定个人可能遭受的损益，但比起法律，政府对诸如污染这样的行为能实施更严厉的处罚。

第四，根据科斯定理，如果产权事先界定，私人部门在纠正市场失灵时和政府效用一样，因此政府没有存在的必要。

但斯蒂格利茨将其称为“科斯谬见”，认为政府较之私人部门在纠正市场失灵上具有交易费用优势。比如组织费用、“搭便车”和不完全信息市场带来的交易成本上升等问题，如果换成公共供给能大大降低交易费用。并且，有些交易成本会产生逆向选择问题，从社会整体来看，这实际上是租金收入的再分配，因此，只有政府是唯一能平衡所有社会成员的组织。但是，斯蒂格利茨也指出，在纠正市场失灵时，政府也会失灵，这主要是因为政府要承受就业政策，以及关注公平的政府支出政

---

① 燕继荣：《从“行政主导”到“有限政府”——中国政府改革的方向与路径》，《学海》2011 年第 3 期。

② ［法］托马斯·潘恩：《潘恩选集》，马清槐等译，商务印书馆 1981 年版，第 3 页。

③ 《马克思恩格斯选集》第一卷，人民出版社 1972 年版，第 336 页。

策产生的严重压力。[①] 因此，政府对市场的干预作用是有限的。在纠正市场失灵的过程中可能出现政府失灵，在某些情况下不但会加剧市场的无效性，甚至会带来比市场失灵更严重的危害。政府失灵在制度上的表现主要体现在政府管制、"寻租"和官僚主义三个方面。[②]

从上述学者的经典理论可知，政府确实有存在的必要，但政府规模的过度扩张又不利于经济增长。在我国建立和完善社会主义市场经济体制过程中，一样要面对"诺斯悖论"的问题，因此，必须正确确定并履行政府职能，保持政府的合理规模，最大限度地促进经济增长。

关于政府规模和经济增长，从理论上说，主要有两种基本观点：一种观点认为，大政府是影响经济增长及其效率的决定性因素。政府通常是低效率运行的，常常强加给经济过多的负担，并且很多政府财政及货币政策经常扭曲经济，降低生产效率。另一种观点认为，大政府是促进经济增长强大的动力。因此，在现实中，从经济增长的角度看，一个重要问题就是政府规模与经济增长存在什么样的关系，多大的政府规模对经济增长是优的？

国内很多学者对政府规模与经济增长进行了大量的研究，这方面的文献相当丰富。但是，他们大都侧重于对政府规模和经济增长之间的实证检验，也有一部分学者对政府规模影响经济增长的机制做了一些阐述，但不系统，并且在衡量政府规模的指标上大都采用财政支出或政府消费，这并不能真实反映政府的实际规模，相对来说，本书采用的人员规模可能要更直观和准确，学者们实证分析所用的数据和方法也基本相同，都采用全国省际面板数据进行固定效应或者随机效应分析，也不利于准确反映政府规模及其与经济增长之间的关系的地区差异，结果可能存在较大误差。本书在系统阐述政府规模影响经济增长机制的基础上，应用全国地市级面板数据来进行检验，更能反映出地区差异。在方法上本书采用的是系统广义矩估计（GMM）方法，能较好地处理数据带来的误差，并能有效避免由于不符合面板分析的假设条件带来的偏差，因此在数据上和方法上都相对更为完善。这也许是本书对政府规模这一研

① ［美］约瑟夫·E. 斯蒂格利茨：《政府为什么干预经济——政府在市场经济中的角色》，郑秉文译，中国物资出版社1998年版，第74—80页。

② 洪银兴：《政府干预效率的经济学分析》，《江苏行政学院学报》2003年第1期。

究领域的微薄贡献。并且从围绕政府职能转变这个核心进行政府机构改革，结合现代国家治理体系这一转变政府职能的制度保障来讨论我国合理政府规模的构建，为我国今后的行政体制改革提供了有益的借鉴，因此本书也具有一定的实践意义。

第二节　概念界定

关于政府规模的概念，很多学者都提出了自己的看法。如王玉明（1998a，1998b）指出，政府规模是指在一定政治、经济、文化等现实条件下，以政府职能为基础，由政府机构及其工作人员数量、政府行政行为成本共同决定的政府活动范围。政府规模包含内在规模和外在规模这两个不可分割的方面，政府的内在规模决定外在规模，是外在规模的依据和基础，外在规模是内在规模的具体表现，两者相互联系、相互作用。卢向国（2001）认为，政府规模既指政府职能和权力范围，又指政府机构和人员规模。王祖明等（2004）认为，政府规模是指管理一定地域范围和人口数量的政府机关相应设立的组织机构和职位的数量。姚静（2005）认为，政府规模是政府履行职能的活动范围及其质和量，既指政府职能与权力范围，又指政府机构和人员；王雪青（2005）认为，政府规模是以职能和权力配置为基础，按一定组织原则建构的政府各个具体组成部分的总和。它是在一定现实条件下，由相应政府机构和人员、政府行为成本共同决定的政府活动范围。金红磊（2005）认为，政府规模是以公务人员数量、机构数量和财政指标为量度的以权力和职能为基础的政府作用的范围。以上学者在界定政府规模时虽然表述有所不同，但基本都包含职能、机构、人员和政府成本等要素。笔者比较认同金红磊提出的政府规模概念，即政府规模是指以政府职能规模和政府机构、人员规模为基础，由一定的管理层级和管理幅度构成的要素总和。这种政府规模分为内在规模和外在规模。内在规模由政府职能和政府权力等无形要素组成，外在规模由政府机构、人员、政府支出和公共事务等有形要素组成。内在规模决定外在规模，外在规模是内在规模的物质载体，两者是统一的。在设定政府规模时，必须从政府的内在规模入手，以内在规模来限定外在规模，因此，要研究政府规模的大、小、适度，关键是要看政府职能和权力的范围是大、小还是适度。总的来说，政府规模主要包含政府职能规模、权力规模和机构规模三个方面内容。

一　政府职能规模

政府职能是指政府在一定时期内国家行政机关对国家和社会公共事务进行管理时应承担的职责和所具有的功能，主要包括政治、经济、文化和社会等方面的职能。反映着公共行政的基本内容和活动方向，是公共行政的本质表现。其规模的大小取决于政府管理国家和社会事务的范围、数量以及复杂程度。从理论上说，政府的主要作用是为社会提供公共服务。这个公共服务应该既包括政府对经济的宏观调控、对市场的监管和进行社会管理的间接公共服务，即政府公共行政管理，也包括向社会提供经济性或者社会性的直接公共服务。直接公共服务称为狭义的公共服务，直接公共服务和间接公共服务共同构成广义公共服务概念①，它们之间的关系如图1－1所示。

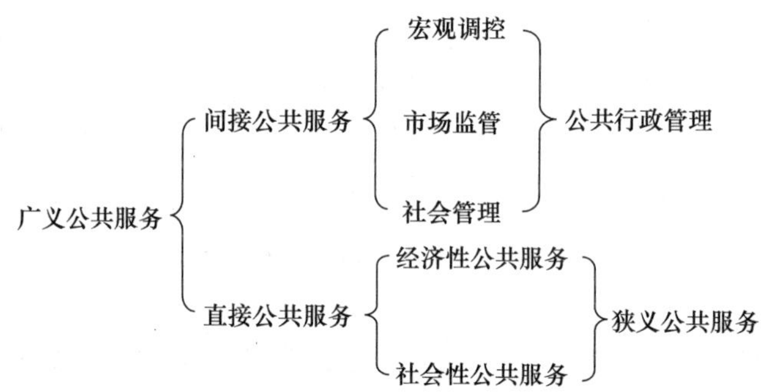

图1－1　广义的公共服务内容

但是，从现实来看，在社会发展的不同阶段，政府作用是有差别的。1997年世界银行发展报告认为“政府的第一项职责是做好基础性工作”，这些基础性任务包括“建立法律基础；保持非扭曲的政策环境，包括保持宏观经济的稳定；投资于基本的社会服务与基础设施；保

① 肖晓军：《中国政府职能定位与转型路径分析》，博士学位论文，华南师范大学，2007年，第50页。

护承受力差的阶层；保护环境”，而“在基础性工作之外，政府并不是唯一的提供者”。①

我国在经济体制改革的推动及西方政治学说的影响下，20 世纪 80 年代中期，学术界才开始讨论在商品经济条件下政府应该做什么和怎么做的问题，到 90 年代中期，对这一问题已经达成了基本共识，但是对政府职能的界定比较混乱，最典型的表现就是把有关国家机器的一切活动都视为政府职能，在转变政府职能的进程中发生了各种各样的问题，主要表现为两个领域认识的局限：一是混淆了政府职能的转变和机制调整；二是未能将政府职能转变与机构改革有效结合起来，从而导致机构改革长期停留在简单的“精简”层次。② 胡家勇（2009）强调指出，在社会主义市场经济中，政府的基本职能有三个，即微观规制、宏观调控和提供公共服务。还指出，要构建有效政府，政府应该将所支配的资源，主要是财政收入集中投入到这三项基本职能上来。

当前，构建服务型政府是对我国政府职能的新定位，也是对过去政府职能转变工作的总结。早在 2003 年 9 月中央就明确指出，“经济调节”“市场监管”“社会管理”和“公共服务”是社会主义市场经济条件下政府的四项基本职能。2004 年 2 月，温家宝总理在关于《深化行政管理体制改革　加快实现政府管理创新》的讲话中提出了“建设服务型政府”的概念。随后党的十七大报告中明确提出，把“建设服务型政府”作为行政管理体制改革的目标。

二　政府权力规模

政府权力规模一般指行政权力占整个公共权力体系的比例，它取决于国家宪政体制中公共权力在行政体系中的配置情况，是由政府机构、公务人员、政府支出和公务等有形要素构成的规模。③ 英美法系国家，由于司法传统较浓，在政府权力配置上会比较注重权力制约，采用决策、执行和监督三权分立的体系，而大陆法系国家，由于行政权比较发达，在政府权力配置上会更注重权力的统一和协调。

因国家结构的不同，政府权力的内部结构也不同。系统理论指出，

① 世界银行《1997 年世界发展报告》编写组编著：《1997 年世界发展报告变革世界中的政府》，蔡秋生等译，中国财政经济出版社 1997 年版，第 4 页。

② 朱光磊：《中国政府职能转变问题研究论纲》，《中国高校社会科学》2013 年第 4 期。

③ 金红磊：《适度政府规模研究》，人民出版社 2010 年版，第 44 页。

结构是系统的内部规定，功能是系统的外部规定，内部结构决定外部功能，外部功能体现、反映系统的内部结构，两者既对立又统一。[①] 这意味着优化政府权力结构并调适其规模是有可能的。同时也意味着如果出现权力垄断、混淆和异化等现象，即政府权力突破了合理边界，政府规模就会扩张、膨胀。[②] 因此，必须按照系统理论科学地整合政府的结构和功能，按照法治原则配置、运用并监督政府权力，保持政府权力在社会整体权力系统中的适当比例。

三 政府机构规模

政府机构规模是由政府机构、政府机构工作人员、政府各种支出和费用以及公共事务等要素组成。其中，机构规模是指政府为管理国家和社会事务设置的各级政府机构的数量和结构；人员规模是指政府机构的工作人员数量；费用规模是指政府占有和耗费的各种经费数量，三者相互作用、相互制约，共同构成政府的外在规模。

政府机构的结构包括横向和纵向两部分结构。横向结构是指政府的管理幅度和各政府工作部门的数量，政府管理幅度越宽，设置的工作部门就越多，政府规模相应就会越大；纵向结构是指从中央到地方的层级结构设置，以及政府机构内部的管理层次设置，纵向层级和政府机构内部管理层次越多，政府规模相应也会越大。因此，政府规模的大小和政府机构的结构合理与否直接相关。

人员规模一般体现为政府机构工作人员在总人口中的比例，这个比例与政府规模明显是正相关的，政府机构工作人员越多，机构就越大，相应所需的经费、工资、福利支出就会越大，政府机构工作人员数量是政府规模最直观的一种体现，因此，政府机构工作人员数量在总人口中的比例要合理适中。

费用规模是政府行政成本和行政效率高低的最直接反映。通过对政府总支出的控制，可以实现对政府规模的成本硬约束，提高政府利用社会资源的效率，有利于节约社会资源。如果政府投入太少，政府向社会提供的公共服务可能会短缺，如果政府投入太多，又会造成浪费，导致

---

① 郑晴：《我国政府规模膨胀问题研究》，硕士学位论文，南京师范大学，2010 年，第 1—2 页。

② 包心鉴：《论我国行政体制改革的双向目标结构》，《社会科学研究》1994 年第 3 期。

政府规模过度膨胀，因此，政府总支出在总产出中所占的比例要有一个合适的度。

第三节　主要内容、研究方法及创新

一　主要内容

本书基于国家治理体系大框架下，从政府规模影响经济增长的机制出发，分析政府规模对经济增长的直接和间接影响，着重论述了政府规模是如何通过影响技术、人力资本、物质资本等生产要素来影响经济增长的。并在此基础上，应用全国地级市面板数据来检验和评价政府规模的经济增长效应，分析现阶段政府规模扩张处于何种阶段，对经济增长是有利的还是不利的，作用程度有多深。从而据此有的放矢地找到调整政府规模的方向。

在进行实证分析时，首先选择浙江、江西、甘肃作为对比样本，对东中西三大地区的典型地区进行比较，试图说明政府规模在经济发展不同阶段，不同梯度层次对经济增长作用性质和表现的差异。随后用1998—2014年286个地市的市级面板数据来分析政府规模的经济增长效应，并对实证结果进行检验，以解释政府规模是如何影响经济增长的，从实证的角度来印证理论作用机制。并从政府规模影响经济增长机制出发，立足于政府职能转变来压缩和控制政府规模，据此得出一些建设性的调整政府规模的建议和意见。最后，对未来转变政府职能，控制政府规模提出展望。

二　研究方法

国内外很多文献是研究经济增长对政府规模的影响，也有很多文献研究政府规模对经济增长的影响，探索政府规模大小对经济增长的正的或者负的影响，以及政府规模各项指标的构成项是如何影响经济增长以及影响程度，但是，它们大都重点放在OECD国家，或者将富国和穷国的政府规模对经济增长的影响作比较。当然，对中国政府规模与经济增长之间的关系进行研究的文献也很多，但并不是很深入，而且大部分研究都是基于全国总量数据或者省际面板数据来分析的，也有少数文献用某个地区的县级层面数据来研究，但都没有从全国地级市的地区数据来考察，而且在衡量政府规模指标上大多用的是财政指标或政府消费指标，对政府规模衡量不是很准确，本书采用的是胡家勇（1994）提出的政府机构人员数在年末总人口的占比来衡量，比其他指标要更直观、更准确。

本书研究主要采用新古典经济学和新政治经济学研究方法，技术上采用定性和定量相结合的分析方法，并采用全国地级市面板数据，借助计量经济学分析方法对理论结果进行实证检验。具体分为三大类：一是规范分析。主要研究政府规模扩张对经济增长作用的机制，从理论上阐释两者之间直接和间接作用的传导机制。二是实证分析。主要通过各种模型和相应数据来检验理论机制，并通过结论来解释现实经济运行中理论机制的实际表现。三是统计分析。为了反映我国政府规模演变，并分析我国政府规模对经济增长的影响机制，需要借助多种指标，多角度地进行分析。在进行实证检验时，本书采用动态面板数据的系统广义矩估计方法来进行计量分析。

三　创新点

国内对政府规模和经济增长的研究文献非常多，但大部分都侧重于对政府规模和经济增长之间的实证检验，没有系统地阐述政府规模对经济增长的作用机制，并且在衡量政府规模的指标上大都采用财政支出和政府消费数据，这可能并不能真实反映政府的实际规模，相对来说，本书采用的公务人员规模可能要更直观和准确，学者实证分析所用的数据也都是采用全国省际面板数据，不利于准确反映政府规模及其与经济增长之间的关系的地区差异，鲜有采用地级市面板数据进行分析的，结果可能存在较大误差。本书在对政府规模影响经济增长机制的系统阐述基础上，应用全国地市级面板数据对政府规模的经济增长效应进行检验和评价，更能反映出地区差异。在方法上，本书采用的是系统广义矩估计（GMM）分析方法，能较好地处理数据带来的误差，并能有效地避免由于不符合面板分析的假设条件带来的偏差，因此，在数据上和方法上都相对更为完善。并且从转变政府职能角度系统地阐述了如何有效地压缩政府规模，使其保持在合理水平。

第二章 政府规模相关文献述评

国内外关于政府规模的文献非常丰富。本书关注的是政府规模和经济增长之间的关系，因此，在文献的搜集和梳理过程中也更加注重对政府规模的衡量和政府规模对经济增长影响的经验研究。分别从政府规模的测度指标、政府规模的主要影响因素和政府规模对经济增长的影响三个方面对国内外相关文献进行了简要回顾和述评，为本书下一步分析提供理论基础和借鉴。

第一节 政府规模测度指标

在测度政府规模时，学者们采用的指标各有不同，但归纳起来，大概分为四大类：一是公务人员数量，一般用政府公务人员与总人口或就业人数之比表示；二是机构数量，一般用设置的政府机关等行政机构的数量表示；三是财政收支，一般用财政收入或财政支出占 GDP 的比来表示；四是公务数量，一般从警察逮捕数量、办理居民护照数量等提供的公共服务方面来反映。

国外学者大多是用财政收支和政府消费来反映政府规模的。如里根（Reagan，1965）在讨论为什么美国政府会持续膨胀时，采用的是联邦政府和地方政府的预算支出指标。他研究了 1932—1963 年的联邦、州和地方政府支出，发现各级政府规模都是持续膨胀的。凯利（Kelley，1976）在分析人口变化与政府规模之间的关系时采用的是政府支出份额来衡量政府规模，并且通过分析其与总人口、人口密度、城市化水平、儿童抚养比、老人抚养比和总抚养比六个指标之间的关系，发现它们之间有非线性关系，并且指出，在瓦格纳模型中引入人口变化因素后，政府规模与这些指标之间会表现出不同的正向和负向关系。鲍彻丁

（Borcherding，1977）和普里奥尔（Pryor，1968）采用的是政府支出水平来衡量政府规模，但是，洛威里和贝里（Lowery and Berry，1983）认为，这种指标不能着重于政府在国家内生经济增长中的相对重要性，包括早期对政府增长的讨论也是如此，比如瓦格纳在1877年的一篇论文。所以，在他们的这篇论文中采取的是和凯利（1976）类似的份额指标，政府规模被界定为政府支出占总产出的比，而增长则界定为这个比率的增长。而梅尔策和里查德（Meltzer and Richard，1983）则在模型和实证检验中都侧重收入再分配的份额。诺斯（North，1985）描述美国政府1902—1927年的变化采用的则是政府支出在GNP中所占的份额。鲍彻丁（1985）用美国1902—1978年的数据分析政府支出增长的原因时，是用公共支出在总收入中的所占的比例来表示。罗斯（Rose，1985）从政府支出的各个公共项目出发来研究政府增长时，是通过各项公共支出在GNP中所占的份额和公共部门就业在总就业人数中的比例来描述的。刘易斯—贝克和赖斯（Lewis - Beck and Rice，1985）利用美国1900—1980年的数据分析政府增长时也采用的是政府支出在GNP中所占的份额来表示政府规模。缪勒和穆里尔（Mueller and Murrell，1986）在分析利益集团对政府规模的影响时，分别用政府总支出占GDP比重、总税收占GDP比重和政府最终消费占GDP比重三个指标来表示政府规模。Sheehey（1993）则用政府消费来衡量政府规模，并通过实证检验发现政府消费对经济增长的影响主要取决于政府相对规模和人均GDP水平。

随后的诸多学者大多是在他们提出的这些财政指标和政府最终消费支出指标的基础上进行细化，比如，将财政支出分成生产性支出和劳务性支出，或者按具体支出项目分为国防支出、教育支出、医疗卫生支出等，但基本性质并未发生改变。

伴随着经济转型，我国政府规模也不断发生变化。国内学者也越来越关注政府规模的研究，并得出了不完全一致的结论，大多是因为选取的衡量政府规模的指标差异或实证方法不同导致的。很多学者用政府消费来测度政府规模。马拴友（2000）利用我国1979—1998年的数据研究中国财政最优规模时认为，政府规模对经济增长的影响关键在于政府消费支出，因此采用政府消费占GDP比重表示政府规模。李国柱等（2007）在测度政府规模对经济增长贡献时，考虑到政府支出包括资本性支出及消费性支出，其中，消费性支出对经济增长影响更明显，因此也采用政府消费占 GDP 比重。张光南等（2008）、杨灿明等（2008）、姜磊（2008）、姜磊等（2008）、郭月梅（2008）也都采用政府消费占 GDP 比重反映政府规模。王文剑（2008）采用的是政府消费支出占全社会最终消费的比重来衡量政府规模，并用预算外收入与预算内收入的比例反映地方政府收入行为对经济的干预程度，也在一定程度上反映了地方政府规模；并且在分析财政分权对地方政府规模影响时采用的是政府财政支出占 GDP 比重这一指标，而在 2010 年分析中国财政分权与地方政府规模及其结构时又采用了地方预算内外支出之和占 GDP 比重来衡量地方政府规模。为了衡量财政分权与政府规模结构之间的关系，把地方政府支出结构分为三部分，即行政管理类支出、非生产性且福利性的公共支出和生产性基础设施建设（王文剑，2010）。

也有用财政收入来衡量政府规模的，如孔刘柳等（2010）用 1995—2006 年时间序列数据，分别对不同地区财政分权对地方政府规模的影响进行实证考察时，采用的是地区财政收入占 GDP 比重这一指标衡量地方政府规模。

但更多的是采用政府支出来反映政府规模。如李军（1991）最早使用财政支出占国民收入的比作为衡量规模的指标。他认为，财政支出占国民收入比重不是衡量政府规模的唯一指标。除此之外，还应包括国有经济占国内生产总值比重、固定资产存量与投资、职工人数、工资总额、价格体系、国有企业的自主权等一系列指标，并由此反映出国家对整个经济生活的干预程度。陈东琪（1999）在分析政府规模与机构改革时指出，衡量政府规模通常采用公务员占全国人口比重以及政府财政支出占国内生产总值比重两个指标。孙群力（2007）采用的是地方政府预算内财政支出占全国预算内财政支出比重来衡量政府规模。在研究财政分权对政府规模影响时，采用的则是中央和地方各级政府财政预算内和预算外支出之和占 GDP 比重来衡量政府规模。而在分析地区差距、财政分权与中国地方政府规模时仅用地方政府财政预算内支出占 GDP 比重来反映政府规模（孙群力，2008；2009；2010）。诸大建等（2010）、范子英等（2010）、杨子晖等（2011）等也都采用这一指标。孙琳等（2009）也使用地方预算内加预算外财政支出占当地 GDP 比重来衡量政府规模，并按支出结构分解为用基本建设支出占当地 GDP 比重来衡量基本建设规模，用科教文卫支出占当地 GDP 比重来衡量公共服务规模，用行政管理费用支出占当地 GDP 的比例衡量政府自身消费规模。高彦彦等（2011）基于世界面板数据分析政府规模与经济增长的双向关系时，则分别用人均政府支出与人均政府支出在人均 GDP 中所占的份额来反映政府规模。而郑法川（2012）在分析地方政府规模影响因素时，地方政府规模的衡量指标设定为人均一般预算支出、人均预算外支出和由一般预算支出与预算外支出加总构成的人均总支出。马光荣等（2012）在考察县级政府规模和地方治理对企业所得税逃税的影响时，用政府财政支出占 GDP 比重来反映县级政府规模。汪德华等（2007）在分析政府规模、法治水平和服务业发展的关系时采用的是对政府支出规模、投资规模和边际税率等方面的一个综合评分来衡量政府规模。

同时，也有一些学者采用公务人员数量来测度政府规模。如胡家勇（1994）首次提出用政府机构工作人员数量来测度。毛寿龙等（2000）也认为，公务人员数量是衡量政府规模的常用指标之一，通常用政府工作人员占总人口比重或占就业人口比重来反映。当然，还可以用官民比、公私就业人员比、官地比等指标来表示。金玉国等（2006）认为，应该用政府公务员，或政府就业人员占全社会就业人员的比重或占总人口比重来反映政府规模。并且在具体使用时要做一些调整，将政府部门就业人员占全社会就业人员比重赋予 0.6 的权重，政府就业人员的工资总额占全社会就业人员工资总额比重赋予 0.4 的权重，然后进行加权平均。张雅林（2001）认为，政府规模是指行使国家权力的所有政府决策、执行机构的人员及支出规模，从而可以用政府支出和政府消费占 GDP 比重、行政机构数量和政府公务人员与总人口或就业人数比重来反映。这与毛寿龙的观点基本相似。并且指出政府公务人员数与政府规模的大小具有明显相关性，人越多，政府规模就相对越大；反之则相反。刘霖（2005a）提出，将政府消费占 GDP 比重和政府公务人员数占总人口或就业人口比重结合起来，形成一个新的衡量指标，即在一定程度上反映了相对于全社会而言政府公务员的福利水平（包括显性的和隐性的），因此，这一指标也可以代表公务员这一职业对人们的相对吸引力。闫志刚（2006）则认为，评价公共部门规模的大小，仅用数量指标是不全面的，要与质量指标结合起来。如“官民比”系数（与公共部门的规模成正比）和“公民自主系数”（衡量公民社会的发育状况）。曾明等（2008）在分析江西规模经济、转移支付和政府规模之间关系时，衡量政府规模所采用的指标是江西各县每万名居民中拥有的政府雇员人数。周黎安等（2009）测度政府规模采用了地方政府工作人员数目和地方政府人均财政支出两类指标。吕炜等（2009）运用1997—2006年中国21个代表性省市相关数据分析政府规模与公共服务水平关系时采用了两类指标来描述政府规模。一是人员规模指标，即各地区行政管理部门工作人员数占当年人口比重；二是资金规模指标，即地区行政管理费用总数占当年的各地区政府财政总支出比重。

从以上论述可知，国内大多数外国学者都采用政府消费支出和财政支出占GDP比重来反映政府规模，只是在具体使用这个指标时根据各自研究目标进行细分或者稍作变形，实质上都是从政府控制的资源量方面来测度政府规模的。但是，我们国家在政府层级架构和西方国家有很大的不同，我国财政收支中还包含预算外以及非预算项目，这些都不容易准确统计，因此，并不能真实反映出政府实际控制的资源。相对而言，用公务人员数量来反映政府规模更为直观一些，虽然也不是很精确，但在各级政府机构中，工作人员数量越多，“吃饭财政”规模就越大，两者是明显正相关的，本书第五章的实证分析中也采用这一指标来反映政府规模。

第二节　政府规模影响因素

学者们在研究政府规模时选择的影响因素（变量）不完全相同，但大致可以归纳为人口因素、政府财政能力和政府间财政关系等几类，而且这些因素之间有些相互交叉，学者们对此存在一些基本共识。但由于实际应用时选择的样本、方法和数据不同，得出的结论各异，甚至相反。

一　财政分权对政府规模的影响

洛威里和贝里（1983）应用加拿大1958—1987年的数据分析了财政分权和集权在加拿大政府总支出占GNP比重效应，发现实证检验支持布伦南和布坎南（Brennan and Buchanan）的公共部门模型中的垄断政府假设，表明财政分权和加拿大政府总支出占 GNP 比重之间有明显的负相关关系，这与马洛（Marlow，1988）用美国数据得到的结果一致，在财政分权中，联邦政府在 GNP 中份额下降，而地方政府在 GNP 中份额相应上升。斯坦（Stein，1998）在分析拉丁美洲国家财政分权与政府规模之间关系时，将分权分为四个方面：一是财政支出分权程度；二是垂直收支不平衡程度；三是政府间转移支付体系的可调整程度；四是州政府和地方政府间的债务自主程度。利用拉丁美洲地区 20 个国家数据分析财政分权和政府间关系对政府规模的影响，发现实行财政分权的政府规模会较大，而且分权的形式也会影响政府规模的大小。

国内也有众多学者对财政分权与地方政府规模关系进行研究。如胡书东（2001）利用 1952—1997 年省际面板数据，分阶段地考察了财政分权与地方政府规模的关系。研究发现，在整个样本期间财政分权都会促进政府规模扩张，并且在统计上显著。苏晓红等（2008）、孙群力（2008）、孙琳等（2009）也通过利用国内省际面板数据研究支持了中国财政分权并未能遏制政府规模扩张的论点，并归因于财政转移支付体系缺失、财政纵向不平衡导致预算约束软化等制度性缺陷。胡书东（2002）还指出，改革开放后，要素流动的限制越来越少，跨地区、跨单位的劳动力和资本流动都表现出加快趋势。为了吸引更多资源，尤其是稀缺资源，中央政府对外资采取了统一的减免税政策，并提供多方优惠。地方政府则竞相实行减免税，以致正常的税收收入无法满足日益增加的需要，政府只好增加非税收入，各种名目的收费就难以避免。地方政府支出增长过快的根源在于市场化改革不彻底，政府承担了一些市场经济条件下不该承担的事项，对经济运行干预过多，由此导致政府机构膨胀，行政经费开支增长过快，投资支出比重过大。因此，根据中国现实的政治经济环境和社会传统，中央政府应该集中财政收入相当大一部分，而不宜有太多的分权，不宜赋予地方政府太大的财政收入自由度。

二　政府财政能力（收入）对政府规模的影响

卡拉伊和赖克汉姆（Kraay and Rijckeghem，1995）应用 1972—1992 年 34 个发展中国家和 21 个 OECD 国家的数据进行分析，结果发现，政府雇员规模与财政收入占 GDP 比重呈正相关关系，说明政府雇员规模随财政收入的增加而扩张。布伦南和布坎南（1980）将政府比喻为追求税收收入最大化的实体。财政分权导致地方政府为吸引居民、商业企业等税源流入而展开竞争，从而在一定程度上遏制政府规模的过度扩张。并提出了著名的“利维坦假说”，即财政分权使地方政府面临更大的竞争压力，有利于抑制政府规模的扩张。许多学者对该假说进行了检验，但结果各异。如马洛（1988）根据联邦政府控制给州和地方政府承诺的转移支付数据研究公共部门分权和政府部门之间的关系，结果发现公共部门分权、公共支出以及联邦和非联邦政府部门之间密切相关。乔尔费安和马洛（Joulfaian and Marlow，1990）和埃戴（Ehdaie，1994）分别使用美国州政府以及30个国家的截面数据来考察财政分权与地方政府规模关系，结果显示，两者具有显著的负相关关系，“利维坦假说”成立。Jing－Jin等（2002）利用32个国家的面板数据考察财政分权与政府规模关系时，将财政分权分为支出分权和收入分权两类，这两类分权形式会对政府规模产生不同的影响。分析结果表明，支出分权会导致中央政府规模缩减，地方政府规模扩张，最终使总的政府规模扩大；而收入分权也会导致地方政府规模扩张，但这种扩张效应会小于中央政府规模的缩减程度，最终使总的政府规模缩小。

三 人口因素对政府规模的影响

研究人口因素对政府规模的影响，通常是从规模经济的角度来分析政府规模的增长与本辖区内人口因素的关系。布劳（Blau，1970）认为，在产品生产中的“U”形成本曲线，行政管理中也存在。组织规模的扩张，在初期阶段会降低组织运行的单位行政成本，但继续扩张则会由于为协调控制的复杂程度增加，最终增加组织运行的单位行政成本。诺尔（Noell，1974）研究美国50个州的人口规模与政府雇员规模之间的关系发现，政府雇员规模在人口比较多的州会比人口比较少的州要小，即两者是负相关的。但是，卡萨达（Kasarda，1974）对43个非农业国的跨国数据进行研究时发现，在这些国家存在行政效率是规模不经济的，即人口规模较大的国家有较多的政府雇员，即两者是正相关的。诺兰（Nolan，1979）对70个人口规模、经济发展水平不等的国家进行研究，结果表明，在人口规模和政府雇员规模两个变量之间，存在“U”形关系。克里斯滕森和萨克斯（Christenson and Sachs，1980）应用人口、经济和社会变量来考察其对政府规模的影响。一般来说，人口越密集的地区会比人口稀少的地区拥有更多政府雇员。因此，政府规模应该用人口规模来度量。奥茨（Oates，1985）利用57个国家数据分析财政分权和政府规模的直接关系，并利用财政分权比率来测度公共部门规模的大小，结果发现，两者显著负相关。在简单回归模型中增加财政分权程度时，政府规模会增大，符合瓦格纳法则。但是，当控制了政府规模收入效应时，两者之间虽然还是表现出负相关关系，但并不显著。

从上述文献回顾可知，无论是从经济增长角度，还是从社会经济效应角度看，不同国家，或者同一国家在不同时期政府规模选择都存在很多差异，影响政府规模的因素也很多。但主要考虑供给和需求两个方面。这里，需求是指国民对公共商品和服务的需求，是通过政府的财政政策进行再分配来实现的，主要受人口变化、收入不平等，纳税人和选民的偏好及同质性，以及城市化等多方面因素的影响。供给是指政府收入的来源，即税收，主要受资源禀赋、技术变化和女性劳动力参与比等多方面因素的影响。也有学者认为，除了需求和供给因素，政治影响力和民主程度也应该是政府规模的决定因素。如 Tridimas 和 Winer（2005）建立了一个立体的概率投票模型，认为在一个民主体制国家，政府规模由三个要素决定，即需求、供给和政治影响力。当然，除上述影响政府规模的具体因素外，还有很多其他因素，比如，经济和政治周期、预算制度、政府构成等，在中国城市化中也是一个影响政府规模的重要因素。

第三节　政府规模对经济增长的影响

一　政府规模对经济增长具有正效应

一些研究认为，大的政府是有利于经济增长的，即政府规模的增长会对经济增长产生正向影响，比如，拉姆（Ram，1986；1989）和鲁宾逊（Rubinson，1977）利用 115 个国家 1960—1980 年的跨国数据，对产出、投资和政府规模进行跨国比较，发现政府规模对经济增长的效应为正，且对其他部门的外部性也为正。即大的政府规模会促进经济增长，而且在穷国这种正效应可能会变得更大。伊斯特利（Easterly，1989）通过分析理论模型指出当政府税率增长到一定程度时，会导致产出增长率下降。并进一步指出，在不同阶段表现出来的正向关系虽然相似，但产生的原因是不同的。卡拉斯（1993）提出，政府支出对失业和总产出的影响取决于政府规模和支出的持续性。实证结果表明，政府消费支出持续增加对总产出和失业的影响要比暂时性的消费支出影响大。而且政府消费支出具有负的财富效应并降低政府支出的稳定性。结果还支持了总产出对政府消费支出的弹性为正，但这种正效应会随着政府规模的增加而降低。Govindaraju、Rao 和 Anwar（2011）考察了马来西亚的政府支出、政府教育支出和经济增长之间的短期和长期关系，以验证瓦格纳法则和凯恩斯观点在马来西亚的有效性。结果发现从长期来看，在多变量分析框架中，马来西亚数据并不支持瓦格纳法则，反而支持凯恩斯观点，但双变量分析中得出的结论是相反的。总的来说，在马来西亚，相比瓦格纳法则，凯恩斯假设——政府支出促进经济增长更明显。在马来西亚政府支出是经济增长的一个重要因素，至少增加政府教育支出会导致经济增长。

相对来说，在国内支持这种观点的学者比较少，主要有刘霖（2005b）利用 1978—2003 年中国的 GDP 数据及政府消费数据，用基于秩的非参数方法研究我国政府规模与经济增长的因果关系，结果表明，政府规模与经济增长之间是单向因果关系，且对经济增长的影响是正的。李国柱等（2007）利用 1978—2003 年数据来分析政府规模对经济增长的影响。实证结果显示，从总量来看，政府规模对我国经济增长具有显著的正向影响，政府支出的增长对 GDP 产生直接贡献。并且，政府部门的外溢效应对经济增长也有显著的推动作用。

二　政府规模对经济增长具有负效应

有的学者则提出与拉姆和鲁宾逊相反的观点，认为大的政府会降低经济增长率，阻碍经济增长。如兰多（Landau，1983）应用世界银行出版的世界发展报告 1981 年中的 104 个国家数据研究政府总支出和实际人均产出增长率之间的关系，并分别验证了短期如 1961—1968 年和 1970—1976 年，以及长期如 1961—1970 年、1961—1972 年和 1961—1974 年的经济增长率，回归结果显示在所有划分的长期阶段对所有样本国家来说，当政府消费支出增加时都会降低经济增长率，即政府消费支出和人均 GDP 之间负相关；在短期，这种负向关系会稍稍减弱。而他在 1986 年对欠发达国家 1960—1980 年的政府和经济增长关系进行研究时，将政府支出分为五种类型，即剔除国防或教育的政府消费支出、教育支出、军事支出、转移支付支出和资本支出，在这五种支出中，剔除国防或教育的政府消费支出都显著降低经济增长。军事和转移支付支出没有显示出对经济增长有明显影响；政府教育支出在促进实际教育上似乎是无效的；政府资本支出似乎对经济增长毫无作用。实质上，政府投资对增长有微弱影响，但是考虑维持政府投资的税收和债务，以及对私人投资的挤出效应时，净效应为0。克罗斯曼（1988）对1929—1982年美国数据研究了政府规模和经济增长之间的非线性关系，他认为政府规模和经济增长是相互影响的，不是单纯的单向关系（Landau，1983；Ram，1986；Rubinson，1977）。并指出，在政府的相对规模即政府支出占总产出比重不断增加时，最终对经济增长产生的净效应是负的。并且随后用跨国数据检验了政府规模对总的经济增长产生的正向和负向的影响。认为政府绝对规模增大会对经济增长有正效应，而相对规模增长则会产生更强的负效应，从而最终的净效应也是负的。同时还指出，没有证据显示这种影响在发达国家和不发达国家会有所不同（Grossman，1990）。格里尔和图洛克（Grier and Tullock，1989）扩展了Kormendi－Meguire模型，分析了113个国家政府支出和经济增长的关系。采用的是混合横截面和时间序列分析，运用每五年的平均数据。他们发现在实际GDP增长率和政府支出占GDP比重增长之间有显著的负向关系。巴罗（1991）在对第二次世界大战后98个国家的研究中，将1970—1985年政府消费数据进行修正，从政府支出比例中扣除国防和教育支出比例。并对1960—1985年的实际人均GDP年均增长率进行分析，结果表明用于非生产性政府服务的资源增加会导致较低的人均增长，即大的政府抑制人均收入的增长。古斯（Guseh，1997）基于新古典生产函数的不同理论框架，并用59个中等收入国家1960—1985年的数据进行固定效应检验，来验证政府规模对经济增长的影响。他将政府消费支出占GDP比重写入生产函数，实证结果显示，政府规模增长对经济增长起阻碍作用，而且在非民主社会主义体制下这种阻碍作用是民主社会主义体制下的3倍。福尔斯特和亨克森（Folster and Henrekson，2001）利用1970—1995年的OECD国家的数据分别用OLS和面板模型来分析政府支出、政府消费和税收对经济增长的影响。得出政府支出和经济增长之间存在稳健的负相关关系，当政府规模每增加10%，经济增长率会下降0.7%—0.8%。同时还指出，当发达国家样本扩展到非OECD国家时，这种负相关关系依然是稳健的。Dar和Amir Khalkhali

（2002）也利用1971—1999年19个OECD发达国家数据，采用随机系数模型来检验较大的政府规模是否会弱化经济增长，如果是，这种关系是不是单调的。实证结论显示，较大的政府会通过对要素生产率的抑制作用来影响经济增长，但是，在规模较小的国家同组比较时，这种抑制作用显得最微弱，在中等规模国家中并没有显示有何不同。但在比较属于不同组别的个体国家时这种抑制作用没有表现出统一形式。还发现这种抑制作用并不依赖政府规模，即不是单调的。Borcherding、Ferris和Garzoni（2005）也选择了20个OECD国家重点研究政府规模和经济增长之间的双向关系。首先分析了这些国家实际政府规模的变化，然后用1970—1997年这些国家的面板数据来验证政府规模是不是经济增长的一个重要影响因素，结果表明，政府消费规模扩大会阻碍经济增长。Afonso、Schuknecht和Tanzi（2005）在论文中提出用公共部门表现指数（PSP）和公共部门效率（PSE）指数来衡量政府部门的绩效，并对23个工业化国家进行国际比较。为此，用很多社会经济指标作为公共部门绩效的代理变量，用公共支出和各种分类支出作为资源使用的代理变量。结果发现23个国家PSP指数稍有差异，而且具有较小公共部门的国家显示出最好的经济表现，而拥有大公共部门的国家则显示出更平等的收入分配。当用所耗费的资源来衡量实现的经济表现时，在各个国家中PSE差异很大。拥有小公共部门的国家PSE指数，明显比拥有中等规模和拥有大公共部门的国家要高，所有这些发现表明更高的政府支出的边际产品相对更小，在一定程度上也说明大的公共部门会影响经济表现，阻碍经济增长。

国内大多数学者都支持这种观点。代表性观点如胡家勇（1994）利用1978—1992年数据得出结论认为，与市场经济国家相比，我国政府规模及扩张的速度是惊人的。随后陈健和胡家勇（2003）又利用1997—2001年数据进行分析，发现1985年后财政收入的比重与经济发展不再同步，政府规模对经济发展水平有显著的负面影响。还有马拴友（2000）、戴广（2004）、孙群力（2006）、高彦彦等（2011）、李建强等（2011）、杨子晖（2011）等也都认为，在他们研究的样本期间政府规模对经济增长的影响是负的，不过都是在验证我国政府规模和经济增长的非线性关系时提出政府规模超出最优水平后对经济增长产生负的影响，详见后文的论述。

三　政府规模与经济增长在不同条件下表现出不同的效应

格梅尔（Gemmell，1983）发现，非市场部门增长有负的宏观经济影响，且这种影响从一个国家到另一个国家变化非常大。而拜拉姆（Bairam，1990）发现，政府规模扩张在一些国家对经济增长有正的影响，在其他国家则对经济增长有负的影响。克罗斯曼（1988，1990）总结出政府对一国经济增长既有正的影响，也有负的影响。而在此之前，很多实证研究提出这种观点，或者将政府支出进行分解，各种分项目支出中，有一些会比其他项更能刺激（阻碍）经济增长（Landau，1986；Barro，1989；Dimond，1989）。Lin（1994）利用1960—1985年62个国家的数据分析政府支出和经济增长关系，并且分别考察政府消费支出和非生产性支出的经济增长效应，发现在短期政府消费支出对经济增长有正的影响，非生产性支出在欠发达国家中对经济增长有显著的正的影响，但是，在发达国家并不显著。最终结果显示，在短期，政府规模的扩张对经济增长有正的影响，在中长期（约25年）则没有显著影响，至少没有负面影响。对于非生产性政府支出对经济增长的影响，在发达国家和欠发达国家会有明显差异。控制全要素生产率时，非生产性政府支出对发达国家经济增长的影响不论在短期还是在中长期都显著为负，而对欠发达国家经济增长的影响在短期显著为正，在中长期则显著为负。卡欣（Cashin，1995）利用1971—1988年23个发达国家的时间序列和横截面数据分析政府支出和税收对经济增长的影响，将政府支出和税收作为要素引入到生产函数中，结论指出政府公共投资和转移支付都对经济增长有促进作用，而税收则对经济增长有抑制作用。Abu - Bader和Abu - Qarn（2003）应用多变量协整和方差分解方法来分析埃及（1975—1998年）、以色列（1967—1998年）和叙利亚（1973—1998年）政府支出和经济增长之间的因果关系，并进一步用脉冲反应来评价各变量在解释超出样本时间的实际GDP变化时的作用。结果发现，当在双变量系统中验证总政府支出和经济增长因果关系时，两者之间具有双向因果关系，并且在以色列和叙利亚两国两个变量之间存在长期负相关关系，而在埃及则存在经济增长对政府支出的短期的单向因果关系。进一步研究发现，军事支出可能是产生这种结果的原因。为验证这个假设，将政府支出分解为国民支出和军事支出，并在三变量分析框架中来检验因果关系，结果发现，在所有国家中军事支出对长期经济增长有负的影响，国民支出在占 GDP 比重对长期经济增长在以色列和埃及有正的影响，而在叙利亚则表现为负的影响。并且还发现，不论经济增长还是政府支出都不会引致军事支出增长，即军事支出对这两个变量来说是外生的。这也验证了早期的研究结论，即在中东地区军事支出由地区或者内部威胁决定。

四　政府规模与经济增长非线性相关，即存在最优政府规模

有些研究则主张政府规模经济增长之间是非线性关系，存在最优政府规模。比如巴罗（1990）指出，不同的政府规模对经济增长有两种不同效应，即税收增加会通过抑制效应降低经济增长，但是，政府支出增加会提高资本的边际产出，从而提高经济增长率。他认为，当政府规模比较小时，第二种效应占主要，政府规模比较大时，第一种效应占主要。因此，政府支出增加对经济增长的效应应该是非单调的，并且应该存在最优政府规模。他还提出，当政府支出的边际产出等于 1 时政府服务规模是最优的，即“巴罗法则”。Lee（1992）则在巴罗模型的基础上考察政府最优规模和政府支出构成，结果显示，如果将最优财政支出规则分为两种不同类型，一类以高收入税和收入大部分用于转移支付为特征，另一类以低收入税和政府支出主要用于公共投资为特征，前者会导致较低的经济增长率，后者则有较高的经济增长率。这也解释了为什么增长缓慢的发达国家（除日本外）政府支出占 GDP 比重会接近甚至高于 1/2，同时大部分的政府支出都用于转移支付。并且指出存在福利最大化的财政支出规则。Sheehey（1993）通过实证检验发现，政府消费对经济增长的影响从显著的正效应转向负效应是依赖政府相对规模和人均 GDP 水平的。维德和加拉威（Vedder and Gallaway，1998）用 1947—1997 年的数据分析美国政府规模对经济增长的影响，实证结论显示联邦政府数据支持 Armey 曲线，即政府规模和经济增长之间存在一个适度关系，当政府规模很小时，政府规模扩张会促进经济增长，当政府规模扩张到一定程度以后会产生相反的作用，阻碍经济增长。并且进一步将联邦支出分解后发现，1965 年以后，联邦支出增加主要是因为转移支付急剧增加，并且和经济增长之间存在显著的线性负相关关系，显示存在 Armey 曲线关系。同时，对美国州政府和地方政府，以及英国、加拿大、丹麦、瑞典和意大利五国的数据分析发现也符合 Armey 曲线。因此，指出控制政府支出尤其是转移支付支出是有利于促进经济增

长的。Armey 曲线是由 Armey（1995）提出并推广的。他认为，没有法律、没有对财产权的保护、没有政府会导致无政府状态和低的人均产出。因此，由于征收威胁的存在，不会促进储蓄和投资。同样，如果所有的投入和产出决定都由政府来做，人均产出也会很低。而在私人和政府共同进行资源分配的领域，产出会更大。并且，当政府规模比较小时，政府规模促进产出增加的特征占主要，政府规模的扩张也与产出扩张相联系。但是，当政府规模扩张到某一点后，增加的政府支出的边际收益将变为0，再继续扩张的话将不再促进产出增加。此时，由政府出资的新增项目会变得更加无效率，用以维持政府所征的税和负债也会增加负担。类似地，Yavas（1998）研究结果显示，如果经济处于较低的稳态，政府规模增长将会增加产出的稳态水平（如在不发达国家），如果经济处于较高的稳态，政府规模增长将会降低产出的稳态水平（如发达国家）。他认为，在不发达国家大部分政府支出都用于基础设施建设，这种类型的政府支出会对私人部门产生刺激效应。相反，在发达国家已经有很多基础设施，而且大部分政府支出都用于福利项目和各种社会服务，在这些项目上的支出对私人产出的正效应不会像在基础设施上的效应那么大。Heitger（2001）认为，由于政府消费导致的政府规模增长会抑制经济增长，而投资导致的政府规模增长则对经济增长有正的影响。其核心假设是在基本公共产品（如法律、内外安全等）方面的政府支出对经济增长有正的影响，但是，如果政府以提供私人物品这种方式进一步增加政府支出，这种正的影响会下降甚至会变得相反。他强调过度的政府支出阻碍经济增长的两个重要原因是必要的税收降低了工作、投资、创新的积极性，以及政府挤出了更多有效率的私人投资这一事实。卡拉斯（2002）利用1950—1990年20个欧洲国家数据来验证政府规模和经济增长的关系，结论显示，在欧洲政府服务是显著生产性的，即政府规模增长有利于经济增长，但是，存在一个最优规模。并进一步估计欧洲国家最优政府规模平均在16%（±3%），而且还指出，政府服务的边际生产率和政府规模负相关，即政府部门越小生产率可能越高。Pevcin（2004）用1951—1995年12个欧洲国家每五年平均的面板数据验证政府支出和经济增长之间的关系，发现两者之间有显著的负相关关系。这种负相关关系可能是由于政府规模太大引起的，因此，笔者进一步分析了两者之间的非线性关系。他先用面板数据检验发现样本国家的政府规模都偏大，要减少的平均政府规模大约为19%。随后用时间序列数据对各个国家分别验证，发现12个国家中有8个符合Armey曲线，而且要减少的平均政府规模也大约为19%。Chen和Lee（2005）利用Ram在1986年提出的模型来分析中国台湾当局规模和经济增长。对中国台湾1979年第一季度到2003年第三季度的数据用汉森（Hansen，1996；2000）门限回归方法进行参数估计，考虑不同的当局支出变量可能会带来不同的结果，论文分别用总当局支出占GDP比重（GS1）、当局投资支出占GDP比重（GS2）和当局消费占GDP比重（GS3）这三个指标来反映当局规模。当用GS1作为门限变量时，存在一个门限值为22.839%；改用GS3作为门限变量时，门限值下降到14.967%；再用GS3作为门限变量时，门限值则下降到7.302%。并且进一步考察了在不同的当局规模下，线性和非线性当局支出对经济增长的作用，发现GS1作为门限变量时，线性支出对经济增长有显著负的影响，GS2作为门限变量时，线性支出对经济增长有显著的正的影响，GS3作为门限变量时，线性支出和经济增长没有显著的关系。但是不论用哪个指标作为门限变量，非线性支出都表现出Armey曲线的特征，即中国台湾地区存在Armey曲线。

国内学者如马拴友（2000）利用我国1979—1998年数据研究最优财政支出规模时认为政府规模对经济增长的影响关键在于政府消费支出，并把公共投资合并在社会总资本中研究其产出效应。结果发现政府劳务是生产性的，边际生产力显著大于1，但是也有个限度，如果超过这个度，边际生产力将小于1，进而提出我国最优政府规模应该在26.7%左右。戴广（2004）将落后地区和发达地区的地方政府以及中央政府引入增长模型来考察政府规模对一国或地区经济收敛的影响，并对这个模型进行动态分析，结果显示政府规模和人均产出的收敛速度之间呈倒“U”形关系，即政府规模对经济增长的影响并不总是负的，小政府大社会不一定就好，合适的政府规模才最优。孙群力（2006）采用巴罗和卡拉斯的分析方法，利用我国1978—2004年28个地区的面板数据检验“巴罗法则”。并考察财政支出和政府消费在生产过程中的作用，对我国地方政府的最优规模进行估计，结果发现我国地方政府的财政支出和政府消费是显著生产性的，但财政支出和政府消费支出均提供过度，最优政府规模为10%（±1%），比实际政府规模要小，且财政支出及政府消费的边际产出与相应的政府规模显著负相关。因此，过大或过小的政府规模都不利于经济增长。高彦彦等（2011）应用世界各国面板数据，并基于政府和市场之间的替代关系分析政府规模与经济增长的双向关系，结果发现，政府在经济发展过程中可以发挥积极作用，政府在一定程度上可以替代市场成为推动经济增长的积极因素。然而，政府自身的劣势决定这种替代不是无限的，过度的政府行为必定会损害经济持续增长的潜力。由此推论政府规模代表的政府行为与经济发展之间可能存在一种倒“U”形关系。李建强等（2011）基于1998—2009年的我国省际面板数据，采用面板平滑转换模型来检验政府规模与经济增长之间的曲线效应，结果表明政府规模与经济增长之间确实存在Armey曲线所描绘的非线性关系，并指出，平均最优政府规模在10.04%左右，且在大多数年份内我国政府规模都存在扩张无效率的问题。杨子晖（2011）利用1990—2005年62个国家和地区的面板数据，在非线性框架下对政府规模与经济增长关系的渐进演变进行研究，结果发现，由于税负等因素的影响，政府规模扩张产生的负效应会逐渐显现，由此形成了两者之间的非线性关系。并指出，随着政府规模的进一步扩张，尤其是超过20.54%的警戒水平之后，“过度拥挤”的政府支出会引发“机构臃肿、人员冗杂”“过度干预经济”“社会资金的浪费与无效配置”以及“税负增加”等问题，最终政府支出对经济增长的“促进”作用会转变为“阻碍”作用。他还进一步发现，在经济转型过程中，我国政府规模与经济增长之间的关系在改革开放前后发生了非线性转变。

五　政府规模的经济增长效应不显著

也有少数学者认为，政府规模和经济增长没有显著关系。如Kormendi和Meguire（1985）研究了第二次世界大战后47个国家1950—1977年的数据考察政府和经济增长的关系。将公共投资和转移支付从政府总消费支出中剔除，但是，包含大部分国防和教育支出。尽管被称为消费，但不一定非得遵循公共服务必须进入效用函数，而不进入生产函数或者不影响私有产权这一原则，尤其是国防和教育支出。结果发现，平均的实际GDP增长率与平均政府消费支出占GDP比重的增长率，或平均政府消费支出占GDP比重之间没有显著关系。康德和达拉特（Conte and Darrat，1988）用20个OECD国家1960—1984年的时间序列数据来分析公共部门扩张与经济增长之间的关系。在这个期间，OECD国家大都经历了政府扩张和经济衰退。结果发现，在OECD国家，实际经济增长下降并非是由公共部门扩张导致的，经济增长的变化不受公共部门扩张的影响。

小　结

本书关注的是政府规模和经济增长之间的关系，因此在对文献的搜集和梳理过程中也更加注重对政府规模的衡量和政府规模对经济增长影响的经验研究。从文献回顾可知，在研究政府规模和中国经济增长之间的关系时，国外大多数学者都是用财政指标（主要是财政支出）或政府最终消费支出来反映政府规模。在实际应用时，学者又根据各自选择的数据、方法、模型等不同，将财政支出分解为各项具体支出来进行研究，比如国防支出、教育支出、医疗卫生支出和社会保障支出，等等，有时候又分为政府生产性支出和政府劳务性支出，有些学者还同时采用财政收入、财政支出和政府消费等指标来反映政府规模。国内学者也大多采用财政支出和政府消费来研究政府规模，但也有部分学者采用的是人员规模指标。本书在衡量政府规模时采用的是政府机构工作人员数占总人口比重这一人员规模指标，虽然这个指标也不是很准确，但是，相比其他指标更直观也更符合我国现实。

在考虑影响政府规模的因素时，学者主要从供给和需求两个方面来考察。也有学者认为，除了需求和供给因素，政治影响力和民主程度也应该是政府规模的决定因素。除此之外，还有很多诸如经济和政治周期、预算制度、政府构成等因素，我国城市化程度也是影响政府规模的一个重要因素。

在关于政府规模和经济增长之间的关系上，国内外学者主要持有三种观点：一是认为政府规模扩张有利于经济增长，即政府规模的增长会对经济增长产生正向影响。持这种观点的学者认为，为了更好地促进经济发展，需要一个更大的政府，在国内支持这种观点的较少。从我国经济和社会发展实际情况来看，在经济转型中政府膨胀对经济增长的不利影响越来越凸显，显然，与这种观点是不相符的。二是认为政府规模扩张不利于经济增长。政府规模过大，会带来各种诸如机构臃肿、人员冗杂、过度干预经济、增加税负、增加“设租”和“寻租”机会、造成资源浪费等各种问题，降低经济增长。从我国实际来看，这种观点比较符合经济事实。虽然不能否认在有些领域政府依然发挥着积极作用，但是从经济增长看，过度膨胀的政府规模是制约经济增长的，尤其是在市场经济体制下，政府应该是有所为有所不为的。三是认为政府规模的扩张并不是单纯地促进或阻碍经济增长，两者之间存在非线性关系，即存在最优政府规模。如果考察整个经济发展的全部阶段，政府规模和经济增长可能会表现出这种非线性关系，但是，从目前我国政府转型的情况来看，应该是处于政府规模过度扩张阶段，对经济增长起阻碍作用，这也是本书的基本观点。众多学者大多采用时间序列数据或跨国和省际面板数据进行固定效应检验，本书则选取 286 个地市的市级面板数据来考察，更便于发现地区差异，并且应用系统 GMM 方法进行实证分析，更能有效地处理数据带来的误差，并避免由于不符合面板分析的假设条件带来的偏差。

第三章 政府规模与经济增长理论分析

经济发展是一个技术、产业、基础设施、制度结构不断变迁的过程，随着技术的不断创新、产业的不断升级，需要不断完善基础设施和制度安排，这要求政府发挥引导作用来组织和协调企业进行投资，或由政府直接提供，而且政府还在经济发展过程中对先导企业面临的风险和不确定性进行补偿，才能使技术创新和产业结构升级持续进行。所以，政府的作用非常重要。本章首先从政府规模对居民消费、就业和产业结构等宏观因素的作用来分析政府规模对经济增长的直接影响；其次分析政府规模通过作用于物质资本形成、人力资本积累以及技术进步等经济增长基本要素对经济增长的间接影响，在实际经济运行中，这两种影响是同时存在不可分割的。通过这两方面的分析，本书试图对政府规模影响经济增长的机制进行理论解释。

第一节 政府规模与居民消费

由前述分析可知，衡量政府规模的指标主要有四大类，其中政府财政支出是最常用的指标之一。政府参与经济的最普遍方式是通过支配所控制的资源来实现的，财政支出是最集中的体现，因此，在分析政府规模对居民消费的影响，以及随后对就业和产业结构的影响时，都从政府支出角度出发。

政府支出对经济行为有何影响，这种影响是如何传导的，这两个宏观经济学的中心问题，至今也没有形成普遍一致的结论，很多学者认为，政府支出增加会促进居民消费，也有很多学者持反对意见，认为政府支出会产生“挤出效应”，增加居民消费。标准的 RBC 模型和 IS—LM 模型对这两种相反的观点都进行了说明。在标准的 RBC 模型中，一般都预测政府支出增加时消费会随之下降，而IS—LM模型则预测政府支出增加时消费也会随之增加，显然，这种差异主要来自两种模型对消费者行为的假设。RBC模型中的消费者遵循的是李嘉图原则，其消费决策在任何时候都取决于跨期预算约束。若其他条件不变，政府支出的增加会降低税后收入的当前价值，从而产生负的财富效应，并最终导致消费者减少消费。而IS—LM模型则假定消费者都不遵循李嘉图规则，消费决策都由当期可支配收入的函数决定，而不是终身收入的函数。相应地，政府支出的增加对消费的影响就取决于财政支出的资金来源，不同来源对消费的影响也是不同的（Gali，López - Salido and Vallés，2007）。

从实际经济运行来看，政府财政支出对消费，也会和对投资一样产生类似的“挤出效应”和“挤入效应”。国民收入核算恒等式可以很直观地反映政府和居民消费之间的关系。在恒等式中，国民收入被分配给居民和政府两个部门，政府同时会通过转移支付将部分收入转移给居民。从总量上看，政府转移支付和政府购买（包括政府消费和投资）对居民消费影响有所不同。就转移支付而言，政府在增加税收时同等幅度增加对居民的转移支付，保持净税收不变，则对居民消费不会产生影响；如果转移支付来源于政府投资，则会增加居民消费，来源于政府消费，则可能会减少居民消费。就政府购买而言，如果保持政府收入份额不变，增加政府消费必然减少政府投资，从而可能增加居民消费，但同时政府投资性支出又可能间接增加居民收入，从而增加居民消费；如果政府收入份额增加，居民收入份额必定减少，从而可能减少消费。当然，这是仅从国民收入恒等式出发作出的简单判断，实际上政府支出对消费的影响要更复杂。到底政府财政支出对居民消费是“挤入效应”还是“挤出效应”，这取决于这两种效应的作用大小，很多学者得出了不同的结论。

在国外经验研究方面，拜利（1971）最先提出政府支出和私人消费之间可能存在替代关系，即存在“挤出效应”。巴罗（1981）在拜利研究的基础上进行了拓展，构建了一个一般均衡模型来分析政府消费和服务性支出对居民消费的影响，结果发现，在短期增加政府支出会导致总产出和消费的增加，而在长期虽然同样产生正的效应，但是总产出和消费的增加幅度要比短期低，说明在长期政府支出对消费和产出有一定的“挤出效应”。考曼迪（Kormendi，1983）基于长期收入决定模型对美国政府债务、美国政府支出和居民消费之间关系进行研究时发现政府支出与居民消费之间存在明显的替代关系，即政府支出对居民消费产生“挤出效应”。阿赫迈德（Ahmed，1986）基于跨期替代模型对英国政府支出和居民消费进行研究时也得出相同的结论。Tsung - wu Ho（2002）在标准的凯恩斯效用函数基础上，利用1981—1997年24个国家和地区的面板数据考察政府支出与私人消费之间的关系，实证结果表明在单个国家中政府支出和私人消费之间并没有直接关系，但用多国数据进行协整分析时，则明显存在政府支出对私人消费的“挤出效应”。

认为增加政府支出会挤入私人消费的文献也很多。如Fiorito和Kollintzas（2004）利用1970—1996年12个欧洲国家的面板数据分析政府消费和私人消费之间的关系时，将政府消费划分为包括国防、公共秩序和司法等公共物品以及包括医疗卫生、教育，以及其他给私人部门提供的有益品，研究发现，公共物品和私人消费之间有替代关系，而有益品和私人消费之间有互补关系。Schclarek（2007）采用1970—2000年40个国家的数据考察政府消费支出和私人消费的关系时发现，不管是在发达国家还是发展中国家都存在凯恩斯效应，即政府消费支出增加会促进居民消费增加。Tagkalakis（2008）应用1970—2002年19个OECD国家面板数据分析财政政策在不同经济周期对私人消费的影响。在具有流动性约束条件下，财政政策在萧条时期比在繁荣时期更能刺激私人消费。而且在消费信贷市场不发达的国家这种效应会更强。Carmignani（2008）在一个联立方程分析框架下考察了财政政策对人均私人消费和人均社会总产出的影响，结论表明，财政政策在转型国家表现出凯恩斯效应，在OECD国家则没有凯恩斯效应，但只在常规时期，公共医疗卫生支出和社会保障支出会增加社会总产出。并且指出，这两种类型国家的财政政策都存在选举周期迹象。Giorgi和Gambetti（2012）在研究消费和政府支出的关系时，没有用总消费数据，而是用分位数来分析分布数据。结果发现，在不同阶段消费对政府支出的反应是有差异的。当消费处于低谷时，增加政府支出会增加消费，而消费处于顶峰时，增加政府支出会减少消费。

国内也有很多学者对政府支出和消费之间的关系提出了自己的看法。刘溶沧等（2001）利用1981—1999年的数据从利率、私人投资和经济增长三个方面，依次分析我国赤字、国债和经济增长的关系。实证结果表明，改革开放以来，利用赤字和国债进行公共投资没有导致利率上升，也没有挤出私人投资，相反，由于公共投资具有正外部性，反而能提高私人投资的收益率，在一定程度上存在“挤入效应”。如果不考虑财政支出，并且赤字和国债只用于公共投资，公共投资的净效应是促进经济增长。因此，他们认为，增加政府支出会增加总需求。张治觉等（2007）在可变参数模型框架下应用我国 1978—2004 年的数据分析政府支出，以及政府支出结构对城乡居民消费的影响。结果显示，总的来说，增加政府支出会促进居民消费，即政府支出对居民消费有“挤入效应”。并且，1982—1991 年这种“挤入效应”在农村居民消费上表现得更加明显，要大于对城镇居民消费的影响，从 1992 年开始则恰好相反。只有 1979—1981 年政府支出会挤出城乡居民消费，而且在农村居民消费上表现得更加明显，“挤出效应”要大于城镇居民消费。从政府支出结构来看，政府投资性支出会挤出城乡居民消费，而且对城镇居民消费的影响要大于对农村居民消费的影响。政府消费性支出则从 1998 年开始表现出会挤入城乡居民消费，而城镇居民消费的影响要大于对农村居民消费的影响。在大部分年份，政府转移性支付也会挤入城乡居民消费，而且对城镇居民消费的影响要大于对农村居民消费的影响。胡永刚等（2009）则分析了我国 1978—2006 年的农业财政政策对农村居民消费以及农村经济增长的影响，并且考察了农业财政支出结构对这两者的不同影响。结果发现，增加农业财政支出会增加农村居民消费，促进农村经济增长，具有“挤入效应”。增加农业税则会显著减少农村居民消费，降低农村经济增长，具有“挤出效应”，而且影响要比农业财政支出的影响要大。而且在各类农业财政支出中，科技费对农村居民消费和农村经济增长的影响最大。其次是救济及其他费用、基本建设费，事业费的促进作用最小。并且，从长期来看，科技费、救济及其他费用、基本建设费的“挤入效应”会逐年增大，即对农民居民消费和农村经济增长具有长期效应，事业费的“挤入效应”则逐年减小，短期效应明显，长期效应较弱。赵蓓等（2010）在霍尔不确定条件下的消费理论基础上，构建了一个消费决策模型，并利用我国 1992—2008 年省际面板数据对税收、政府支出与居民消费之间的关系进行实证分析，结果发现，税收增加会显著降低居民消费，增加政府支出则会显著地促进居民消费。据此提出，减税以及增加财政支出是促消费、扩内需的有效手段。尤其是在经济脆弱时期，积极扩大民生类政府支出，是带动即期经济增长并促进下期经济增长的最佳政策。韩永军（2012）应用 E—G 两步法检验了 1981—2009 年我国财政支出与农村居民消费之间的长期均衡关系，实证结果表明，在长期，增加财政支出有利于提升农村居民消费水平。颜青（2012）基于 1981—2011 年地方经济数据分析财政支出结构与居民消费之间的关系，结果表明，财政支出结构与居民消费之间存在长期协整关系，但其中只有社会保障性支出是居民消费的格兰杰原因，经济建设支出等支出对居民消费具有不利影响，这和张荣霞等（2013）基于 2003—2011 年 26 个省市的面板数据分析结论类似，在民生类财政支出中，只有社会保障支出对居民消费有显著的促进作用。康丕菊等（2012）在分析财政支出与居民消费关系时，从宏观经济总量出发，将“挤出效应”分为三类：第一类是政府税收增加时，会减少居民收入，从而减少消费，即在国民收入最终分配中政府收入份额上升导致居民收入份额下降，产生直观的“挤出效应”。第二类是保持税收不变，增加政府消费，会降低居民消费。在一些领域政府消费和居民消费在功能上相同，政府消费增加则会直接导致居民减少同类性质消费，比如，政府教育经费增加会相对减少居民的教育支出。第三类是保持税收不变，增加政府债务，这不仅对居民消费有影响，对投资也同样存在“挤出效应”。比如，政府支出增加会带动利率上升，可能挤出投资，而同时可能导致居民增加储蓄，挤出了部分消费。如果按照李嘉图等价原则，居民对政府债务的反应会为了应付未来的税收而增加当期储蓄，从而减少当期消费，从这个角度看政府债务对消费的“挤出效应”是主要的。

从以上文献可知，大多数学者都将研究目标放在政府财政支出结构上，结论虽然不完全一致，但也有共同之处，即并不是单纯地讨论政府支出是挤入还是挤出了居民消费，财政支出中不同的项目构成对居民消费所起的作用是不同的。比如，各类农业财政支出对农村经济和农村居民消费就有促进作用，虽然具体项目的促进作用有差异，但都是有利于增加消费的，又如，社会保障和就业等方面的支出也对居民消费有促进作用，而政府投资性支出则对消费产生挤出作用，不利于增加居民消费。但从观点来看，还是存在挤入和挤出两种对立的观点，这主要是在理论研究上没有达成一致。很多学者都是基于各自的理论模型基础用实证来检验自己的观点，加上采用的数据和实证方法的不同，从而导致实证结论的不同。比如，有些学者是基于生命周期理论或持久收入假说来进行分析的，有些学者则是基于理论预期或跨期替代等模型来分析的，假设前提不同，得出的结论也可能就不同。当然，在选择理论模型时，是否符合我国现实情况这决定了结论的现实性和可靠性。

第二节　政府规模与就业

政府财政支出对就业的影响，首先表现在对就业的直接影响上。政府的投资支出和政府的消费支出都会直接创造就业需求。比如，政府的基础设施建设投资就会直接创造就业岗位，三峡工程、高铁建设以及各地政府的公共交通设施等方面的投资，都会直接增加投资需求和消费需求，推动经济增长并增加就业，但是这种积极作用可能很有限，且只在短期存在。当然，政府财政支出增加必然依靠财政收入来支持，而财政收入又主要依靠税收和政府负债等方式来筹资，不同的融资方式会使增加政府支出对就业产生不同的间接影响。如果政府通过增加税收来融资，会产生负的财富效应，从而减少居民消费，居民则会增加劳动供给，在我国劳动力市场并不具备充分弹性条件下，企业由于成本增加会降低劳动需求，用资本来替代，最终导致就业下降。如果政府通过负债来融资，政府负债增加，会使利率上升，利率上升又增加私人投资成本，从而对私人投资产生“挤出效应”，最终导致就业下降。并且，政府支出规模的扩大，在某种程度上还会导致政府过度参与市场资源配置，影响市场机制发挥作用，可能造成扭曲并损失经济效率，最终导致有效的劳动需求下降进而就业下降。因此，政府支出的增加最终会对就业产生何种影响将取决于两方面作用的净效应。

我国与西方国家不同的是，政府投资往往是在片面地追求经济增长的目标下进行的，尤其是地方政府面临着以 GDP 为中心的政绩考核体系和税收最大化的激励，政府在投资的时候会倾向于大规模的诸如基础设施等基本建设方面的支出，并且在政府鼓励招商引资时也倾向于资本密集型的企业，在一定程度上存在资本过度深化，导致就业弹性持续下降，不利于扩大就业。

其次，从劳动力市场来看，政府支出的增加还会通过对劳动供给的收入效应和替代效应对就业产生影响。如果政府通过税收来为增加的支出融资，在其他条件不变的情况下，政府支出增加带来的负财富效应会使人们在工作和闲暇之间选择更多的工作，从而使劳动供给曲线发生移动，这可以归结为政府支出对劳动供给的收入效应，而同时政府提供的基础设施、保护性制度和维护市场秩序等公共服务支出又会有利于消费者的消费，从而人们可能会选择消费更多的闲暇，这可以归结为政府支出对劳动供给的替代效应，最终要看这两种效应孰大孰小，如果收入效应大于替代效应，则政府支出不利于就业，如果收入效应小于替代效应，则政府支出会有利于就业。如果政府通过负债来融资，政府债务的增加不仅可能对私人投资产生“挤出效应”，而且人们会将政府债务视为未来的税收，从而可能做出与政府通过税收融资时同样的反应，由于有支出预期，所以会减少当期消费，增加储蓄并选择更多的工作。

最后，在政府支出中的社会保障和就业支出本身就是为保护劳动者就业制定的，政府增加这方面支出，对劳动力进行教育培训或者再就业培训，尤其是对贫困和弱势群体进行教育培训，帮助他们掌握新技能，有利于提高劳动力资源质量，增加就业机会，在一定程度上能直接增加就业。

关于政府支出和就业，国外很多文献研究结论都认为，政府支出增加会提高失业率，降低就业。如阿布拉姆斯（Abrams，1999）分别考察了1984—1993年包括加拿大、法国、德国、意大利、日本、英国和美国的7国集团样本，在七国集团基础上增加人口在500万以上，人均GDP超过1.5万的国家，如澳大利亚、奥地利、比利时等的15个国家样本，以及所有的OECD国家样本中平均政府规模和平均失业率之间的关系。结果表明，用政府支出总额占GDP比重反映的政府规模的增加，在其他条件不变的情况下，会通过支出和税收效应提高失业率，降低就业。Fatás和Mihov（2001）比较了财政政策对宏观经济变量的动态效应，结果发现财政支出的增加会显著地促进消费和就业。当政府工资支出增加时，刺激效应尤其明显。Christopoulos、Loizides和Tsionas（2005）用1961—1999年10个欧洲国家的面板数据验证政府规模和失业率之间的长期关系，面板协整方法的检验结果支持了阿布拉姆斯曲线，即政府规模和失业率正相关。菲尔德曼（Feldmann，2006）用

1985—2002 年 19 个发达国家数据分析政府规模如何影响失业。在控制经济周期、主要劳动力市场制度和不可观察的国家效应后，结果发现大的政府规模会提高失业率。尤其是对妇女和低技能劳动力起决定性作用，并提高潜在的长期失业率。在对 52 个发展中国家样本进行分析时，得到了同样的结论（Feldmann，2009）。

国内也有很多经验研究，学者们大多认为我国政府支出是有利于扩大就业的，但是，各种支出构成项目的就业效应会有所不同。如尹音频等（2004）将财政政策结构分为财政支出政策结构、税收政策结构以及失业和就业保障政策结构三类，并进一步将财政支出政策结构分为政府投资政策、政府采购政策，以及政府转移支付政策来研究对就业的影响。结果表明，在既定的财政政策条件下，财政政策的结构不同会对就业产生不同的影响，而且财政政策的就业效应在劳动密集型和资本密集型两种不同企业结构下作用效果也不同。从财政支出政策结构来看，不论是政府投资政策、政府税收政策还是政府采购政策，在劳动密集型条件下都会产生就业扩张效应，在资本密集型条件下则都会产生就业收缩效应，因此要区别对待。她还指出，政府失业保障政策是一种消极政策，就业保障政策则是一种积极政策，能在提高劳动者质量和沟通劳动供求信息方面起到积极作用，产生就业扩张效应。陈仲常等（2007）通过建立财政支出、私人投资和就业之间关系的理论模型，并基于我国 1998—2004 年各地区面板数据对三者之间关系进行实证检验，结果发现，增加财政支出不仅对私人投资未产生“挤出效应”，而且还会促进就业的增长。并且还指出政府支出的就业效应中，政府投资性支出对就业增长的促进作用最大，消费性支出次之，转移性支出对就业增长的促进作用最小。王文甫（2008）将政府支出引进消费者效用函数，构建了一个包含政府支出的新古典增长模型，在此框架下研究政府支出和技术进步对就业的影响，结果表明政府支出和技术进步对就业的影响作用主要取决于消费者的风险规避系数，并应用我国 1978—2004 年数据对政府支出、技术进步和就业进行了协整分析，实证结果显示，政府支出的增加会促进就业，而且这种促进作用在短期表现得比在长期更大。随后他又单独考察了公共教育支出的就业效应，结果发现，不论是否考虑投资性支出，公共教育支出和就业之间都存在一种倒“U”形关系（王文甫，2010）。刘新等（2010）基于 1978—2008 年的时间序列数据分析了我国社会保障支出对就业的影响效应，结果发现，社会保障支出和就业之间存在长期协整关系，但两者不存在格兰杰因果关系，而且社会保障支出不存在显著的就业效应，但是，两者之间正相关。朱翠萍等（2010）在分析财政支出政策效应时指出，增加政府支出，尤其是投资性支出会增加就业，但各种支出构成的就业效应有所不同。经济建设支出只存在短期的就业效应，社会文教支出则存在长期的就业效应。袁芳英等（2010）基于无穷期界的内生模型框架下将政府支出分为消费性支出和生产性支出两种，并引入效用函数和生产函数来考察政府支出的就业效应，结果发现政府支出的就业效应取决于消费者的风险规避系数，如果这个系数大于1，则消费性支出的就业效应为负，而投资性支出的就业效应为正，反之则相反；如果这个系数等于1，则政府支出对就业的影响是中性的。并且利用我国1980—2006年的数据进行检验，实证分析结果表明，消费性支出对城镇居民就业影响较大，生产性支出对农村居民就业影响较大。陆铭等（2011）利用我国286个地级市截面数据分析政府干预与就业弹性之间的关系，结果发现，政府生产性支出的增加会削弱就业弹性，外商直接投资能显著提高就业弹性，但是，政府干预却会削弱外商直接投资创造就业的能力，并据此提出，要提高经济增长的就业效应，必须减少政府对经济发展的干预。

总之，政府财政支出不仅会通过政府直接干预经济对就业产生直接影响，也会通过市场机制作用影响微观经济主体的行为，使他们在进行决策时考虑政府支出因素的影响，从而最终影响整个经济。

第三节 政府规模与产业结构

产业结构是在社会再生产过程中，一国或一个地区国民经济各产业部门间，以及各产业部门内部构成，包括产业间的资源配置状态、产业发展水平、空间布局，以及产业间的技术经济联系等内容。它是随着经济和社会发展逐渐形成并不断调整的，主要体现在主导产业，以及以主导产业为核心的产业结构不断发展和提升的过程中。产业结构合理化包括三个方面相互有机联系的内容，即产业间和产业内部比例要合理、产业间和产业内部发展速度要协调以及各产业之间的技术经济联系及其变动要符合经济规律。产业结构合理化是高级化的基础，只有当经济发展到一定阶段、产业结构合理化达到一定程度后才能以产业结构高级化为目标。而政府干预产业结构主要是为了实现产业结构的合理化和高级化。[①] 在政府调节和促进产业结构升级方面，日本、法国、美国和亚洲“四小龙”都取得了一定成效。

当然，有一点需要明确，虽然政府和企业都是产业结构调整的主体，政府在产业结构的调整和升级中扮演着很重要的角色，但并不意味着政府就可以取代市场来直接构造产业结构。政府的作用在于通过制定相关产业政策来促使企业选择更合理更高级的产业，最终决定产业选择的是企业，不是政府。在自身资源的约束下，企业会根据市场机制的安排自发选择是否采用新技术，或者进行研发投资，进行技术创新，政府虽然也能通过资助或者其他激励方式引导企业进行创新，但不可能以产业中的具体参与者的身份捕捉瞬息万变的市场，更不能通过政府的强权造成市场扭曲来代替市场进行决策。在产业机构调整和升级过程中，政府的地位不是产业结构发生变动的直接推动者，而是合作者、催化者和助力者，是通过制定并实施适宜的产业政策及其他经济政策来促进产业结构的演变和发展。[②]

从经济发展实践来看，我国产业结构调整经历了漫长的过程。新中国成立之初，为了尽快建立基础工业体系，我国采取了优先发展重工业的超前战略，而且政府通过粮食统购统销、全国统一工资标准以及财政上的统收统支，将全社会的资源都控制在手中，然后以财政支出的形式将资源分配到重点建设领域。这一时期，基本以牺牲农业以及其他产业的发展为代价，严重破坏了产业间的正常发展比例。统计资料显示，农业和轻工业的基本建设投资比重很低，两项相加平均也只有10%左右，而重工业却一直维持在平均36%以上。这种倾斜投资政策使重工业占总产值比重迅速上升，1952年已达36%左右，“二五”计划以后就超过了60%。在农业方面，政府以隐蔽的“剪刀差”的价格手段从农业中抽取了大量资金用于工业建设，对农业部门的投资却一直维持在非常

---

① 窦丽琛：《冲突与协调：政府与企业在产业结构调整中的利益选择》，中国社会科学出版社2010年版，第19页。

② 李龙元：《产业结构调整中的财政金融支持体系建设》，知识产权出版社2011年版，第29页。

低的水平。这种以指令性政策为主导的政府强势干预的产业政策在工业基础非常薄弱的经济发展初期起到了积极作用，在短时间内建立起了相对完整的工业化体系，奠定了工业化发展的基础。但是，随着经济和社会的发展，产业间不平衡的矛盾日益突出，能源、交通运输等相对落后的基础产业逐渐成为经济发展的“瓶颈”。1978 年实行改革开放后，我国重新调整了产业政策，不再片面强调重工业的发展，逐渐重视并重点扶植农业的产业发展，政府投资中重工业投资的比例逐渐降低，农业、轻工业及基础产业的投资比例则不断上升，产业结构逐步趋于合理。新中国成立以来，产业结构严重失调的局面也基本转变，产业结构调整基本符合一般规律。随着改革的逐步推行，我国财政支出政策也进行了调整，不但改变了原来向重工业倾斜的投资方向，还积极采用各种市场化的调节手段来促进产业结构的优化。比如，在财政直接投资上降低了重工业的投入，相应增加了对农业、轻纺工业和基础产业的投入，在全社会固定资产投资中国家预算内资金比重也不断下降，投资主体日趋多元化，资金来源中国内贷款和外资所占比重逐渐上升，政府投资支出也逐渐从经营性、竞争性领域退出，而将重点放在能源、交通、通信等容易出现市场失灵的基础产业领域。政府调整产业结构财政支出手段也更加多样化，由过去多年来指令性手段的直接干预和政府直接投资转向利用各种间接的引导手段，这些手段在推动我国市场化改革的同时，促进产业结构优化升级上起到了积极作用。

随后，我国继续调整轻工业和重工业之间的比例，产业政策则向能源、交通、基础设施等产业倾斜，并提出有重点地开拓新的生产领域，促进新兴产业的形成与发展，用新技术改造传统产业。在这种产业政策的促进下，高新技术产业和以服务业为主的第三产业得到一定的发展，产业结构更趋合理，但交通和基础设施等基础产业发展仍相对滞后，并没有打破“瓶颈”限制，一些生产能力过剩的产业，部分如加工工业，在国家限制发展的情况下仍持续增长，而传统产业的改造和新兴产业发展却很缓慢，直到 90 年代初，产业结构仍然严重失衡。1992 年邓小平的南方谈话发表，在全国又掀起新一轮投资热潮，由于加工工业的技术特性，全国尤其是沿海开放地区，迅速涌现出大批的小规模技术含量较低的加工企业，更加剧了产业结构失衡。产业结构低度化和分散化等问题凸显。为此，政府被迫采用行政手段来调整过热的经济。随后的

“九五”期间，产业间比例关系进一步趋于协调，产业结构失衡问题稍有改善，在产业结构升级上也取得一定进展。并且，在积极财政政策的推动下，基础设施、通信设施和交通运输状况也得到了明显改善，但并未根本解决三次产业的结构失衡问题。“十五”期间，我国又开展了新一轮的经济结构调整，并取得了重大进展。但是，产业结构的失衡问题仍未解决，第二产业比重仍过高甚至还在上升，相对而言第三产业比重仍然过低，产业结构的升级相当缓慢。“十一五”期间，我国继续调整投资结构，基础设施和改善民生的公共投资成为重点。能源、交通、原材料等基础工业发展较快，也带动了国民经济的快速发展。但是，长期偏高的投资率、投资结构的不合理带来的产业结构问题，并未得到最终解决。

“十二五”规划提出的产业结构优化升级目标，具体体现在服务业增加值占 GDP 比重，以及服务业就业人员占全部就业人员比重，分别提高 3—4 个百分点。根据《中国统计摘要（2016)》可知，“十一五”期间服务业增加值占 GDP 比重平均为 42. 95%，服务业就业人员占全部就业人员比重平均为 32. 98%。三次产业比重平均依次为 10. 43%、46. 61%、42. 95%，其中，工业平均比重为 40. 71%，建筑业平均比重为 6%。而 2015 年现价服务业增加值占 GDP 比重为 50. 5%，超出预期目标 3 个百分点以上，服务业就业人员占全部就业人员比重为 42. 4%，比“十一五”平均大约增加 10%。三次产业比重依次为 99%、40. 5%、50. 5%。从三次产业比重，服务业增加值占比以及服务业就业人员占比来看，三次产业结构中服务业比重上升，第二产业比重下降都很明显，产业结构实现了进一步优化。

纵观过去几十年来的产业结构调整进程，政府在产业结构优化升级的过程中从一度统抓统管的完全控制逐渐转向了主要依靠市场调节的宏观调控角色，但不论哪个阶段，政府都通过产业政策和政府支出政策在产业结构的调整、升级和优化过程中扮演着非常重要的角色。根据 2013 年修正的国家发改委编的《产业结构调整指导目录》（2011 年本)，第一类鼓励类包括农林业、水利、煤炭、电力……民爆产品等一共 40 项，第二类限制类包括农林业、煤炭、电力、医药等共 17 类，第三类淘汰类也包括这些行业里的落后生产工艺装备以及落后产品共 12

大类。[①] 几乎涉及所有行业，并且同时还制定了调整产业结构的原则，以及相关规定。这也能反映出政府在产业结构调整中的参与程度。用国务院发展研究中心产业经济研究部部长冯飞的话来说，“产业政策已经成为影响企业投资行为的主要变量”。

政府规模对产业结构的影响，主要还是通过各项财政支出来实现。首先，政府通过调整财政支出结构，推动主导产业和支柱产业的发展，促进产业结构优化和升级。比如，通过税收支出、价格补贴和企业补贴等引导手段扶持和促进特定行业发展。我国汽车和家电行业的迅速发展就得益于此。其次，政府可以通过财政拨款或增拨经费等方式来支持衰退行业中企业的退出，加速传统产业结构的升级。比如，对这些退出企业的职工进行再就业和技术培训等，促进他们向其他行业转移，提高人力资本使用效率，降低失业率等。最后，政府可以调整支出结构，加大对科研、教育、医疗卫生等经济增长要素方面的投入，增加政府研发投资、对企业的研发资助、公共教育支出等比例，提高要素投入的质量和效率，鼓励创新，促进整个经济和社会的进步，内生地推动产业结构的优化和升级。但是，政府在制定和实施产业政策和政府支出政策时，一定要遵循市场机制，政府虽然在产业结构调整中具有积极推动作用，但成功与否最终都取决于是否反映了市场要求和尊重市场选择，如果以指令性手段，比如，指令性计划、行政审批和价格扭曲等方式在违背市场机制下来选择主导产业、培植优势产业，这样的产业最终会在市场竞争中被淘汰，会阻碍产业结构调整的进程。

关于政府支出和产业政策，国内学者们的研究几乎一致认同在实现工业化以后，我国产业结构调整中，应该优先发展第三产业，但是各地区具体情况不同，应该因地制宜，不能“一刀切”，要避免产生全国产业结构同构现象。如夏杰长（2000）在分析我国劳动就业结构与产业结构偏差时指出，产业结构是决定就业结构和规模的重要因素，产业结构不同就业弹性和新增就业岗位差异也会很大。在我国应该优先发展第三产业，拓展就业渠道，避免增长性失业。政府应该为第三产业提供良好的财政税收政策环境，但是，要区别对待有重点地扶持交通、通信、金融、信息产业和技术服务等第三产业。张平（2005）在研究我国区

---

① 国家发改委：《产业结构调整指导目录》（2011年本），中国经济出版社2013年版。

域产业结构演进特征时指出，我国区域产业结构主要呈第二产业主导型、受制于二元经济结构、空间轨迹呈东西走向、在政府主导下结构趋同等特征，因此我国产业结构优化升级过程比较曲折，进而提出，各地区要着眼于发挥各自比较优势，合理确立本地区产业结构优化升级导向，并且要选择适合本地区的区域产业技术政策，尤为重要的是要通过市场来筛选和培育区域主导产业。胡向婷等（2005）在考察地方保护主义对区域产业结构影响时构建了一个两期模型来分析产业分布过程中政府的作用，并将改变贸易成本和政府直接投资这两个代表地方政府行为的变量引入模型，最后用一个无穷期的动态模型来分析地方保护主义对产业分布稳态的影响。结果发现地方政府的保护会影响产业布局，这种影响与采取的保护方式有关。如果采取构造贸易壁垒、增加贸易成本来阻碍地区间商品流通，将会导致各地区产业结构趋同；如果采取政府直接投资方式来扶持本地经济，则在一定程度上会促进地区间产业分工，促进地区产业结构差异化。并采用1996—2002年我国26个地区面板数据进行实证检验，实证结果支持了该结论。邵晓等（2009）考察了新中国成立以来产业结构、就业结构和需求结构的演变，指出我国经济结构中存在严重的结构偏差，虽然产业结构有优化趋势，但结构偏差却越发严重。这种偏差主要与我国政府主导片面强调工业化有关，虽然在短期对经济不会造成明显影响，但最终会阻碍经济增长质量的提高，因此需要纠正结构偏差，这就需要消除各种制度性约束，政府应该放松对要素流动的限制。

国外学者也对我国政府在产业结构中的作用进行了研究，代表性的观点如 Young（2000）考察了我国改革开放后的地区产业结构的变化及地方保护主义的影响，结果显示，地方保护主义使各地区之间存在相当大的贸易壁垒，不利于发挥地区比较优势，造成市场扭曲。

综上所述，政府在产业结构的调整和优化中扮演着非常重要的角色，在一定程度上政府干预必不可少，因此政府规模的扩张必定会波及产业结构，如果不加控制则会出现很多问题。比如，政府在为市场运行提供良好秩序和制度安排时可能会将其活动扩展到自然垄断产业，再到非自然垄断产业，最后甚至扩展到完全竞争产业，为此，政府这种职能错位或角色混乱可能会阻碍产业结构的合理化和高级化。比如，地方保护主义被认为是导致各地区产业结构趋同的重要原因。

第四节　政府规模与经济增长基本要素

为便于分析，本节也从政府支出来表示政府规模，当然，这并不说明政府规模的其他方面对生产投入要素就没有影响。

一　政府规模影响物质资本形成

在刘易斯的二元经济增长模型中，核心思想是：提高储蓄者和投资者在国民收入分配中的地位。他的理由是，“辛勤的劳动与资本形成是产生经济增长的一个绝妙组合，即使没有劳动，资本形成也会产生巨大的经济增长，而没有资本形成的劳动对经济发展的贡献则是微不足道的”。[①] 可见物质资本对经济增长的重要性。物质资本是经济增长的基础，没有物质资本就不可能实现经济增长。而政府公共投资可以直接为一个地区的经济发展提供资本来源，并通过资本的乘数效应扩大对经济增长的影响。增加资本投入可以提高产出水平，提高资本产出效率会促进经济快速增长，雄厚的物质基础是进行再生产的必备技术条件，因此，物质资本是经济增长的关键要素，积累对增长的重要性也是众所周知的。

经济和生活水平提高依赖同时也反映在更多更好的新的资本的形成包括私人和公共资本等方面。比如，工厂、高速路、邮局、商店和公园等。因此，一国经济必须有一定的储蓄，至少最初要依赖私人储蓄。资本生产率的提高不仅会通过直接提高现有资本产出效率来增加产出，而且会刺激追加投资来提高产出。政府的财政支出中，诸如基础设施等项目的支出能够在不影响资本存量的情况下提高有效资本供给和资本生产效率来促进经济增长，投资支出则会直接增加资本的存量和流量来促进经济增长。

理论上讲，经济中私人企业和个人在进行投资决策时都是按照边际收益和边际成本相等的原则来进行的。公共投资要么是非生产性的，要么只进行有利可图的投资，在这两种情况下都不能提高资本生产率。而

---

① ［美］阿瑟·W. 刘易斯：《经济增长理论》，梁小民译，三联书店上海分店、上海人民出版社1990年版，第45页。

另一些投资是具有生产性的，若由私人来投资，从全社会整体来看可能社会收益会超过社会成本，但对单个个体来说则可能无利可图。因此，政府投资的公共品如果能永久性地提高私人资本的产出率，那么政府在物质资本方面的投资就会对产出的长期增长产生积极影响。

根据巴罗（1990）以及巴罗和萨拉—伊—马丁（Barro and Sala - I - Martin，1992）的观点，政府生产性支出对经济的影响主要是通过提供公共物品或解决市场拥挤问题来实现的。将政府生产性支出引入生产函数后，将资本和政府生产性支出结合在一起考虑时，生产的规模收益不变，这主要是源于政府投资的外溢效应，而分别考虑资本和政府生产性支出时，生产的规模收益会递减。这说明，如果政府投资规模不与私人投资规模同步增加，整个社会生产会呈现规模收益递减趋势。但同时政府生产性支出会产生“挤出效应”，因此，当政府生产性支出规模比较小时，增加规模会提高税后资本边际产出；当政府生产性支出规模比较大时，增加规模会降低税后资本边际产出。从理论上看，应该存在政府生产性支出的最优规模，此时税后资本边际产出最高。

政府财政支出对物质资本形成的影响，主要表现在政府投资对私人投资的作用。国内外对这方面研究的文献非常多，部分研究认为，政府投资与私人投资之间没有显著相关性，但大多数的研究结论都肯定了政府投资对私人投资的影响。只是，从理论上说，可能存在“挤入效应”，也可能存在“挤出效应”，众多学者的分歧主要表现在这两者孰轻孰重上。

如 Aschauer（1989）对公共投资到底在多大程度上挤出私人投资，以及消除政府投资比率对经济的影响给出了很有意义的解释。他认为，从表面上看，当私人部门利用公共投资来满足自身需求，而不是扩充私人资本时，公共投资的增加被认为会同比例降低私人投资。然而，从更深层次来看，公共基础设施投资在生产和分配私人物品和服务时对私人资本是一种补充。因此，当公共投资能提高私人资本存量的获利能力时，公共投资被认为会增加私人投资。实证结果显示，尽管两种机制看起来都在起作用，但公共投资会挤入私人投资的效应占主要地位，所以最终公共投资支出增加的净效应会增加私人投资。这样一来，政府投资水平会上升，在现实经济中，公共投资政策的影响就绝不会是“中性的”。

Serven（1996）用印度数据检验了包含公共基础设施和其他由企业部门承担的工商业投资两种类型的政府投资与私人资本之间的关系，结果表明在长期，公共基础设施投资会对私人投资有“挤出效应”，其他类型的政府投资则对私人投资有“挤入效应”。但是，在短期两种类型的政府投资都会对私人投资产生“挤出效应”。

Angeletos 和 Panousi（2007）则检验了在新古典增长模型及不完全竞争市场条件下政府消费支出的宏观经济效应。实证结果发现，不完全竞争市场使个人投资在既定价格下对个人财富非常敏感。增加政府支出会由于减少个人可支配收入而挤出私人投资。因此，市场的不完全竞争会打破财政政策的供给效应，不论在短期还是长期，政府消费支出的增加，即使由一次性给付税收融资，都会降低资本集约程度、劳动生产率和工资，不利于私人投资。

Takii（2008）检验了当政府支出在某种程度上会挤占私人消费时，政府的扩张性财政政策的有效性。结果显示，当存在市场非系统风险、商品具有可替代性，以及企业有很强的预测能力时，预算乘数会是负的。从而扩张性财政政策在短期内会降低企业的投资预期，不利于增加企业投资，但在长期，这种影响并不存在。

Leeper、Plante 和 Traum（2010）在对美国财政融资机制进行研究时，考察了在政府投资滞后及依靠债务融资的政府支出条件下可预期的财政政策变化对私人投资的影响，结果表明，政府投资对私人投资有外溢效应。由于政府投资的滞后，资本积累需要较长时间才能完成，从而私人投资也会推迟到政府投资完成后才进行。而且在短期，除劳务税外，所有的财政政策工具，比如转移支付、政府消费、资本收入税等对债务反应都很敏感，这些工具的变化都不利于私人投资。从而作者认为，短期内依靠债务融资来增加政府投资是不利于私人投资的，但在长期，跨期融资主要来自政府的预算约束，因此这种影响并不明显。作者还进一步指出，由于债务融资冲击引发的长期波动，短期和长期的乘数变化会很大。

Cavallo 和 Daude（2011）建立了一个简单理论模型分析发展中国家的公共投资和私人投资，在模型中存在两种相互抵消的力量，一方面，公共投资会提高私人投资的边际产出，潜在地挤入私人投资；另一方面，较弱的融资制度约束会降低公共投资的正效应从而挤出私人投资。

最终实证结果显示在1980—2006年116个发展中国家公共投资的“挤出效应”更强，而且，在制度比较完善的国家，由于公共投资的边际产出较高，这种“挤出效应”会减弱，甚至会转变成“挤入效应”。这些国家对国际贸易和资金都更加开放，从而融资约束较小，这表明公共投资的最终效应是挤入还是挤出，取决于诸如制度的质量，以及与贸易和融资相关的各种政策等一系列因素。

国内也有很多学者对此进行研究。如赵志耘等（2005）基于政府提供公共产品的生产函数来分析增加政府生产性支出（包括基本建设支出、教育支出和科研支出）对税前和税后单位资本产出的影响，认为存在使单位资本产出最大的最优政府生产性支出规模。并用1978—2003年对结论进行了验证，结果表明在我国财政生产性支出与单位资本产出正相关，而财政总支出与单位资本产出负相关，并且其中基本建设支出会提高单位资本产出，只是作用不是很明显，教育支出和科研支出则具有很强的外溢效应，会显著提高单位资本产出。

贾俊雪等（2006）从理论上分析资本性支出分权、公共资本投资结构和经济增长的关系，发现资本性支出分权和公共物质资本投资比重对经济增长既有直接影响，也会作用于均衡人力资本与物质资本之比对经济增长产生间接影响。并用1979—2004年全国时间序列数据，以及1995—2003年我国29个省、自治区、直辖市的面板数据来验证理论分析的结论，结果显示，它们与经济增长之间存在倒“U”形关系，即存在使经济增长最大化的最优资本性支出分权水平及最优的公共物质资本投资比重。而且发现，人力资本与物质资本之比会显著地降低人均产出的增长，提高物质资本性支出和人力资本性支出的分权水平对人均产出增长和人力资本与物质资本之比都有显著的负影响，因此，应该降低我国资本性支出分权水平。

陈工等（2009）基于反映私人投资与公共投资之间关系的世代交叠模型来考察公共投资对私人投资的影响，并应用我国1994—2007年29个地区的省际面板数据进行检验，结果表明，总体来看，我国公共投资会对地方私人投资产生显著的“挤入效应”，但公共投资中的不同项目的作用也不同，其中，生产性公共投资，比如交通运输、煤气勘探、电力生产和供应等，产生的“挤入效应”最强，也是最主要的。社会性公共投资，如教育、文化艺术、科研等投资，则对私人投资的影响不明显，从而政府应该加大生产性公共投资支出。

张勇等（2011）基于我国利率具有行政调节的特性，对 IS—LM 分析框架下的一般均衡模型的假设进行了调整，如采用民间资本的借贷成本来替代利率，并且证明了在私人部门并不满足资本充足的假定，私人并不缺乏投资意愿，而是缺乏可得资本等，重新估算了公共资本和私人资本存量，考虑了国有企业投资、政府预算外投资以及制度外投资等前提，对公共资本做了更精确的界定。并分别用我国 1978—2008 年时间序列数据，以及 1996—2007 年省际面板数据进行实证检验，结果表明，在我国，公共投资对私人投资产生了显著的负面影响，以往寄希望于大规模的公共投资来刺激私人投资是不可行的，依靠政府和国有企业的大规模投资来促进经济增长会产生恶性循环，即为保证实现 GDP 增长目标，政府必须扩大公共投资规模，从而挤占私人投资；如果政府缩减公共投资规模，则又无法保证实现 GDP 增长目标。并进一步指出，造成我国私人投资不足的最根本原因是片面地追求 GDP 增长目标。

二　政府规模影响人力资本积累

随着社会经济的不断发展，在经济增长中，人力资本要素的作用日益加强，并已经成为社会经济增长和发展的决定性要素。总的来说，人力资本对经济增长的作用主要从三个方面表现出来：第一，增加人力资本投入有利于提高人类自身在社会生产活动中的主导性作用。人是社会生产活动的主体，是最富有创造性的要素。第二，人力资本的积累能够直接改善和提高物质资本生产的效果推动经济增长。掌握较多知识的劳动力能够发现许多未被应用的物质资料获得进行物质产品生产的新资源。较高素质的劳动力通过技术创新提高劳动生产率创造生产物质产品的新手段或者创造和发现替代品，都有利于节约短缺的物质资料克服“瓶颈”因素对经济增长的制约。第三，人力资本是一种高增值资本。人力资本积累过程是一个知识扩展、技能熟练、不断创新的过程，随着人力资本存量的增加，劳动者所蕴含的生产能力会加倍地扩张。人力资本存量越大，劳动者在社会生产活动中就越能发挥出更大的协调配置创造等能力，实现更高经济效率。

在财政支出中与人力资本相关的支出主要有公共教育支出、公共医疗卫生支出和社会保障等民生类支出。这类支出能够提高劳动力的素质，包括身体素质、科学文化素质等，身体素质越好，劳动者的生产能力越强，科学文化素质越高，就越能将积累的知识转化为现实生产力，从而促进提高劳动生产率、增加有效劳动的供给，最终提高经济增长率。

教育是提高人力资本促进技术进步的有效途径之一。政府、社会和个人多方面的教育投资共同推动着教育的发展，增加教育投资会促进教育部门的规模扩张，并改善教育的硬件和软件，如增加教育基础设施、提高师资水平等，最终增加人力资本总量。这一点在很多发达国家（如美国、日本、韩国以及新加坡等）的经济增长事实中得到了证实。对公共教育的支出，是劳动者个人获得教育的保证之一。教育支出是一种能生产人力资本的长期投资。但是，这种投资的收益不是当期实现的，而是一种预期收益，花费是预先进行的，这可能会降低投资者的当期收益。而且，教育作为一种特殊商品，生产和使用存在明显的外部性和规模效应。即随着受教育人数的增加，教育的社会效应会增加，并且在很大程度上决定经济增长的速度。① 实践表明，政府在这方面确实可以矫正市场失灵。有时候劳动者愿意放弃一部分目前的工作转向学习以获得更高更新的技能，因为将来可能获得的较高的工资可以补偿当期放弃工作而下降的收入。但是，由于缺乏保障和流动限制，个人很难为教育融资。即使未来可能的较高的工资足够补偿上学的费用，个人也仍然无法接受教育。而企业在职业培训和在职学习方面，也由于无法保证员工在完成培训后不跳槽，以致不能保证将来获得的收益可以补偿他们在培训工人方面花费的成本，从而企业可能放弃对员工的培训，这时政府支出就显得尤为必要。

医疗卫生支出是人力资本投资的一个重要方面，是国民素质不断提高的物质基础，也是经济和社会持续发展的关键因素之一。这项支出之所以被称为一种增长活动，不是因为它能促进经济增长，而是因为能使国民拥有良好的健康状况，这本身就是一个很重要的目标。健康能提高劳动者的各种潜力，它如同对教育的需求一样，这也会提高当前和未来人力资本的质量。比如，提高劳动者的体力、耐力、专注力，减少疾病和旷工，增加有效劳动供给，而且还能增强劳动力接受教育和学习新技

---

① Harriss, C. L. , “Government Spending and Long - Run Economic Growth”, *The American Economic Review*, Vol. 46, No. 2, 1956, pp. 155 - 170.

术的能力。而对儿童健康和营养状况的改善，则有助于保证有更强壮、更健康的劳动力储备。但是，个人不可能在卫生保健方面支出与个人或公共利益相匹配的资金，私人企业也不会在研发、卫生、预防和治疗方面为公众提供最好的服务。所以，只能通过增加政府支出来提高卫生保健水平，提高劳动生产率，从而得到更好的卫生保健，促进工作效率，尤其是延长劳动者的寿命。而且，随着收入的增加以及更便利的保险，私人医疗保障资金会变得更加容易获得，这样一来，政府公共卫生支出最终会减少。

社会保障支出可以维护社会公平和社会成员的福利。在重新分配资源时，有可能改变受保障者的预算约束和福利状况，从而影响个人的储蓄、消费和投资等微观经济决策，最终影响经济运行中的物质资本形成和人力资本积累，因此，不可避免地对经济增长产生影响。社会保障是通过提高劳动生产率和增进社会稳定对经济增长做出贡献的。比如，养老保险保障劳动者达到国家法定的退休年龄后，或者因年老丧失劳动能力后能老有所养，老有所依。因此，可以在一定程度上避免当劳动者的劳动生产率下降到较低水平却仍未退出劳动力市场引起的各种问题。失业保险则为失业工人寻找能够充分发挥才能和潜力的工作提供了必要和有益的缓冲。

人力资本投资具有很多种形式，包括非正规教育、在职培训、促进健康和干中学等方式。但是，正规教育是人力资本积累的基础，不能用其他人力资本投资形式来代替，因此，在实证分析时很多学者重点关注的是三个主要教育阶段，即初等教育、中等教育和高等教育。与生产相关的技能也被认为体现在那些获得更高数量和质量教育的个体人力资本中，技能水平也随着教育从初等到高等提升而提升。虽然有部分学者认为，政府教育支出、医疗卫生支出和社会保障支出会对人力资本及经济增长产生不利影响，如 Aschauer（1989）、伊斯特科雷贝洛（1993）、Sylwester（2000）等。但是，大量经验研究证实，政府民生类支出对人力资本及对经济增长的影响都非常重要且显著。如桑德伯格（Sandberg，1982）对欧洲 20 多个国家自 19 世纪中叶以来的经济发展进行了比较研究，发现各国 1850 年的识字水平很好地预示了 1970 年的人均收入增长。Barro 和 Lee（1993）对 129 个国家地区 1960—1985 年的入学率和人均 GDP 增长率之间的关系进行了分析，结论进一步支持了桑德伯格的观点，发现在初始人均 GDP 既定的条件下，平均来说，一个国家的经济增长率和初始的初等和中等入学率显著正相关。格梅尔（1996）认为，传统的用入学率来代表人力资本会混淆人力资本存量和流量对经济增长的影响，并基于入学率和劳动力数据构建了一个替代人力资本的指标，这个指标可以将人力资本存量和流量区分开。并对1960—1985 年 98 个欠发达国家和发达国家人力资本和经济增长进行分析，结果发现，不论在短期还是长期，人力资本的增长都有力地促进经济增长。如果分别考虑不同层次的人力资本，在低收入和较高收入的欠发达国家，初等教育层次和中等教育层次的人力资本分别会很显著地促进经济增长，在低收入国家，初等教育存量每提高 1%，经济平均增长0. 09%，在中等发达国家，中等教育存量每提高 1%，经济平均增长0. 09%，而在发达国家，只有高等教育层次的人力资本会显著促进经济增长，高等教育存量每提高 1%，经济平均增长 1. 1%。但这并不意味着在这些国家，其他层次的人力资本对经济增长的作用不重要，而是由于缺乏可靠的高等教育层次的人力资本的数据，尤其是欠发达国家的数据，以及对较高层次的教育投资，比如高等教育，必定要求对较低层次的教育先进行投资。结果还显示，和罗默（Romer，1990）的观点一样，人力资本存量越大，会促进更多的物质资本投资，但与罗默（1990）不同的是，人力资本同时会直接作用于经济增长。巴加瓦等（Bhargava et al.，2001）用面板数据考察了诸如成年人存活率（ASR，即 15 岁后能再活 60 年的可能性）等健康指数与经济增长之间的关系，结果发现，在低收入国家，成年人存活率会促进经济增长。ASR 每增加1%，5 年均经济增长率大约会增加 0. 05%，而资本产出比每增加 1%，5 年均经济增长率才大约增加 0. 014%。布鲁姆、康宁和塞维拉（Bloom，Canning and Sevilla，2004）用 PWT 提供的 1960—1990 年 30年平均的 GDP（以 1985 年购买力平价折算的人均 GDP 数据）及其他数据构建跨国面板模型来检验健康对经济增长的影响，结果发现，健康对经济增长具有明显的正效应，且在统计上非常显著。当人口寿命每增加1 年，总产出平均增加 4%。并且还发现增加能改善健康的支出，除能直接改善健康状况外，更主要的是表现在劳动生产率的提高上，并且还通过物质资本的积累来促进经济增长。韦尔（Well，2007）通过分析健康对个人收入的影响，来估计平均健康水平与人均 GDP 之间的关系，采用包括身高、成年人存活率（ASR），以及月经初潮年龄等反映健康的指标的国际面板数据进行实证分析，结果发现，8%—20%不等的健康指标的变化可以解释各国人均收入的差异。

国内很多学者的研究也几乎都认为健康、教育等人力资本投资和经济增长之间存在正相关关系。如蔡增正（1999）将世界194个国家和地区1965—1990年的数据分为低收入国家、中等收入国家和工业化国家三大类，以便考察教育在不同经济发展阶段对经济增长的影响。结果发现，教育对经济增长具有显著的促进作用，外溢作用也相当大，而且是显著为正的。但是，在不同经济发展阶段，教育对经济增长的促进作用是有差异的，在经济发展水平比较低的阶段促进作用比较弱，随后会随着经济发展不断提高，当经济发展到一定阶段后，作用又会稍有降低。马拴友（2002）利用世代交叠模型构建了一个简单的财政支出模型，并假定财政支出唯一地只用于公共教育，且人力资本积累是公共教育支出的函数。根据这个理论模型，考察了公共教育支出和经济增长的关系，结论表明，如果公共教育支出是通过税收来融资，则经济增长率是公共教育支出的凹函数，从而存在最优公共教育支出规模，使经济增长最大。因此，他随后用1983—1998年的时间序列数据检验这个理论结论，实证结果表明，公共教育支出会显著地促进经济增长，并且在样本期间我国公共教育支出规模过小，没有达到能使经济增长最大的最优规模。

余长林（2006）将MRW模型进行拓展，既考虑人力资本数量和结构因素，又考虑人力资本积累对技术进步的影响，在此基础上讨论人力资本积累和经济增长的关系。理论分析表明当人力资本数量既定时，教育投资和健康投资（人力资本投资结构）的恰当比例能使人力资本增量最大化，并最大限度地促进经济增长，表明人力资本投资的数量及结构都影响经济增长。

杨建芳等（2006）将教育和健康看成两种资本，并认为这两种资本是按照柯布—道格拉斯生产技术来组成人力资本，并用1985—2000年我国29个地区的面板数据对理论模型进行实证检验，结果表明，人力资本的积累速度、人力资本存量，以及组成人力资本的教育和健康两种要素都会影响我国经济增长，并且这种影响很大。

罗凯（2006）在新增长理论函数中引入平均受教育年限、平均工作经验年限，以及健康指数等指标，将健康人力资本对经济增长的影响进行分离，并在我国 1977—2002 年 30 个地区的面板数据基础上对我国健康人力资本与经济增长的关系进行检验，结果发现，健康能显著地促进经济增长，非健康人力资本，如教育和工作经验也显著地推动经济增长。具体来说，预期寿命每延长 1 岁，经济增长率会平均增加 1.06%—1.22%，而经济增长对健康指数的弹性为 0.08。

王弟海等（2008）在分析健康投资、健康人力资本对物质资本积累及经济增长的影响时，将健康投资分别引入个人效用函数和个人生产函数，并和厂商生产函数一起构建了经济的动态模型，通过解出个人优化问题可知，健康人力资本会通过提高个人劳动生产能力来提高经济增长，从而有利于物质资本的积累，同时，为了维持健康人力资本需要更多的健康投资，在产出既定的情况下会挤占物质资本投资，过多的健康投资可能不利于经济增长。因此，最终两者对经济增长的影响要看这两种效应加总效应。为验证这一理论结论，他采用我国 1979—2003 年 28 个地区的面板数据来分析，结果显示，在短期，健康人力资本增长确实始终与经济增长正相关，健康投资对经济增长的影响则取决于它对物资资本积累的影响，如果健康人力资本增加提高个人劳动生产能力效应大于健康投资对物资资本投资的“挤出效应”，则会促进经济增长，否则会抑制经济增长。在长期，由于健康投资必定不断增长，因此必然对经济增长造成不利影响。他还发现，健康人力资本增加可能会使经济陷入贫困陷阱。

祝树金等（2008）构建了在开放条件下的教育支出、教育部门技术溢出与经济增长的基本理论模型，讨论了教育支出影响经济增长的机制，并利用我国 1987—2004 年的省际面板数据对理论分析结论进行检验，结果表明，增加劳动投入、提高人力资本水平会促进地区经济增长，国内物资资本投资的产出弹性远大于外商直接投资。若不考虑要素之间的互补性，则教育支出显著地促进地区经济增长，且这种促进作用要大于国内物资资本投资，而且教育部门对其他经济部门有技术溢出效应，这种溢出效应与人力资本、研发和开放等因素结合在一起，共同推动经济增长。

三 政府规模影响技术进步

在对经济增长基础模型进行研究拓展时，许多学者根据各自的理论依据将技术进步以不同方式纳入经济增长的理论模型中。从新古典基准模型出发，将技术进步纳入经济增长，形成拓展模型，形式大体有三种：第一种是以相对较少的资本投入产出更多的产品，即资本节约型技术进步；第二种是以相对较少的劳动投入产出更多的产品，即劳动节约型技术进步；第三种是分不清是节约了劳动还是节约了资本，被称为“中性”的技术进步，依赖于对资本和劳动节约更精确的度量。这种“中性”假设有三种，即索洛中性、哈罗德中性和希克斯中性，它们的差异主要来源于将技术进步纳入经济增长模型的方式不同，具体如表3－1所示。

表3－1　“中性”技术进步类型

中性假设类型	拓展模型	技术进步类型	具体表现
索洛中性	$Y=F[A(t)K, L]$	资本节约型/资本增进型	劳动生产率不变
哈罗德中性	$Y=F[K, A(t)L]$	劳动节约型/劳动增进型	资本产出比不变
希克斯中性	$Y=A(t)F(K, L)$	产出增进型	资本劳动比不变

从服从索洛中性技术进步的拓展模型看，在索洛中性条件下，技术进步的作用主要是使资本的效率得到提高，技术进步以后一定数量的资本能够产生相当于技术进步前 $A(t)$ 倍的效率，因此，这类技术进步称为资本增进型技术进步。

从服从哈罗德中性技术进步的拓展模型看，在哈罗德中性条件下，在哈罗德中性条件下，技术进步的作用主要是使劳动的效率得到提高，技术进步以后一定数量的劳动能够产生相当于技术进步前 $A(t)$ 倍的效率，因此，这类技术进步称为劳动增进型技术进步。

从服从希克斯中性技术进步的拓展模型看，在希克斯中性条件下，技术进步主要使资本和劳动这两种要素的效率同步提高，即资本劳动比保持不变，而产出得到增长，因此，这类技术进步称为产出增进型技术进步。

在经济全球化背景下，国际竞争越发激烈，高新技术的发展及其对世界各个领域的影响，加快了技术进步的进程。西方发达国家在发展经济时尤其注重以技术创新为导向的技术进步，并通过国家各种政策积极支持和倡导技术创新来实现持续的经济增长。而欠发达国家和地区也可以通过制定特殊的技术进步政策来实现赶超和加速发展，亚洲“四小龙”的崛起就印证了这一战略的成功。从我国实践来看，1998 年之后的经济增长过程中，要素投入的增长对经济增长的贡献率逐渐下降，而全要素生产率的增长，即技术进步的贡献率则逐渐上升，而且，在全要素生产率构成中，净的技术进步效应也不断增强。由此可见，1998 年后，我国的经济增长模式越来越具有自身的可持续性特征，提升技术创新能力真正成为实现我国经济长期持续增长的必然选择（刘伟等，2008）。

科学技术是经济增长的重要源泉，是第一生产力。不论是古典经济学家，还是现代经济学家都发现了技术对经济增长的至关重要性。但是，技术是具有显著外部性的生产要素，单纯依靠市场和企业自身的投入可能会造成市场失灵，需要政府进行干预，比如对企业技术创新活动的资助、给研究机构和高等院校提供补贴等方式来促进技术进步和刺激创新。政府支出对技术进步从而对经济增长的影响主要有两种形式：第一，通过政府公共研发投入，增加知识存量，直接促进整个社会的技术进步，推动经济增长。第二，政府公共研发投入通过知识的溢出效应刺激企业增加研发投入，间接地促进整个社会的技术进步，推动经济增长。政府对科技领域的干预主要表现在公共研发资金投入上，当然政府的财税政策对企业的研发行为也会有一定的影响。

在科技领域，市场失灵主要来自大多数的基础性研究都带有明显的公共物品性质、应用性研究和高新技术研发都具有很强的外部性、大型的科研活动在很大程度上的不确定性并有较高的风险性，比如，市场风险、技术开发风险、投资大周期长带来的资金风险，等等[①]，并且，市场无法精确、公正地评价科研人员的劳动。市场对那些产品质量好、生产成本又低的企业给予的丰厚利润是一种功利主义的激励方式，但却不能对科研活动和成果的价值作出精确判断，从而无法正确和公正地评价研发人员付出的劳动。[②] 此外，还可能存在信息不对称等问题，这些市场失灵都有赖于政府干预来纠正。迈克尔 · 布劳恩将政府科技投入涉及领域进行了归纳，认为应该集中在四个领域：其一，风险大的科技创新

---

① 杨丹芳：《财政支出经济分析》，上海三联书店 2001 年版，第 89—91 页。

② 马国贤：《中国公共支出与预算政策》，上海财经大学出版社 2001 年版，第 408 页。

项目。比如，基础研究和研发周期长的应用研究等。其二，开发周期长、投入回报周期长、带有战略性的科技创新项目。比如，国防科技研究等。其三，应用范围广泛的技术创新项目，即存在较大技术外溢效应的技术领域。比如基础技术和公用技术等。其四，公益性创新项目。比如，计量标准、质量标准、基础农学和基础医学项目等。而那些与生产经营密切相关，在一定时期内能产生较大经济效益，受益面相对有限的科研项目，则应该由市场来提供。[①] 政府科技投入对于社会技术进步有着明显促进作用，主要通过产生的引擎作用、支撑作用、推动作用和外溢作用来实现。

在技术推动经济增长的过程中，许多国家的政府都起到了至关重要的作用。第二次世界大战结束后，苏联依靠国家的力量，在经济上取得了巨大的成就，强大的工业基础使其迅速崛起。而美国感受到来自苏联的挑战和威胁时，在技术进步中极大地扩张政府规模，大量增加对研发的投入和高科技产品的采购，这种大规模的、集中化的研发资金的注入，以及政府采购的大规模增加，使美国能集中力量突破技术“瓶颈”，在晶体管和计算机等高科技产品生产和研发上实现了重大的技术进步，从而消除苏联带来的威胁。[②] 这可以说是技术进步中政府干预的成功案例。

政府对技术进步的干预主要体现在政府的研发支出及其各种政策上。从理论上说，政府的研发支出对企业研发投入及创新的影响存在两种效用，即“挤出效应”和“挤入效应”。“挤出效应”主要表现在政府的研发投入可能在一定程度上替代了企业的研发投入，而这些企业可能即使没有政府的资助也会自行开展研发活动。此外，政府的研发投入还推高研发活动的价格，增加企业开展研发活动的成本，导致企业改变研发投入计划，可能减少研发投入，从而对企业自身的研发投入产生“挤出效应”。“挤入效应”主要表现在政府对企业的研发资助和税收优惠会刺激企业扩大研发投入计划，增加研发投入，增强企业技术创新的

---

① 德迈克尔·布劳恩：《国家创新战略》，余智慧译，中国科学技术出版社 2001 年版。转引自韩佩宏《我国政府科技投入对技术进步贡献的实证分析》，硕士学位论文，山东大学，2007 年。

② 黄琪轩：《技术进步的政府规模与美国技术变迁》，《上海行政学院学报》2009 年第 3 期。

积极性，从而对企业自身的研发投入产生“挤入效应”。而且“挤入效应”通常会大于“挤出效应”，因此能发挥出政府财政支出的杠杆作用。当然，作为发展中国家，促进技术进步和经济增长的财政政策不应仅限于政府对研发的投资，更重要的是，培养和促进国内竞争、激励企业的自主研发和创新行为，以及完善科技成果向市场转化的机制和渠道。

大量研究表明，政府研发投资对于私人企业的生产率和整个国家的生产率增长都是很重要的。学者们对这些结果的一种解释是该国的经济发展到了一定阶段，并且在这个阶段获得了充分发展，从而研发活动会显著影响一个国家产出增长。比如，勒纳（Lerner，1999）考察了获得政府公共风险投资的小企业创新研究（SBIR）项目中高科技企业的长期效应，结果发现，这些获得资助的企业就业和销售额都有所增加，而且在受资助前，这些企业与其他企业在获得政府风险投资的可能性上没有明显差异，但是，受资助后，这种差异就变得相当明显，受过资助的企业在将来获得政府风险投资的可能性会显著增加，即政府公共风险投资会对企业研发投入产生积极的影响。Busom（2000）考察了西班牙政府研发补贴对企业研发投入的影响，结果发现，小企业比大企业更容易获得政府研发补贴，而且总的来说，政府研发补贴会刺激企业增加研发投入，但是在参与政府资助项目的企业中，大概有30%并不能排除存在“挤出效应”，而且无论是否获得政府研发资助，企业研发投入都和企业规模有关。冈萨雷斯、乔曼德鲁和佩斯奥（González，Jaumandreu and Pzaó，2005）建立了一个包含2000家企业的企业研发投入决策模型来分析西班牙政府研发补贴效应，估算了没有获得政府研发补贴而终止研发投入的企业，并对获得补贴的企业研发投入的变化进行评估，结果表明，政府研发补贴会刺激企业增加研发投入，而且一些没有获得政府研发补贴的企业会终止研发投入，政府研发补贴对私人研发投入没有“挤出效应”。Czarnitzki 和 Bento（2010）分析了德国、比利时、卢森堡、西班牙和南非5个不同国家的公共研发投资对企业内部研发投入的影响，并用非参数方法进行检验，结果发现，没有受到政府研发资助的企业一般会显著地减少研发投入，而且还考察了政府是否会对没有获得资助的企业继续拓展技术创新政策，以刺激企业增加研发投入，结果发现，除了南非，其他四国都从补贴政策中获利。Klette 和 Møen（2012）

研究挪威政府对高科技企业的比例补贴，结果显示，政府的比例补贴不会挤出私人研发投入，但是，被补贴企业也不会增加研发投入。他们还考察了政府比例补贴的长期效应，并利用挪威1982—1995年的高科技公司面板数据进行检验，实证结果表明，政府比例补贴会促进企业增加常规研发投入，即使在补贴到期后，仍然会刺激企业增加研发投入。此外，这种补贴对小企业和大企业的刺激作用与对中型企业的刺激作用是完全相反的。但是，也有学者认为，政府研发资助会对企业研发投入产生不利影响，如瓦尔斯滕（Wallsten，2000）利用美国小企业创新研究项目（SBIR）中的企业数据考察政府对企业的研发补贴对企业研发投入产生的影响，结果发现政府研发补贴会对企业的研发投入产生1∶1的“挤出效应”。

这些学者的研究结论不尽相同，主要是因为研究的侧重点不同，选取的数据也不同，更重要的是，政府研发投入的作用机制可能也会不同，从而结论也有差异。但是，绝大多数的研究结论还是认为政府研发投入会有利于刺激企业增加投入，促进企业技术创新和技术进步。

国内也有很多研究表明，政府支出对技术创新和技术进步有积极的影响。如苏盛安等（2005）利用1953—2002年的数据测算了我国科技投入对技术进步的贡献。结果显示，改革开放后，我国政府的科技投入对全要素生产率的平均贡献率为8.3%，而国外技术外溢效应贡献率为12.4%，企业的科技投入贡献率为40.3%，产业结构调整和制度改革等代表的资源配置贡献率为28%，教育水平提高的贡献率为9.8%，其他因素贡献率为1.2%。相较而言，我国政府的科技投入贡献率明显偏低，因此，继续加大政府的科技投入，会有效地促进技术进步水平的提高。而且从不同时间段来看，1992年后，所有变量的全要素生产率的贡献率都有所上升，其中，政府的科技投入贡献率上升到8.65%，从这个值来看还可以进一步提高，因此，提出加大政府的科技投入是促进经济增长的有效手段。

许春等（2005）建立了一个技术溢出和政府对企业研发补贴政策的相机选择模型，分析在政府补贴系数既定、存在技术溢出，以及企业展开研发竞赛条件下企业的研发努力程度。结论表明，在研发竞赛条件下，技术溢出越大，企业研发投入会越小，而政府的补贴率越高，企业研发投入会越多，从而，如果技术溢出较高时，要激励企业进行研发投入就必须提高政府补贴。这主要是因为，在技术溢出比较低的情况下，率先进行创新的企业会得到更多的创新投入带来的收益甚至全部收益，企业研发的积极性会很高。而在技术溢出比较高的情况下，率先进行创新的企业不能获得研发投入带来的所有回报，从而会降低企业研发投入的积极性，使整个社会研发投入不足，因此需要政府对企业研发进行补贴。政府补贴虽然会降低企业的研发成本，同时也会带来一定的扭曲成本，因此，在技术溢出比较高的情况下，政府会允许企业进行研发合作。为此，他们进一步分析了在不同研发合作形式企业的研发投入努力程度，结果发现不论是卡特尔式还是竞争式的企业研发合作，政府的研发补贴都会刺激企业增加研发投入，补贴率越高，研发投入积极性越大。并且，在既定的政府补贴率下，卡特尔式的研发合作方式会比竞争式研发合作方式带来更多的研发投入，如果要让这两种方式带来相同效果，在竞争式研发合作方式下需要更多的政府补贴。

许治（2006）基于新熊彼特主义（Neo - Sebumpetertan）的内生经济增长模型并引入政府公共研发投入这一变量，构建了一个包含政府公共研发投入的内生经济增长模型。从理论上揭示了政府公共研发投入以及投入的不同方式对经济增长的影响机制，结论显示政府公共研发投入的三种方式，即增加公共研发部门投入、对企业研发提供资助，以及对企业研发提供税收优惠都会促进经济增长。但是，三种方式的促进作用不同，其中政府对企业研发提供税收优惠的促进作用最大，对企业研发提供资助次之，增加公共研发部门投入作用最小，而且其促进作用会随着公共研发部门投入的增加逐渐减小。并且，公共研发部门从事应用研究活动时会对企业研发投入产生“挤出效应”，这种“挤出效应”最终对经济增长的影响取决于公共研发部门基础研究和应用研究的比例。随后用1991—2004年我国时间序列数据对政府研发投入和经济增长关系进行协整检验，实证结果验证了理论结论，即我国政府公共研发投入、公共研发部门的基础研究，以及政府对企业研发投入的资助的增加都会在长期促进经济增长。钱昇等（2007）考虑到不同的补贴政策可能会对企业研发成本产生不同的影响，因此，在A—J模型（Aspremont - Jacquemin）中引入政府研发补贴系数，分析在政府直接对企业研发成果进行补贴和对企业实行税收优惠这两种政策下企业研发的收益，结果发现，不同的补贴政策确实对企业研发合作收益有不同影响，政府直接提供补贴的政策总是能激励企业进行研发合作，而税收优惠则要在知识溢出效应足够大，且税收优惠政策的力度保持在适度范围内时才能激励企业进行研发合作。如果知识溢出效应不够大，或者政府补贴过度都会导致企业开展研发竞争。

张东红等（2009）构建了一个政府与企业研发投入的两阶段博弈模型，并假设博弈的第一阶段由企业或个人进行是否从事研发决策，博弈的第二阶段由政府进行是否对企业提供研发补贴以及补贴程度。通过对博弈模型的分析可知，如果政府提供事前补贴，不会刺激企业提高研发努力程度，而如果提供事后补贴，则会刺激企业提高研发努力程度，并且增加政府补贴程度也会增大企业研发努力程度，从而产生更多的外部效应。从博弈的均衡结果来看，外部性似乎对企业研发投入产生不利影响，但是，只要确立合适的政府补贴政策就完全能使这一外部性内部化，并激励企业增加研发投入，才能实现政府与企业在研发投入中的互补作用。

施定国等（2009）采用 1997—2006 年全国 30 个地区的面板数据，应用随机效应模型考察了政府科技投入对高校科技支出和专利产出的影响，实证结果显示政府增加对高校和企业的科技投入资助，显著地促进了高校科技支出和专利产出。首先，政府对高校的科技拨款，以及对企业研发资助都显著促进高校的科技支出。其次，政府对企业研发资助也通过产学研的合作等方式促进高校的科技支出，但是，政府研发资助力度要合适，过大和过小都会降低高校的科技支出，一般来说，政府对企业的研发资助比率在 2%—12% 促进作用最大。再次，政府对高校的科技投入的稳定性也显著影响高校的科技支出，从长期来看，保持稳定的资助比率有利于刺激高校和企业在稳定的政府科技投入政策预期下更好地配置科技资源。最后，政府对高校的科技拨款以及对企业的研发资助会显著地促进高校的专利产出。

姜宁等（2010）以我国高新技术产业为例并将其细分为五个具体行业，并用 2003—2008 年的面板数据进行实证分析，结果显示，从高新技术产业总样本来看，政府对企业研发投入的补贴具有显著的促进作用，但这种作用有一定程度的滞后性。从五个细分行业样本来看，政府对企业研发投入的补贴会因补贴率的高低而产生不同的影响，从而提出政府针对不同的行业采取不同的补贴政策。

当然，也有少数学者研究认为，政府研发支出会阻碍技术进步。如祝接金等（2005）研究发现，政府研发支出和全要素生产率之间显著负相关，即政府支出增加，会阻碍技术进步，而且对资本和劳动两种要素投入的产出效率的改进也很有限。随后又将全国样本按政府支出规模分为三组分别进行考察，结果发现，在政府支出规模较小的地区，增加政府支出规模会提高单个要素的产出效率，但对技术进步会产生显著的负影响。在政府支出规模较大的地区，增加政府支出会降低单个要素的产出效率，但却会对技术进步产生正的影响。最后又将样本时间分为1991—1993年、1994—1996年、1997—1999年和2000—2002年四个时间段分别进行分析，实证结果显示，在1991—2002年，政府支出规模小的地区，随着时间推移，政府支出对技术进步的不利影响会逐渐增大，且在统计上是显著的，而政府支出规模较大的地区，政府支出对技术进步的不利影响会逐渐由负转正，且在统计上也很显著。因此，可以说，随着经济的不断发展，在政府较少地干预经济的地区，企业在市场竞争中会自觉地进行研发和技术创新活动，无须政府支出来激励，而在政府较多地干预经济的地区，市场发育程度不高，企业也缺乏开展研发和技术创新活动的积极性，从而需要增加政府支出来进行激励。

综上所述，政府规模会在消费、投资、就业和产业结构等方面直接影响经济运行，同时又作用于物质资本、人力资本和技术等生产要素来间接影响经济运行。而从前文第三章的分析可知，我国政府规模不论从政府财政支出还是人员机构上都没有得到真正精简，反而还有膨胀的趋势，根据以往对我国政府规模进行实证研究的文献结果可知，政府规模过度膨胀对经济增长会产生不利影响。尤其是经过几十年的改革开放，我国政府仍然在很大程度上干预经济运行，虽然政府规模可能并没有过度膨胀，但对经济增长还是起到负面作用，因此，我们要做的不仅仅是控制政府规模，最重要的是，政府要从很多市场机制能有效配置资源的领域退出来，即合理地界定并转变政府职能，这样才能最终将规模控制在合理的水平。

小　结

本章以政府支出来反映政府规模，并从理论上分析了政府规模对经济的直接影响和间接影响。作为宏观经济学的中心问题，政府支出对经济的影响及其传导机制至今没有形成普遍一致的结论，很多学者认为，增加政府支出会促进经济增长。也有很多学者持反对意见，认为增加政府支出会挤出消费和投资，因此不利于经济增长。笔者从实际经济运行角度出发，分别阐述了政府支出对消费、投资、就业和产业结构等宏观经济因素的直接影响，以及政府支出通过作用于生产要素对经济产生间接影响。最终政府支出对经济增长的影响要看对消费、投资等方面的“挤出效应和挤入效应”的净效应。而且在政府支出中有些支出会显著地促进经济增长，比如民生类支出，因此可以调整政府支出结构，尽可能地发挥政府支出对经济增长和产业结构调整的有利作用，避免或者将不利作用降到最低程度。但是，不管政府规模作用经济增长最后结果如何，随着经济和社会发展，政府规模也发生着动态变化，要保持政府规模对经济增长的影响始终为正，还有赖于政府正确定位自身职能，该管的就管，不该管的就交给市场或其他组织。

第四章　我国政府规模演变

政府规模在很大程度上反映了政府职能的范围，最终政府职能的范围又规定了政府规模的大小。因此，本章首先从转变政府职能的角度对新中国成立以来各时期政府规模演变进行了系统的总结。其次，分两个阶段阐述了在政府规模演变的同时政府职能的转变，并且总结了政府机构改革历史经验。在不同的阶段，经济和社会发展具体情况不同，国民经济运行以及党和国家政策也不同，政府机构改革的目标也就有所不同，但每次都试图围绕转变政府职能这一核心精简机构和人员，优化政府职能。最后，从政府财政收支规模变动、政府人员规模变动和政府机构数量规模变动三个方面阐述了我国政府规模总量的变动及增长趋势，并将我国中央政府机构数量规模与主要发达国家和其他转型国家进行了比较。

第一节　政府机构改革历程中的政府规模演变

由政府规模的概念可知，政府的内在规模决定外在规模，外在规模是内在规模的物质载体及表现，两者相互统一。政府外在规模的变动可以反映出政府内在规模的变化。

中国的政府管理体制形成于高度集权的计划经济时期，在很长时期内，各级政府一直以无所不包的指导思想来定位职责范围，并且否认和排斥市场机制及社会组织的作用。随着经济和社会的发展，弊端日益显现。我国实行改革开放后，借鉴西方国家如美国的“重塑政府”运动、日本的“小政府、大社会”的经验教训，对我国经济体制和政治体制进行改革，对政府职能也做出了调整。虽然经过多次大规模的调整与改革，行政机构改革并未触及高度集权，形式上也基本都集中在机构和人员的增减，以及权力在各级政府和政府各部门之间移动，与政府外部的权力关系并没有得到改变。市场经济体制确立后，改革才真正涉及体制层面，行政管理模式开始由计划经济时期集权式向市场经济的分权式转变。①

一　计划经济时期的政府规模演变

计划经济时期改革主要包括以加强中央集权为中心的改革（1951—1953 年）、以中央向地方分权为主的改革（1954—1956 年）、继续以中央向地方下放权力为主的改革（1956—1959 年）、以精减事业单位人员为重点并收回下放给地方的权力的改革（1960—1965 年）、政府机构发生异常变动（1966—1975 年）五个阶段。历次我国政府机构改革的内容都取决于不同历史时期党和国家的主导政策。

1949 年新中国成立后，为彻底完成民主改革，尽快恢复国民经济，根据中国人民政治协商会议第一届全体会议通过的《中国人民政治协商会议共同纲领》的规定，国家政务的最高执行机关是由中央人民政府委员会组织的政务院，这也是国务院的前身。到 1951 年，政务院共设立 35 个工作部门，管理国家政务，形成了新中国的政府管理体系，如表 4 - 1 所示。

表 4 - 1　　政务院所属工作部门构成

政务院		
政治法律委员会 财政经济委员会 文化教育委员会 人民监察委员会	外交部、公安部、财政部、轻工业部、内务部、纺织工业部、文化部、卫生部、贸易部、新闻总署、邮电部、法制委员会、农业部、司法部、科学院、海关总署、重工业部、民族事务委员会、劳动部、交通部、教育部、情报总署、人民银行、食品工业部、铁道部、林垦部、水利部、出版总署、燃料工业部	秘书厅

资料来源：根据新华网整理，http：//politics. people. com. cn/GB/1026/6923277. html。

1951 年 12 月，政务院制订《关于调整机构紧缩编制的决定草案》，开始了新中国成立以来第一次大规模的机构改革。这次机构改革以加强

① 孙学玉：《企业型政府论》，社会科学文献出版社 2005 年版，第 232—233 页。

中央集权为中心内容，精简机构，减少政府层级，调整干部与勤杂人员的比例，严格限定行政和事业单位编制及开支，但到1953年年底，政务院工作部门增加到42个。

1954年第一届全国人大一次会议召开后，国务院正式成立，并成为最高国家行政机关。随着我国政权组织形式的确定和各级政权机关的建立，从1954年年底开始，对中央和地方各级机关进行了一次较大规模的精简，但是，很多附属机构、国家机关中的行政事务人员，企事业单位中的非业务人员、非生产人员被下放到企事业单位，或分配到边远省份，所以从整体来看政府机构和工作人员反而都有所增加，出现了第一次较大规模的膨胀。最后到1956年，机构总数达81个，这是新中国成立以来的第一次高峰，随后又进行了三次机构改革并取得了一定成效，其中，1975年年底，中央政府机构总数降低到32个，其中还有13个由部队管理，这一阶段政府机构规模变化如图4－1所示。

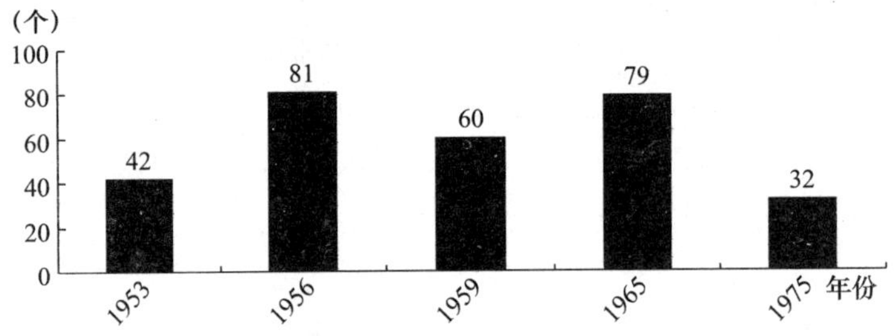

图4－1　计划经济时期历次机构改革后中央政府机构数量

资料来源：根据新华网整理，http：//politics. people. com. cn/GB/1026/6923277. html。

从这个时期的机构改革看，主要集中于精简机构和人员，关注政府机构内部设置调整和人员配备。虽然也有过向地方分权，试图理顺中央和地方政府关系的改革，但最后以中央重新强调集中统一领导收回下放权力告终。并且一直都停留在机构和人员层面上，改革没有上升到体制层面，政府也依然是一个无所不包的全能的政府。

二　改革开放后政府规模演变

这个时期改革主要包括1982年以提高工作效率，实行干部年轻化为目标的改革和1988年以转变政府职能为目标的改革两个阶段。

1976年后，经济上已几近崩溃，因此，沿用并发展了50年代后期的管理体制和机构设置。大批老干部平反后回到了工作岗位，但没有足够的领导职位，只能通过临时增加副职来解决，到 1981 年，国务院的工作部门增加到 100 个，是新中国成立以来的最高峰。这就不可避免地出现了机构臃肿、人浮于事、领导干部老龄化和副职过多等问题，因此 1982 年开始了历时三年，以提高政府工作效率，实行干部年轻化为目标的行政体制改革。这次改革，废除了领导干部职务终身制、精简了各级领导班子、加快了干部队伍年轻化。

随着改革开放的持续深入，1988 年前后，我国经济体制改革的重心由农村转向了城市。农村改革主要靠政策调整，比如生产承包责任制。城市与农村不同，城市是一个集合体，高度集中了各种生产要素、文化、技术、人才等，单纯依靠调整经济政策已经不能解决计划体制造成的种种问题，迫切需要进行行政体制层面的改革。因此，在 1988 年 4 月，七届全国人大一次会议通过了国务院机构改革方案。开始了以转变职能为重点的行政体制改革。这次改革是在推动政治体制改革，深化经济体制改革的大背景下开始的，突出特点就是明确提出了“转变政府职能”这一改革关键性问题，改革目标上升到了政治层面。可以说是新中国成立以来规模较大、目的性较强的一次建设和完善行政体制的改革，因此也被视为第二次行政体制改革，也试图进行从全能政府转向有限政府。但是，这次行政体制改革并没有得到贯彻，实际上还是停留在机构和人员改革的技术层面，没有触动高度集中的计划经济管理体制，政府权力并未真正下放，政府职能也未能转变。

1992 年中共十四大提出了建立社会主义市场经济体制的宏伟目标，并要求积极推进行政管理体制和机构改革，建立适应社会主义市场经济需要的组织机构。这个时期改革主要包括 1993 年以建立社会主义市场经济体制为目标的改革、以转变政府职能为重心的改革（1994—1997 年）、1998 年以消除政企不分的组织基础为目标的改革、2003 年以建立“行为规范、运转协调、公正透明、廉洁高效”的政府为目标的改革、2008 年以建立大部制为目标的改革，以及 2013 年开始的新一轮大部制改革六个阶段，中央政府机构数量也随之发生变化，具体如图 4 - 2 所示。

这段时期，最重要的改革始于 2007 年党的十七大首次提出建设服务型政府。2008 年开始的改革，重点突出加强和改善宏观调控、着眼于

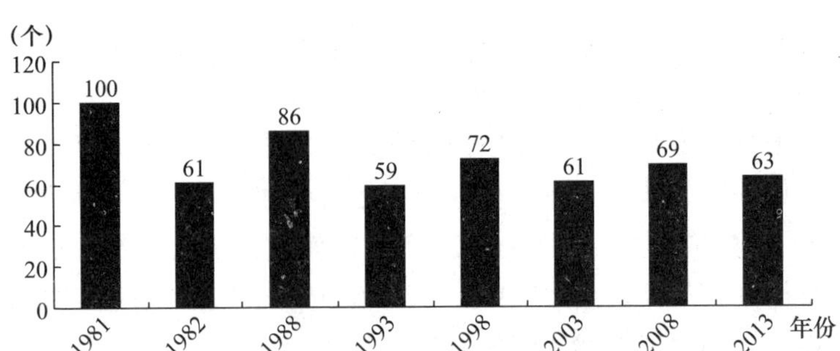

图 4-2　改革开放时期历次政府机构改革后中央政府机构数量

资料来源：根据新华网整理，http：//politics. people. com. cn/GB/1026/6923277. html。

保障和改善民生、按照建立大部制体制要求调整和整合各部门职能。并且，第一次明确了建设服务型政府的目标。正如石佑启等（2012）指出的那样，大部制改革是我国政府机构改革在指导思想上、价值取向上、目标定位上的一次重大调整和突破。改革要紧紧围绕转变政府职能这一核心，以合理界定政府职能、理顺职责关系为前提，以统一政府各部门职能为基础，根据政府事务的综合管理要求，对相关部门进行撤并，在部门设置上以"宽职能、大部门、少机构"为目标，切实实现政府机构统一、协调顺畅、成本节约和效率提高等转变。2013 年开始的新一轮大部制改革更加突出强调转变政府职能，大半内容都涉及转变职能，而且不只提出改革的方向和原则，更提出了转变职能的具体措施。体现了政府在职能转变中做出的积极努力，以及推动行政机构改革的决心。

改革开放以来，我国政府职能一直都在适应市场经济发展和经济全球化进程中不断地进行调整，但是，由于最初改革是从高度集中的计划经济体制开始的，而渐进式改革在某种程度上需要保持政府体制的稳定，更重要的是政府在改革中一直表现很强势，政府转型必然会受到政府自身的干扰和阻碍。在法治不完善的情况下，政府也有推动市场发育和完善的良好愿望，从主观上说，这是有利于改革的，但由于复杂的客观情况，尤其是政府也会失灵，结果并不尽如人意，总结起来说，就是虽然政府转型取得了一些成果，从图 4-2 可以看出政府机构规模整体趋势是逐渐缩减的，只是缩减幅度不大。相对社会主义市场经济体制对政府职能的要求来看，政府转型是明显滞后的，且主要表现在政府的“越位”和“缺位”上①，政府做了很多不该做的事情，同时很多该做的事情又没做。

第二节　政府规模演变过程中的政府职能转变

从第一节对新中国成立以来我国政府规模演变过程的分析可以看出，虽然历次改革的目标不尽相同，但改革实践都表明要获得改革成功，必须紧紧围绕转变政府职能这一核心。离开了转变政府职能，精简掉的机构必定会再次重设，人员也必定会重新扩充。因此，本节从转变政府职能角度来总结以往的改革，为今后改革提供借鉴。

一　政府规模演变过程中的政府转变职能

在我国政府机构改革过程中，政府的行政管理职能随着改革的推进，重心也发生变化，由以政治统治为中心，转向以经济管理为中心，再转向以社会管理和提供公共服务为中心。

（一）政府职能转向以经济建设为中心

新中国成立初期，为了恢复和稳定经济，巩固新中国人民民主专政政权，1951 年 12 月开始了以加强中央集权为中心的第一次大规模政府机构改革。随后，为了适应经济社会的迅速发展，又实行向地方政府下放权力的改革，但随后为了贯彻国民经济调整的方针又收回原来下放的权力，这几次改革都偏重于政治职能的调整，既没有完成改革设定的目标，又不利于经济发展。1978 年党的十一届三中全会做出了将党的工作重心转移到经济建设上来的重大决策，使党和全国人民都开始认识到要改变单纯的计划调节，自觉应用经济规律，要在计划指导下发挥市场的调节作用，从而改革的重心也就随之发生了转移，先后经历了 1982 年、1988 年、1993 年和 1998 年的几次政府机构改革，政府行政管理职能也逐渐转向了以经济管理职能为重心。

（二）政府职能转向以提供公共服务为重心

2001 年我国加入了世界贸易组织，2002 年又召开了中共十六大，

① 胡家勇：《构建有效政府是完善社会主义市场经济体制的核心》，《经济理论与政策研究》2009 年特刊。

2003 年的行政管理体制和机构改革就是在这样的形势下进行的。伴随着经济全球化和我国社会主义市场经济体制的不断发展，以及经济体制改革不断深化，我国政府机构改革比以往更加注重转变政府职能。尤其是 2007 年党的十七大报告提出了建设服务型政府的目标，更加明确了我国行政管理体制改革的方向。按照党的十七大和十七届二中全会精神，2008 年我国政府机构改革就顺应了这些形势的变化，改变了过去政府工作长期以经济建设为中心，过于关注政府的经济管理职能，过多地干预经济的情况，政府职能转向了以社会管理和提供公共服务为重心，促进政府由传统的统治型政府、管理型政府向服务型政府的转变。而 2013 年的改革与 2008 年相比，更加突出地强调转变政府职能，大多半内容都涉及转变职能，而且不仅提出改革的方向和原则，更提出了转变职能的具体措施。

二　政府规模演变的历史经验总结——改革必须以转变政府职能为核心

综观历次的政府机构改革可以看出，在机构改革的同时，政府职能也随着经济和社会的发展在不断地发生变化，改革的内容或者说改革的重点也就表现得有所不同，概括起来大概有三种：一是精简政府机构和人员；二是转变政府职能；三是政府职能整合。① 从 1951 年计划经济时期改革开始一直到 1993 年市场经济初期的改革，主要内容都注重政府机构自身数量和结构的调整，以及相应的人员调整，并不涉及政治层面的改革，可以说是一种机械式的改革。而 1998 年以后的改革，尤其是在 2007 年党的十七大报告提出建设服务型政府，指明了我国行政管理体制改革的方向后，2008 年开始的大部制改革，将改革重点由单纯的机构和人员调整上升到注重政府行政管理职能的转变，实现政府转型的政治层面。政府机构改革的内容不断深化，也逐渐形成了政府由全能型的无限政府向有限政府，再向服务型政府的转型轨迹。

从以往的改革还可以看出，我国政府机构改革历程，也是人们对政府职能认识的不断发展的过程。我国实行改革开放以后，政府的社会职能得到了高度关注，但是，由于从 1978 年开始，直到 20 世纪 90 年代

---

① 张维平：《中国特色社会主义行政管理体制运行机制创新研究》，《浙江海洋学院学报》（人文科学版）2009 年第 3 期。

初，我国经济建设这一中心任务相当紧迫，同时，市场经济也才刚刚开始探索，经历了激烈的要“市场”还是要“政府”之争，在一定程度上妨碍了对政府机构改革更深入的思考。1988 年的改革明确指出，要以转变职能为核心，可以说是有意识进行政府职能转变的一个开端。1993 年仍然强调改革要以适应社会主义市场经济体制要求为基本原则，但由于对建设社会主义市场经济这一历史转变的认识尚未深入，对转变政府职能没有形成具体思路，也没有付诸行动。因此，这几轮改革都没有真正将机构改革和职能转换结合起来，政府职能依然过度倾向经济管理，最终改革陷入循环“怪圈”。而从 1998 年开始，改革开放也进行了 20 年，对政府职能的认识也从摸索向逐渐清晰转变，九届人大一次会议制定出的《关于国务院机构改革方案》明确了政府的三项职能，即宏观调控、社会管理和公共服务，对政府的职能进行了科学的定位，和过去相比在思想上是一次飞跃。虽然这次改革依然偏重经济发展的要求，但是，政府的经济管理职能相对弱化，尤其是减少行政审批事项这一决定意味着行政审批制度的改革将成为转变政府职能的一个重要内容。2003 年“非典”的暴发，向我国公共卫生事件应急反应处理机制提出了挑战，同时凸显的环境污染问题以及其他社会问题也敦促了人们对服务型政府的深入思考，也使对行政体制改革本身的认识进一步深化，从过去注重经济职能转变到重视政府的公共服务职能。2007 年，党的十七大报告首次提出，我国未来行政体制改革的目标是要建设服务型政府，2008 年开始的大部制改革再次强调了转变政府职能这个核心，将改革重点放在了注重政府行政管理职能的转变上，力求实现政府转型。

2013 年 3 月，十二届全国人大一次会议审议《国务院机构改革和职能转变方案》并对外公布，随着中国铁道部更名为中国铁路总公司，新一轮的大部制改革正式启动，这次改革比起以往更加强调转变政府职能。

总之，以往的改革虽然也取得了一些成绩，政府机构和人员却是屡减不下，政府规模也一直绕不出“精简—膨胀—再精简—再膨胀”的恶性循环，究其原因，最根本的就是离开了“转变政府职能”这个关键核心。2013 年 10 月召开的中共十八届三中全会在大会《决定》第四部分重点强调“加快转变政府职能”，指出：“必须切实转变政府职能，深化行政体制改革，创新行政管理方式，增强政府公信力和执行力，建设法治政府和服务型政府”。并在“全面正确履行政府职能”这一条中强调要“进一步简政放权，深化行政审批制度改革，最大限度减少中央政府对微观事务的管理……再次重申了转变政府职能的重要性”。[①]因此，我们以后的改革必须要紧紧围绕着这个中心，否则改革不可能奏效，政府规模也得不到实际控制。

三 新时期政府职能转变

党的十八大提出：“要继续深化行政审批制度改革，继续简政放权，推动政府职能向创造良好发展环境、提供优质公共服务、维护社会公平正义转变。”十八届三中全会也强调：“到2020年，在重要领域和关键环节改革上取得决定性成果。”在十八届四中全会报告中第三部分“深入推进依法行政，加快建设法治政府”也明确指出：“法律的生命力在于实施，法律的权威也在于实施。各级政府必须坚持在党的领导下、在法制轨道上开展工作……加快建设职能科学、权责法定、执法严明、公开公正、廉洁高效、守法诚信的法治政府。”而且在第一条就明确提出要依法全面履行政府职能，推行政府权力清单制度，坚决消除权力“设租”“寻租”空间。从推进国家治理现代化的总体目标出发，阐发了以转变政府职能为牵引，深化行政管理体制改革的任务和路径，由此为我国行政管理体制的改革和政府职能转变提供了新颖视角和思想指南。

新时期我国政府对转变政府职能表现出前所未有的决心和信心。我国行政体制改革依然以政府职能转变为核心，但切入点和抓手从政府职能的具体现实要素的改革向职权本质转变。并且将行政审批制度改革作为突破口，这是新时期改革思路的进一步创新。[②] 十八届三中全会明确提出完善和发展中国特色社会主义制度，推进国家治理体系和治理能力现代化这一全面深化改革的总目标。这从政府治理现代化和政府权责结构性转变意义上形成了政府职能转变的新的改革逻辑，从而政府职能转变具备三重使命：一是实施政府的自我革命，减少和简化政府权力。二

① 详见2013年10月公布的《十八届三中全会决定全文》。

② 李克强：《在国务院机构职能转变动员电视电话会议上的讲话》，新华网，http://news.xinhuanet.com/politics/2013-05/15/c_115767422.htm。

是改革和调整行政管理体系内在权力结构和权力关系。集中体现在完善决策权、执行权和监督权之间既相互制约，又相互协调的行政运行机制，严格绩效管理，突出责任落实，确保权责一致。同时，合理划分和配置中央政府和地方政府权力，中央政府要加强宏观调控职责和能力，地方政府要加强公共服务、市场监管、社会管理、环境保护等职责。① 三是实现政府治理现代化要求政府、企业和社会三个治理领域形成协同共治。这一要求反映到政府职能转变实施层面上，特定地体现为把政府原有的特定职权转化或还原为公民有序参与治理的权利，并且实现政府治理权力与公民参与权利两者的有机有效结合。因此，政府职能转变在国家治理现代化层面上具有权力与权利结构性构建，以及结合的协同共治的意义。我国以往政府规模演变历程，显示出行政管理体制改革和政府职能转变的多种路径。而十八届四中全会则确定了法治现代是国家治理的基本方式，国家治理法治化是国家治理现代化的必由之路，也是包括政府职能转变在内的政府治理现代化的必由之路，从本质上规定了法定契约性公共规则作为政府职能转变的路径（王浦劬，2015）。

2015 年 5 月 6 日，李克强总理在国务院常务会议上讲了三个故事，公民出国旅游被要求证明“你妈是你妈”就是其中之一。李克强总理对此严厉批评，实际上是指出一些政府机关在服务群众的工作中存在官僚主义作风问题，痛斥某些政府办事机构为人民办事设多道“障碍”。并且抓住这一典型案例，要求政府部门举一反三，解决办事环节过多、证明繁杂过滥等问题。其目的是敦促权力部门进一步简政放权，规范和简化公权力，更好地为群众服务。5 月 12 日，在国务院召开的“推进简政放权放管结合职能转变工作”电视电话会议上，李克强总理再次强调转变政府职能，要继续在简政上下功夫，要着力破除政务中审批“当关”，公章“旅行”，公文“长征”等乱象。

同年 11 月 10 日，中央财经领导小组第 11 次会议上，习近平强调：“在适度扩大总需求的同时，着力加强供给侧结构性改革，着力提高供给体系质量和效率。”这意味着将从过去着眼于需求管理转向供给管理，重点放在提升生产要素质量和产出效率。这就要求政府要从过去高度参

---

① 参见《中共中央关于全面深化改革若干重大问题的决定》，《人民日报》2013 年 11 月 16 日第 1 版。

与经济，控制过多资源转向让市场对资源配置起决定性作用。清华大学李稻葵提出了“十三五”时期“供给侧结构性改革未来的三大方向”：一是政府尽一切可能提供老百姓最需要的公共产品；二是通过政府改革，淘汰落后产能，促进产业结构升级换代；三是积极应用最新科技，改造生产结构和生产关系。[①] 说明在供给侧结构性改革中，政府转型至关重要。

四 主要发达国家政府职能转变实践

对合理政府规模的研究及实践，从古典到现代各学科都有论及，到近代，尤其在20世纪40年代兴起公共选择理论以及80年代新公共管理理论发展起来后更加系统。新公共管理运动最早始于1979年的英国，并逐步扩展到其他西方国家乃至全世界。西方各国根据本国的实际，分别制定了各自的“政府再造”方案，如美国的“企业化政府”改革运动、奥地利的“行政管理计划”、丹麦的“公营部门现代化计划”、法国的“革新公共行政计划”、希腊的“1983—1995年行政现代化计划”、葡萄牙的“公共选择计划”、澳大利亚的“财政管理改进计划”等。虽然“政府再造”关注的不是政府该干什么，而是更关注政府如何运作，但控制政府成本和政府规模是新公共管理运动兴起的主要原因之一，也是研究政府部门的一个新视角。奥斯本和普拉斯特里克（Osborne and Plastrik，1997）提出“再造政府”的五项战略，并称为改变政府DNA的“五个C”。其中，“核心战略”强调认清政府要做什么，应该做什么，即正确界定政府职能。约翰斯和汤普森（Johns and Thompson，1999）提出新公共管理改革的五个“R”战略。其中“重构战略”的主要内容之一也是“清楚地界定组织的核心能力”。

从20世纪90年代中后期开始，西方各国又在新公共管理运动的基础上进行了以整体政府为内容的第二轮政府改革运动，这次改革运动的核心是打造“整体政府”[②] 的公共行政范式。在西方主要发达国家政府改革运动中，也反映出政府职能的转变。

---

① 李稻葵：《“十三五”时期供给侧结构性改革的三大方向》，人民网—中国共产党新闻网，http：//theory. people. com. cn/n/2015/1201/c148980 -27876900. html，2015年12月1日。

② 与协同政府、全观型政府、网络政府、连接政府的政策等概念类似。

（一）主要发达国家政府职能转变实践

1. 英国

20 世纪以来，英国政府的机构改革大致经历了六个阶段。①

（1）第一次世界大战期间及战后：当时处于战争时期，政府活动及职能迅速增长，为与此适应，设立了一些新的部门。

（2）第二次世界大战后至 50 年代末：第二次世界大战后，英国政府大力推行凯恩斯主义经济政策，扩大国有化，通过国家干预来刺激经济发展。1948 年，艾德礼工党政府宣布英国为福利国家，核心是社会保障。为此，英国政府除了对战时的政府机构进行调整之外，还增设了一些其他部门，扩大政府的经济和社会职能。为与之相适应，政府机构也迅速膨胀。

（3）20 世纪 60 年代至 70 年代末：50 年代政府机构膨胀带来的分工过细、部门太多、权力分散等问题在 60 年代逐步凸显，影响中央集中管理，机构增加也加重财政负担，行政效率下降。为此，从 1962 年开始，英国政府着手进行政府机构改革，重新划分政府各部门的职责，将一些部门撤销、合并或调整，重点精简财政和管理部门。大规模且系统化的机构重组发生在 1970 年，其标志是希思政府出台的《中央政府重组》白皮书。白皮书中强调的“卸载”意味着政府的退出，把相关职责还给市场和社会，“分群”则意味着把某些职能保留在公共部门内，但不受部长的管辖并脱离其责任范围。② 这也是英国大部制改革的开始。

（4）20 世纪 70 年代末至 90 年代初：为改善政府管理、提升公共服务质量、改变单调刻板的公务员文化，撒切尔将政府各部门进行分解，设立不同种类的执行机构，政府很多传统职能都由各种“非政府公共部门”来承担，尤其是提供公共服务等职能。并且大规模削减文官人数，改革政府管理方式。这一阶段也是英国政府改革最重要的时期。撒切尔政府在改革运动中，采取了一系列措施改革政府部门，具有代表性的改革如雷纳评审、“下一步行动方案”和“公民宪章”。先后提出建立自动化的信息系统来支持财政管理改革、提倡采用更多的商业

---

① 韩继志主编：《政府机构改革》，中国人民大学出版社 1999 年版，第 111—117 页。

② 周志忍：《大部制溯源：英国改革历程的观察与思考》，《行政论坛》2008 年第 2 期。

管理手段来改善执行机构，提高公共服务效率、引入市场竞争机制等措施。[①] 在政府机构问题上，撒切尔奉行的是“因地制宜、小修小补”的渐进改革原则。

（5）20 世纪 90 年代末至 2010 年 5 月：“布莱尔—布朗”政府进一步深化了相关改革，主张将政府所承担的过多事务和责任转移到各种“半官方”机构。1997 年布莱尔政府成立伊始，把减少政府对经济工作的干预列入了改革的重要内容，强调政府今后只控制通货膨胀目标，不再干预利率标准，由中央银行独立决策。

（6）2010 年至今：英国首相卡梅伦上任伊始声称，将对政府机构进行大刀阔斧的改革，并承诺给予公众更多权利。2011 年开始推行行政审批制度改革，2014 年 1 月又开展“挑战文牍”运动（RTC），开始了一场整体政府文化变革，转变政府官僚作风。这些都是对国家运作方式的彻底改革。政府通过改革，在经济拮据的情况下，保证贫困的孩子可以接受最好的教育，每个人都能享受到一流的国家医疗体系保障，每条街道、每个家庭、每个社区都有安全保障，[②] 并且通过消除经济增长的障碍，营造宽松、和谐、高效的市场经济环境，激发企业的创造力和持续竞争力，推进整个国家经济和社会发展。

2. 美国

美国经历了自由资本主义、私人垄断资本主义和国家垄断资本主义三个发展阶段。在自由资本主义时期，国家经济完全依赖市场机制进行调节，1896 年以后，私人垄断集团的出现使市场调节机制不能适应经济发展，美国政府逐渐加强对经济的干预及对私人企业的管制。第二次世界大战后，美国经历了多次较大规模的政府改革，比较重要的有七个阶段。[③]

（1）罗斯福新政：为加强总统对政府的有效控制和协调，设立了总统办事机构，总统得以授权可以指定改变、合并或撤销各种机构。罗斯福新政实行后，政府开始对经济和社会生活进行全面干预，国家垄断资本主义得到了巩固和发展。为适应经济的高速发展，政府职能和机构

---

① 陈振明：《政府再造——公共部门管理改革的战略与战术》，《东南学术》2002 年第 5 期。

② 新华网，http：//news. xinhuanet. com/world/2010 – 07/08/c_ 12314164. htm，2010 年 7 月 8 日。

③ 韩继志主编：《政府机构改革》，中国人民大学出版社 1999 年版，第 1—30 页。

不断扩张，人员规模也不断膨胀，带来了一系列问题。

（2）杜鲁门政府：杜鲁门执政时期，由参众两院发起设立了第一届胡佛委员会，改革目标是减少政府开支、改进政府各行政机构的工作、提高效率、减少税收。这届胡佛委员会的报告并未涉及所有改革目标，但把增强总统的管理能力放到首位。这次改革提出的所有建议大约72%得到实施，至少节约了2亿—3亿美元，改革成效显著。

（3）艾森豪威尔政府：艾森豪威尔执政期间，参众两院发起设立了第三届胡佛委员会，改革的主要目标是厉行节约、提高效率、提高所有提供公共服务的部门服务质量。这届胡佛委员会向国会提交的建议，大约有67%得到实施，至少节约80亿美元。

（4）里根政府：里根上任正值20世纪30年代大危机以来最严重的经济衰退，他认为，根本原因是联邦政府的过度膨胀。1981年在其就职演说中就提出限制联邦政府的规模及其对经济的影响。随后又在1982年的国情咨文中指出联邦政府无处不在、难以管理、效率低下，尤其是不负责任等问题，主张在10年左右逐步完成向地方政府放权，压缩联邦政府规模，加强地方政府权力，并向国会提出“经济复兴计划”。以1988年为目标，实施“改革1988年的‘一揽子’改善行政管理计划”，随后又相继实施《1988年改善高级公务员工资待遇改革方案》《1990年公务员法》等，进行了人事方面改革。这些改革计划得到了较好的落实，取得了较显著的成效。

（5）克林顿政府：1993年1月，克林顿就任总统。开始了大规模的政府改革——“重塑政府运动”。目标是创造一个“做得更好和花钱更少的政府”。在这次改革中，从地方政府、州政府到联邦政府，自下而上地进行了一场以“政府企业化”为主题的行政体制改革运动。主要表现在四个方面：一是行政理念的更新。参照企业经营理念中，将纳税人或公众视为政府的顾客，由对上级负责转变为对顾客负责。在公共行政中，强化服务意识、淡化管理意识，并力求提供优质服务，强调少花钱、多办事、办好事的行政法则。二是行政组织的重建。借鉴企业再造中形成的组织结构形态特征，改造多等级、多层次、权力高度集中的金字塔式的传统官僚型行政组织体制。三是行政机制的调整。引入企业经营管理中的运作机制，行政方式上简化规章和程序，服务手段上运用市场机制，公务员管理中注重开发、沟通与激励等，以提高政府行政的效率与效益。四是行政方法的借用。将企业中的全面质量管理、战略管理和战略规划等方法引入政府管理。

克林顿政府的企业化改革取得了较好的实践效果。1993 年以来，联邦政府规模及公务员人数都得到一定程度的缩减，行政效率及行政效益都显著提高。一定程度上达到了克林顿提出的重建一个“做得更好和花钱更少的政府”的目标。同时改革的成效也推动了美国经济和社会进入新一轮繁荣。①

（6）小布什政府：美国政府重组最典型的例子就是 2002 年国土安全部的成立。“9·11”恐怖袭击事件发生后，美国国会成立了特别委员会，对袭击事件发生前后政府有关部门的工作表现进行评估和调查，结果发现众多机构职能重叠，且彼此缺乏协调和沟通。随后，小布什将海关、移民规划局、海岸警卫队等 22 个机构整合成为一个单位，即现在的国土安全部。

（7）奥巴马政府：奥巴马于 2009 年上台后，变革之风席卷全国各领域。变革政策体现出奥巴马重铸美国基础，打造“岩上之屋”的战略。在匹兹堡的演讲中，他再度重申了这一理念。重铸美国基础须有五大支柱。一是建立新的金融监管体系，管束华尔街，防止类似金融危机再次发生；二是改革教育体系，增强美国教育竞争力，为美国未来经济发展奠定基础；三是大力发展可再生能源，创造一个全新的产业，并提供新的就业岗位；四是改革美国的医疗体系，建立全民医保，堵塞医疗窟窿；五是削减政府开支，降低过高财政赤字。美国的整体政府改革采用了网络化协作治理形式，尤其注重现代科技创新管理方式和服务手段的应用。比较典型的是 2012 年 3 月开始的联邦政府基建项目审批制度绩效改革。改革后，岗位独立灵活、任务集中明确，以及人员、物资、能源和信息等要素流动顺畅，大幅度缩减了的政府决策过程，节约了决策时间，提高了政府治理成效。过去的改革取得了相当显著的成效，但也存在很多问题，其中最重要的也是最大的问题就是迭创新高的财政赤字。

3. 日本

第二次世界大战后，根据《波茨坦公告》和美国的全球战略，日本必须实行非军事化和民主化，为此，日本进行了一系列的行政体制改

① 吴志华：《美国的政府企业化改革及对我国的启示》，《中国软科学》1999 年第 6 期。

革。如解散军部，撤销战时的统治机构，废除军事行政，废止特别高等警察制度，以及大东亚省、陆军省、海军省、神祇院等封建法西斯组织机构和旧官吏制度。废除内大臣府和内务省等机构，设置带有民主色彩并具有相对独立性的机构，如全国选举委员会和人事委员会等。并先后建立经济安定本部、贸易厅、物价厅、煤炭厅和工业技术厅等经济管理类行政机关。

20 世纪 50 年代中期，日本经济得到全面恢复，为适应经济和科技迅速发展的形势，日本政府先后设置了五次行政审议会研究审议行政系统和管理体制如何适应政治经济发展的变化。先后建立经济企划厅、预算局、总理府内局的人事局等机构，并明确各级行政机关局、部、课（室）的行政权限等。

为贯彻落实 1962 年成立的“第一次临时调查委员会”的建议，20 世纪 60 年代初至 70 年代初，日本政府掀起了改革的高潮。其间，日本政府对行政许可事务进行了大幅度削减、合并、权力下放、事务转让、委托及放松管制等改革，并且大幅度精减人员。

20 世纪 70 年代，随着世界石油危机和福利国家问题的迅速蔓延，日本经济进入低速增长时期。为此，70 年代中期至 80 年代，日本历届政府都推行行政和财政体制改革，尤其是中曾根政府。根据 1981 年成立第二临时行政调查委员会的建议，中曾根政府对国家行政和财政体制进行了大规模的调整，以建立一个比其他发达国家规模小、开支省、人员少且精干的“小政府”。

20 世纪 80 年代以来，日本政府制定“新行政改革大纲”，改革重点是加强政府的综合调整职能，改革政府管辖的各类社会、经济事务管理方式，扩大地方管理权限，实行地方行政合理化，改善公务员体制，改组国营公司，实行民营化。

1997 年以来，桥本政府推行的行政改革方案更加引人注目。将政府部门削减了一半，并合并一些职能相近的部门，同时发展各种外围机构和行业组织。2001 年 1 月，日本中央政府机构改组最终完成，新的政府体制正式启动。原来的 1 府 22 省厅被综合改编成 1 府 1 委 12 省厅。这也是日本政府实施以大部门体制为重点的行政改革的开始。改革的重点包括两个方面：一是增强内阁在国家事务上的指挥权和管理权，强调在重大问题上权力的集中和决策的高效；二是重新界定一般性政府机构的行政管理范围和职权范围，划定民间组织与政府机构在经济及其他领域内的责任界限，大幅削减政府一般性管理权力，放权于民，建立精干、高效的政府组织体系。与其他发达国家相比，从政府规模来看，日本政府可以说是典型的“小政府”。

（二）主要发达国家政府职能转变的实践经验

从主要发达国家改革实践来看，都经历了“自由竞争—政府规制—放松规制—政府再规制”的过程，在这个过程中，政府职能的每一次变化都是政府、市场和社会职能边界的不断调整，而且基本遵循以整合政府机构，加强部门间协调、调整政治行政体系，强化中央控制能力、适应政府职能转变，提高行政效率等为目标的大部制改革方向，政府职能在经济规制、社会规制和公共服务三个方面的作用依次不断增强。说明每一次政府职能的调整都是与当时经济技术发展水平相适应的，也与当时市场和社会的发展水平相适应。因此，这些主要是国家政府职能转变，具体来说，主要从以下几个方面实现。

第一，政府应明确自身角色，同时也要清楚市场和社会的作用。现代政府的职能是决策而不是执行，要将掌舵和划桨分离。政府集中并协调掌舵职能，从而政策制定者可以更有效地把握政策方向，将划桨的权力下放给管理者，使管理者可以拥有一定的权力改进公共服务提供和执行水平。① 很多原来由政府承担的经济、社会职能可以过渡给企业和社会来承担。

第二，建立以市场为导向的政府。从市场的观点来看，传统官僚体制存在的主要问题在于其无法提供充分的激励机制来鼓励组织成员有效率地做好本职工作。在政府改革中要利用市场，并接受私人部门的管理方法一定优于公共部门的管理方法，提高政府组织效率的最佳，甚至唯一方法就是用市场机制来代替传统的官僚体制这一假定，即选择彼得斯提出的市场式政府治理模式。② 市场化最常用的手段就是民营化。通过民营化可以减少官僚体系的繁文缛节、抑制政府过度膨胀、提高政府公共服务的品质及效能。

---

① ［美］奥斯本、普拉斯特里克：《再造政府》，谭功荣等译，中国人民大学出版社2010年版，第69页。

② ［美］盖伊·彼得斯：《政府未来的治理模式》，吴爱民等译，中国人民大学出版社2012年版，第18页。

第三，建立分权化政府。从交易成本来看，分权化和小型化也能有效降低政府服务成本。分权化政府倡导的是将权力下放到基层，让基层参与公共事务的决策和管理。这也是彼得斯提出的参与式国家治理模式。[①] 与市场式政府一样，参与式国家也认为，官僚体制是政府良好运作的障碍，基于传统官僚体制的层级节制，自上而下的管理形态限制了员工对其所从事工作的参与，大量有才能的低级员工不能发挥他们的才华。政府要表现得更好，最好的方法就是鼓励那些通常被排除在决策范围之外的政府组织成员的积极参与。公共部门提供的服务的质量，取决于工作过程中的合作程度，而不是取决于政府组织成员个人提供的服务。[②] 因此，授权是大部分政府组织成员本身的工作。[③]

第三节 政府规模总量变动

从第一部分对政府规模概念界定可知，政府机构规模是政府规模的外在表现，主要包括费用规模、人员规模和机构数量规模三个方面。本节根据 1978—2014 年的相关数据来反映我国政府外在规模的演变。

一 财政收支及费用规模变动

（一）财政收支绝对规模变动

我国总财政收入和财政支出在考察的样本期间都是逐年上升的，且上升幅度和速度都很相似，具体如图 4－3 所示。

从图 4－3 可以看出，30 多年来，我国财政收支总额一直呈增长趋势，在 1990 年以前增速较缓，1990 年以后增速逐渐加快并一直持续至 2011 年。1978 年总财政收入为 1132.26 亿元，到 1999 年首次突破万亿元大关，到 2011 年财政收入已超过 10 万亿元；而 1978 年总财政支出为 1122.09 亿元，1998 年首次突破万亿元大关，到 2011 年财政支出也

---

① ［美］盖伊·彼得斯：《政府未来的治理模式》，吴爱民等译，中国人民大学出版社 2012 年版，第 42—43 页。

② Walsh，K.，“Quality and Public Services”，*Public Administration*，Vol. 69，No. 4，1991，pp. 503－514.

③ Tellier，P. M.，“Public Service 2000：The Renewal of the Public Service”，*Canadian Public Administration*，Vol. 33，No. 2，1990，pp. 123－132.

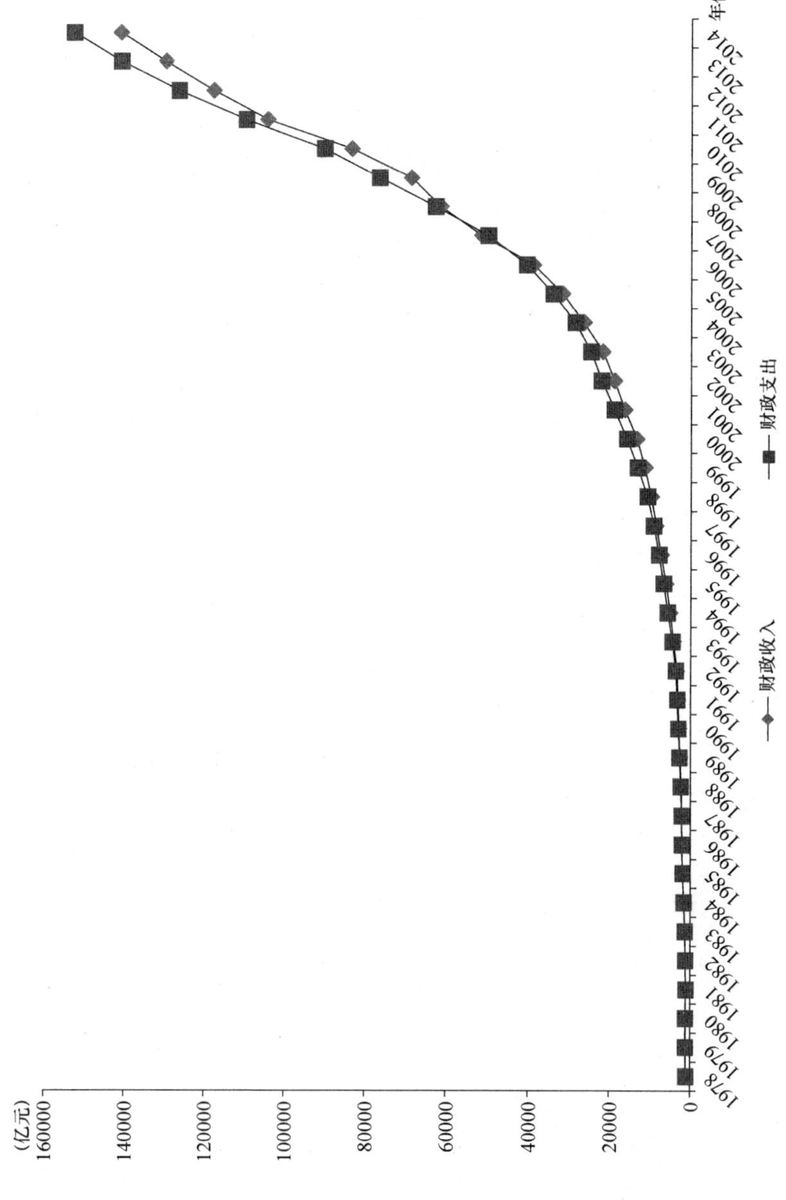

图 4－3 1978—2014 年总财政收入和财政支出变动

资料来源：根据《中国统计年鉴》（2015）整理。

超过 10 万亿元，2014 年超过 14 万亿元，财政收支总规模扩大了 120 多倍。当然，这些都是名义增量，并未剔除物价因素。还有一点需要注意的是，在这 30 多年间，除 1978 年、1981 年、1985 年和 2007 年这 4 年总财政收入高于总财政支出外，其他年份都低于总财政支出，但是总体差异不大。

如果从财政收支规模增长速度来看，1992 年后财政收支增速明显加快，两者平均增速都达 18.5%。而同期 GDP 的增长速度平均为 16%。财政收入增速 2007 年最高，为 32.4%，财政支出增速 2008 年最高，为 25.7%。且大多数年份财政支出的增长又都高于财政收入的增长。而且从 1996 年后，财政收支的增长速度都超过 GDP 的增长速度，但财政收支和 GDP 增长速度的平均值差异不是很大，财政收支和 GDP 的增长平均值大约都为 15%，GDP 增长的平均值最高，具体如图 4－4 所示。

（二）财政收支相对规模变动

我国财政收支的相对规模，即财政收入和财政支出占 GDP 比重在考察的样本期间先是逐年下降，又都逐年上升，且变动幅度也大体一致，具体如图 4－5 所示。

从图 4－5 可以看出，30 多年来，我国总财政收支占 GDP 比重的变动趋势类似于“U”形。其中，总财政支出占 GDP 比重先从 1978 年的 30.78% 上升到 1979 年的 31.55%，然后迅速下降到 1982 年的 23.11%，随后略有波动，缓慢上升到 1984 年的 23.5%，从 1985 年开始下降，并且以较快的速度下降到 1996 年的 11.1%，为样本考察年间的最低点，从 1997 年开始又逐年上升，但与之前下降阶段相比，增幅较小，最后缓慢上升到 2013 年的 23.78%，2014 年为 23.69%，基本持平；总财政收入占 GDP 比重则从 1978 年的 31.06% 逐渐下降到 1995 年的 10.2%，为样本考察年间的最低点，从 1996 年开始又逐年上升，但与之前下降阶段相比，增幅也非常小，最后缓慢上升到 2012 年的 21.93%，而 2013 年和 2014 年都为 21.91%。这主要是因为，从 1986 年开始，我国进行的经济体制改革，“放权让利”，国家逐渐把一部分事权下放到企业和地方，政府财政收支相对规模逐年下滑，一直到 1996 年达到最低水平，而 1994 年开始的“分税制”改革效应则大致从 1996 年开始发挥作用，地方政府也开始“放水养鱼”，从而导致总的财政收支规模逐渐上升。

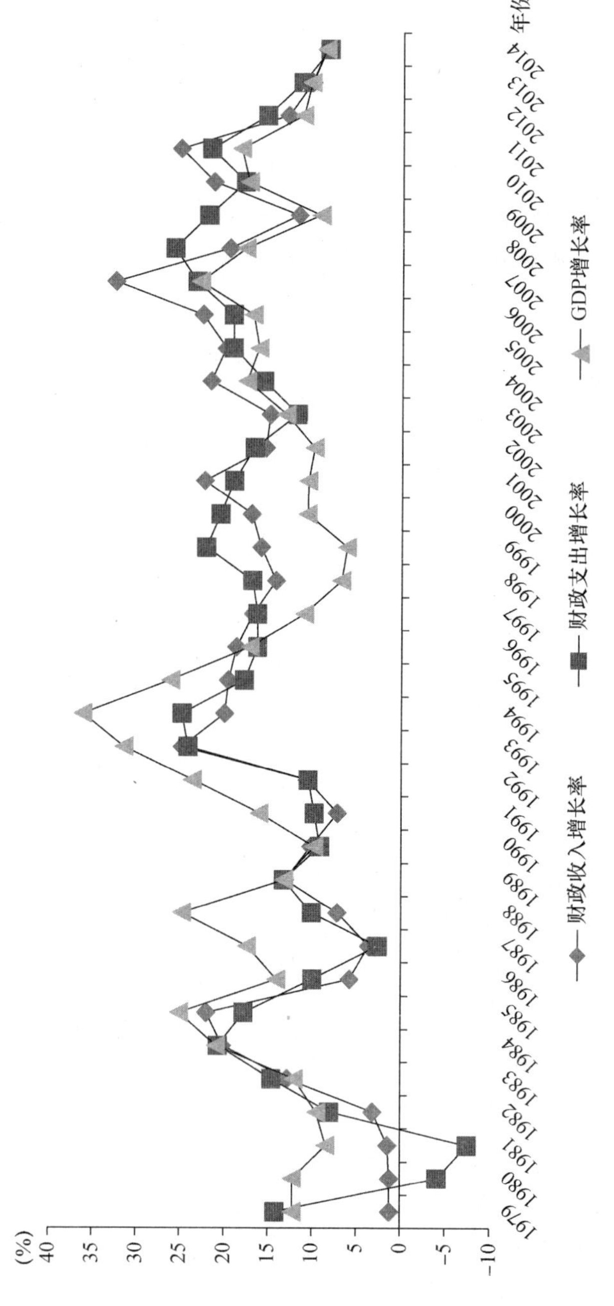

图 4－4　1979—2014 年财政收支及 GDP 增长

资料来源：根据《中国统计年鉴》（2015）整理。

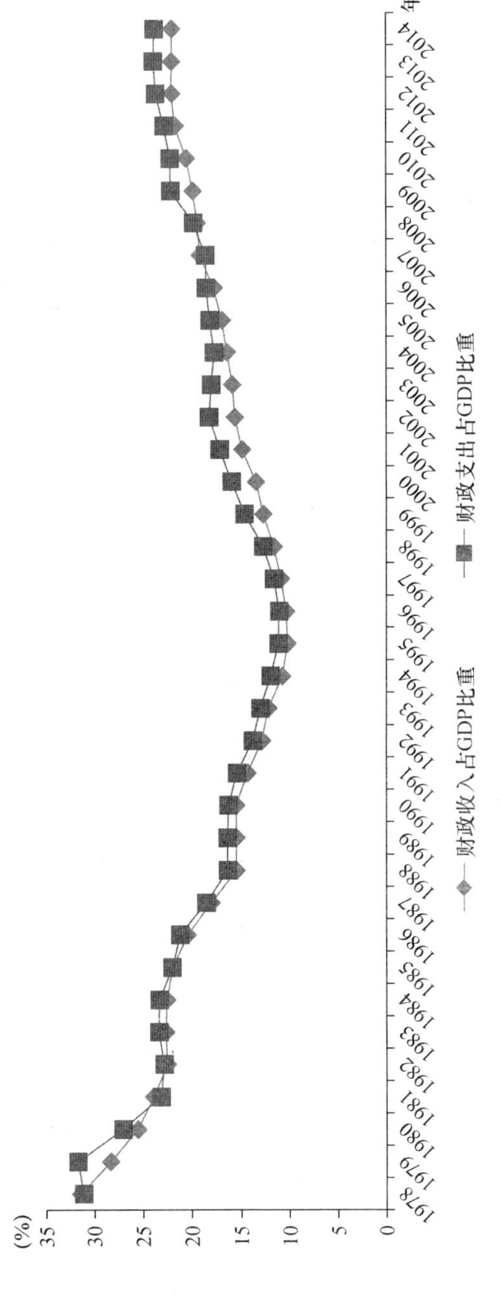

图 4－5 1978—2014 年财政收支占 GDP 比重的变动

资料来源：根据《中国统计年鉴》（2015）整理。

如果与 OECD 中欧洲国家和全部 OECD 国家横向比较，我国总的财政支出相对规模要小很多，且波动也较大。从 1998—2010 年的变动趋势看，OECD 中欧洲国家和全部 OECD 国家财政支出占比几乎没什么变化，从 2008 年开始略有上升，但上升幅度很小，平均分别在 47.85% 和 40.89% 的水平，如图 4 -6 所示。①

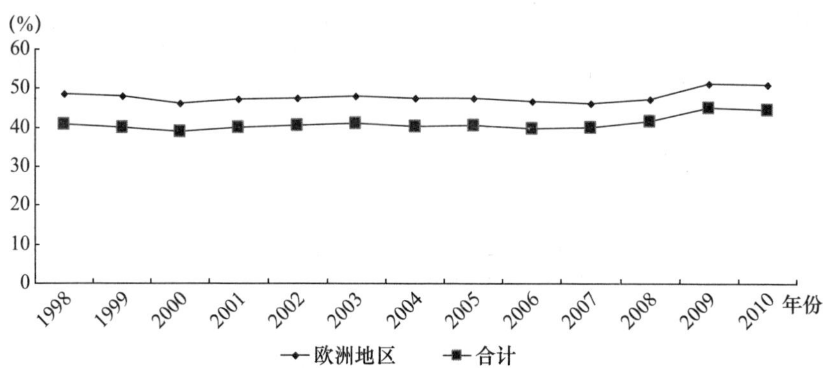

图 4 -6　1998—2010 年欧洲地区和 OECD 国家总的财政支出占 GDP 比重

资料来源：OECD 数据库中 National Accounts at a Glance 2013。

（三）行政管理费用变动

行政管理费用在一定程度上能反映政府行政效率，因此本书对我国行政管理费用进行考察。这项支出是总的财政支出中最能直接体现政府行政成本的项目，内容一般包括各级国家行政机关、权力机关、政党、人民团体、乡镇干部、居民委员会、人民武装部的费用。② 需要说明的是，从 2007 年以后，统计口径里再没有单独的行政管理费用这一项，而是分散到其他各个项目中，从而无法统计，所以，这项费用本书数据截至 2006 年，数据来自 2007 年《中国统计年鉴》。从这历年数据看，行政管理费用占财政支出比重是攀升的，而且上升速度较快，具体如图 4 -7 所示。

---

① 由于数据来源限制，未能获得同时期 OECD 欧洲国家的财政收入数据，此处只比较财政支出占 GDP 比重且数据均来自 OECD 数据库中 National Accounts at a Glance 2013。

② 金红磊：《适度政府规模研究》，人民出版社 2010 年版，第 99 页。

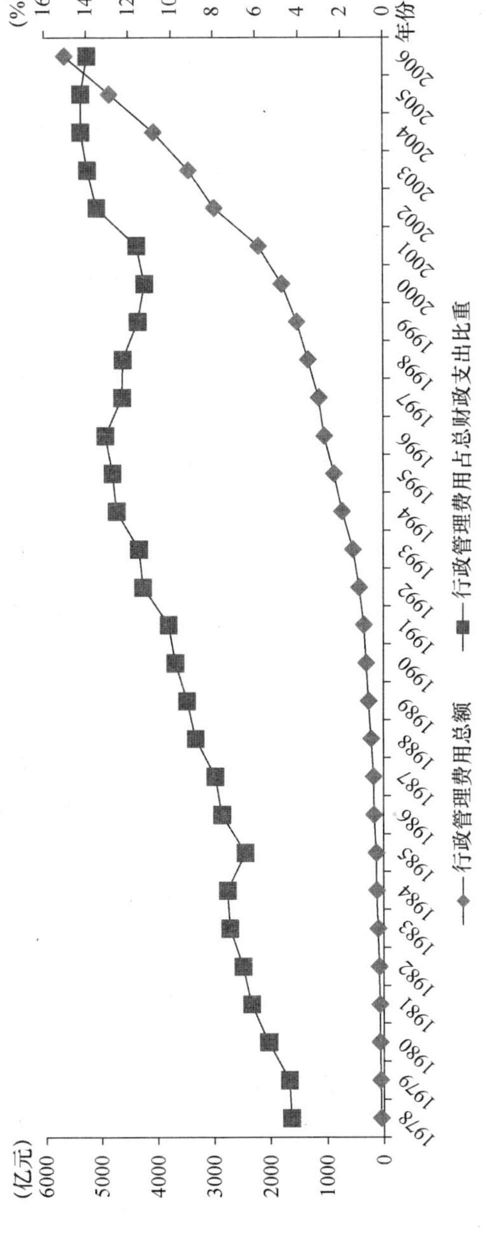

图 4-7　1978—2006 年行政管理费用总额及其占总财政支出比重变动

资料来源：根据《中国统计年鉴》（2007）和《中国统计年鉴》（2000）整理。

实际上，我国的行政管理费用由 1978 年的 52.90 亿元增长到 2006 年的 7571.05 亿元，增长了 142.12 倍，如果用 GDP 平减指数剔除物价因素也增长了 12.64 倍。在总财政支出中占比也是不断增加的，从 1978 年的 4.71% 增加到 2006 年的 18.73%，其中，2004 年最高，为 19.38%，比 1978 年增长了 3 倍多。由于行政管理费用在总财政支出中的占比不增加，总财政支出也是不断攀升的，从而使行政管理费用总额迅速增长，在总财政支出总额既定的情况下，必然会挤占其他项目的支出份额，影响其他领域的支出水平。从增长率来看，如图 4－8 所示，虽然有波动，但增长率都是正的，且有些年份的增速都超过 25%，这 28 年间平均增速高达 20%，远远高于名义 GDP 的增长速度。

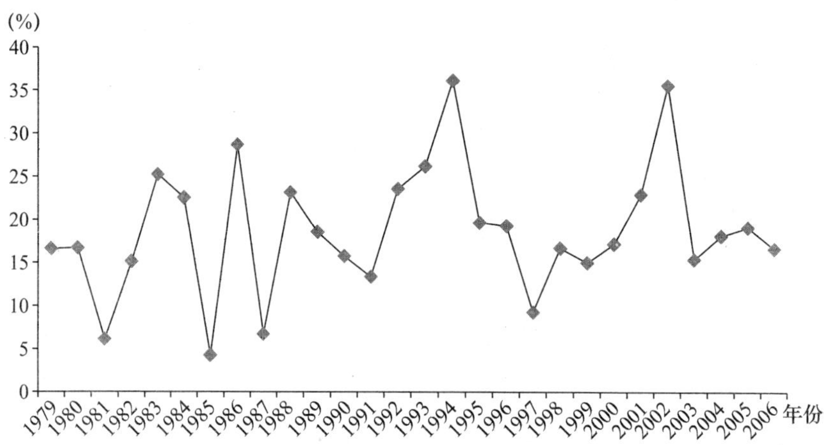

图 4－8　1979—2006 年行政管理费用增长

资料来源：根据《中国统计年鉴》（2007）和《中国统计年鉴》（2000）整理。

二　人员规模变动

目前，在国家统计局提供的统计数据中，一般只有广义的政府就业人口，即“国家机关、政党机关和社会团体工作人员”这个指标，且 2003 年后数据为公共管理和社会组织从业人员，因此，本书采用这一指标来反映政府机构人员规模。图中我国数据大部分都来自 2014 年《中国人口和就业统计年鉴》《劳动统计年鉴》和《中国统计年鉴》，只有 1979 年、1981—1984 年、1986—1989 年数据来自各年的《劳动统计年鉴》。OECD 国家数据都来自各年《国际统计年鉴》，并且工作人员数基本都是按联合国第四版 ISIC 分类①中的“公共管理和国防以及强制性社会保障”一项就业人员数来代替，部分国家为了保持数据的连续性选择了按联合国第三版 ISIC 分类中的“公共管理和国防以及基本社会保障”一项就业人员数代替，具体如图 4－9 和图 4－10 所示。

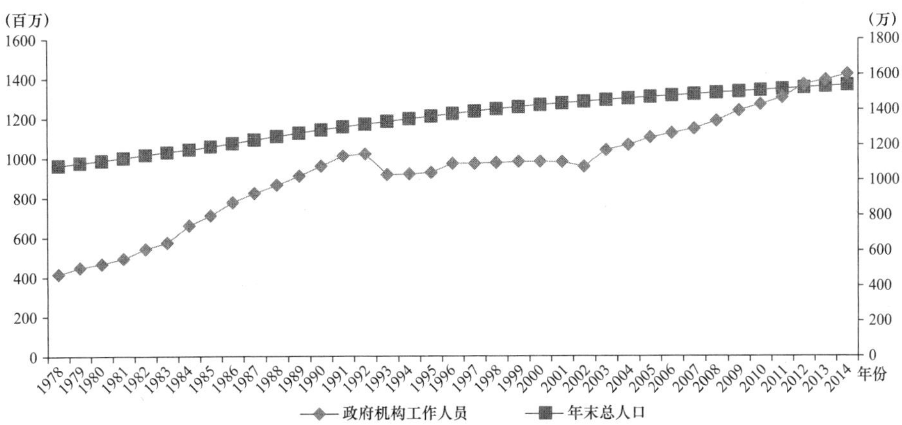

图 4－9　1978—2014 年政府机构工作人员数及年末总人口变动

资料来源：《中国统计年鉴》（2015）以及部分年份的《中国人口和就业统计年鉴》和《劳动统计年鉴》。

从图 4－9 中可以看出，我国政府机构工作人员数增加较快。数据显示，从 1978 年的 467 万人迅速增加到 1992 年的 1148 万人，稍有下降后又继续增加，但速度减缓，到 2002 年才增加到 1075 万人，2003 年又开始迅速增加，2014 年达到 1599.3 万人，而同期年末总人口增加得非常缓慢，30 多年来政府机构工作人员数增长约 3 倍，年末总人口仅增加了约 0.4 倍，政府机构工作人员数增长速度远远高于年末总人口增长速度。

从图 4－10 可以看出，由于政府机构工作人员数的增长要远远高于年末总人口的增长，因此，政府机构工作人员数占年末总人口比重以

① 联合国第四版 ISIC 分类：包括一般全面的公共服务、提供保健、教育文化和其他社会服务机构的管理、提高商业经营效率进行管理并做出贡献、一般性政府资助、社区服务、外交。国防、公共安全和强制性社会安全等活动。

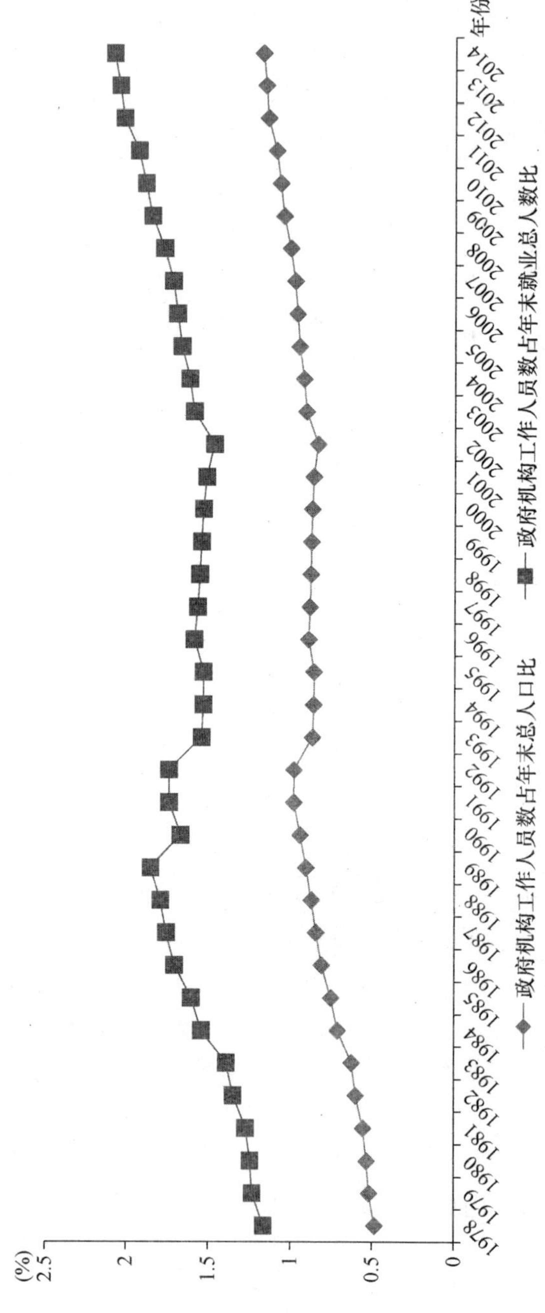

图 4－10　1978—2014 年政府机构工作人员数占年末总人口比重及占年末总就业人数比重

资料来源：根据《中国统计年鉴》（2015）以及部分年份的《中国人口和就业统计年鉴》《劳动统计年鉴》整理。

及占年末就业总人口比重也是不断上升的。其中，虽然由于1992—2002年政府机构工作人员数增长速度放缓，导致其占年末总人口比重和年末就业总人口比重基本没有发生变化外，其他年份都是保持增长的趋势，分别从1978年的0.49%和1.16%增加到2011年的1.09%和1.92%，2003年后分别一直保持在平均1%和1.74%的水平。

三　机构规模变动

从我国以往政府机构改革来看，在各类组织机构组成中，经济管理类机构最多，其次是社会事务管理类机构，接下来依次是政务办公类机构、执法监督类机构，宏观调控类机构最少，而且在1982年之前这些机构设置变化都比较大，1982年之后则基本未发生变化，尤其是1998年改革之后，各类组织机构数量基本保持稳定。但其中经济管理类机构数量变动一直都比较明显，而且总的趋势是不断下降的。社会事务管理类机构数量则在1982年之后基本呈缓慢上升趋势。其他如宏观调控类组织数量一直比较稳定。

表4-2　　我国改革开放前后中央政府机构设置变动　　单位：个

年份		国务院部委	国务院直属机构	办事机构	国家局	办公厅	机构总数
1982	改革前	52	43	5	—	—	100
	改革后	43	15	2	—	1	61
1988	改革前	45	22	4	—	1	72
	改革后	41	19	7	15	1	83
1993	改革前	42	19	9	15	1	86
	改革后	41	13	5	15	1	75
1998	改革前	40	13	5	14	1	73
	改革后	29	17	6	19	1	72
2003	改革前	29	17	6	19	1	72
	改革后	28	18	4	10	1	61
2008	改革前	28	18	4	13	1	64
	改革后	27	16	4	22	1	69
2013	改革前	27	15	4	22	1	69
	改革后	25	17	4	16	1	63
平均机构数量		67					

资料来源：根据新华网整理，http：//politics. people. com. cn/GB/1026/6923277. html。

从表4－2可知，从1982—2013年历次改革后中央政府平均机构数量为67个，与其他国家相比，我国政府机构规模相对过大，世界其他各国中央政府机构设置情况如表4－3和表4－4所示。

表4－3 OECD部分成员国中央政府核心机构（内阁）设置情况 单位：个

国别	核心机构数量	国别	核心机构数量
澳大利亚	19	日本	12
奥地利	13	韩国	18
比利时	13	卢森堡	19
加拿大	26	墨西哥	16
英国	19	荷兰	16
捷克	14	挪威	17
芬兰	12	葡萄牙	16
法国	15	波兰	17
德国	14	西班牙	16
希腊	16	瑞典	12
匈牙利	11	瑞士	8
冰岛	11	土耳其	15
爱尔兰	15	美国	15
平均机构数量	15		

资料来源：中思网，http：//www. scopsr. gov. cn/once/jdjcr/xgzl/201001/t20100123_ 1211. htm，2009年4月23日，并且数据截至2007年年末。

表4－4 发展中国家中央政府核心机构设置情况 单位：个

国别	核心机构数量
印度	41
印度尼西亚	36
俄罗斯	16
巴西	23
阿根廷	12
埃及	31
南非	37
平均机构数量	28

资料来源：中思网，http：//www. scopsr. gov. cn/once/jdjcr/xgzl/201001/t20100123_ 1211. htm，2009年4月23日，并且数据截至2007年年末。

从表4－3和表4－4可知，主要的OECD国家中央政府机构规模都不大，2007年平均机构数量仅为15个，尤其是英国、美国、法国、日本和德国等主要发达国家中央政府机构规模都很小，这在很大程度上源于这些国家实行的大部门体制。相对而言，在转型国家和发展中大国，中央政府机构数量普遍偏多，我国1982—2007年中央政府平均机构数量也是67个。当然，我国国情与世界其他国家差异很大，单纯从中央政府机构数量上来比较政府机构规模有失偏颇，但也能在一定程度上表明政府规模过度膨胀。

四　主要发达国家政府规模变化

随着经济社会的发展，发达国家政府规模也不断发生变化，如图4－11所示。为与前文一致，此处也用政府机构工作人员数来反映政府规模。

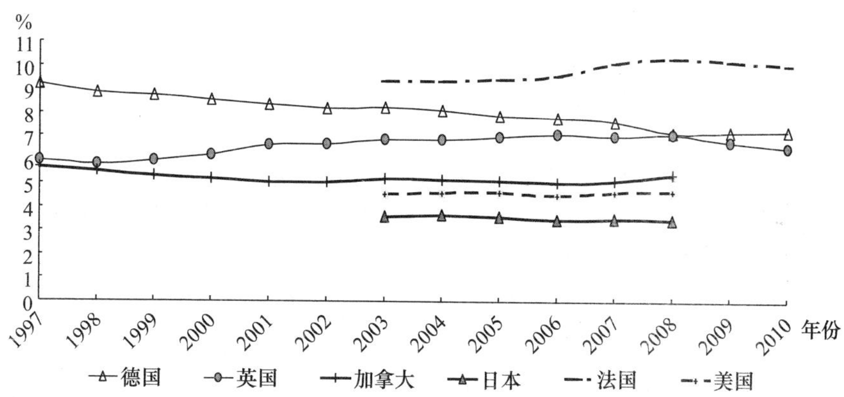

图4－11　1997—2010年部分OECD国家政府机构工作人员数占总就业人数比重

资料来源：OECD数据库中National Accounts at a Glance 2013。

从图4－11可以看出，在OECD国家中，排在前三位的是法国、德国和英国。政府规模平均水平分别在9.78%、8.08%和6.59%。排在最后三位的是加拿大、美国和日本。平均分别为5.16%、4.58%和3.56%。

相比较，我国政府规模同时期平均为1.66%，从数据来看并不大，比最低的日本同时期平均值还要小1倍多，如图4－10所示。[①] 如果比较政府工作人员增长率的话，排在前三位的法国、德国和意大利平均增长率分别为1.69%、－1.2%和－2.1%，而同时期我国平均增长率为2.11%，最低的日本2003—2010年平均增长率仅0.33%，而同时期我国为3.64%。因此，同这些OECD国家比，我国政府公务员的规模相对来说并不高，但是这一方面是由于统计口径和计算范围的差异导致的，另一方面我国人口基数很大，也会导致政府工作人员比重较低。但不能就此认为从人员规模来看我国政府规模不存在问题，并不能说明政府规模过小，从增长率比较上可知我国政府规模仍过于膨胀，而发达国家政府规模则基本保持不变，甚至呈缩减趋势。

小　结

政府规模在很大程度上反映了政府职能的范围，最终政府职能的范围又规定了政府规模的大小。本章从转变政府职能的角度对新中国成立以来各时期政府规模演变进行了系统的总结，并阐述了在政府规模演变的同时政府职能的转变，总结了政府机构改革历史经验。从我国政府规模演变来看，在不同的阶段，经济和社会发展具体情况不同，国民经济运行以及党和国家政策也不同，政府机构改革的目标也就不尽相同。但有一条经验非常值得关注，那就是改革必须以转变政府职能为核心，只有这样才能有效实现机构和人员的精简，促进政府提高履行职能的效率。最后，从政府财政收支规模变动、政府人员规模变动和政府机构数量规模变动三个方面统计描述了我国政府规模总量的变动及增长趋势，结果表明，随着经济社会的发展，我国政府绝对规模和相对规模都不断扩张，不论从财政收支规模，行政管理费用还是政府人员规模来看，都表现出持续增长的趋势，期间虽然有波动，但总体上是不断上升的，这

① 目前，在国家统计局提供的统计数据中，一般只有广义的政府就业人口，即“国家机关、政党机关和社会团体工作人员”这个指标，且2003年后数据为公共管理和社会组织从业人员，因此本书采用这一数据来反映政府机构工作人员数。图中我国数据大部分都来自2012年《中国人口和就业统计年鉴》《劳动统计年鉴》和《中国统计年鉴》，个别年份数据来自各年《劳动统计年鉴》，为保持一致省略我国2011年后的数据。

也表明政府支配的资源量从改革开放以来一直是在不断地增加，这也是造成我国政府规模持续膨胀的原因之一。因此，要实现我国行政体制改革目标，使我国政府规模保持在合理水平，必须切实有效地转变政府职能，消除政府外在规模扩张的基础。并将我国中央政府机构数量规模与主要发达国家和其他转型国家进行了比较，相对而言，我国政府机构规模存在过度扩张。

第五章　政府规模的经济增长效应评价

——基于中国地级市面板数据的实证分析

通过第三部分的分析可知，政府规模扩张会直接影响居民消费、就业和产业结构等宏观经济要素，并且还通过作用于物质资本、人力资本和技术进步等生产要素来间接地影响经济增长。因此，本章基于全国地级市面板数据对政府规模的经济增长效应做进一步的分析和评价，为理论分析提供经验事实依据。

第一节　研究目标

政府规模膨胀是世界各国面临的一个普遍问题。不论是发达国家还是发展中国家都不可避免地出现政府规模过度扩张现象，这似乎是一个世界性的难题。从形式上看，政府规模膨胀主要表现为政府机构的扩张和政府机构工作人员数量的增加。改革开放以来，我国政府机构工作人员数量呈不断增长的趋势。全国政府机构工作人员的增长远远高于年末总人口的增长，从而政府工作人员数量占年末总人口比重以及占年末就业总人口比重不断上升，具体如表 5 - 1 所示。

从表 5 - 1 可以看出，2014 年年底，我国政府机构工作人员数达 1599. 3 万人，将近是 1978 年的 3. 5 倍。而与 OECD 的部分国家进行横向比较显示，我国政府工作人员数占年末总就业人数比重处于比较低的水平。但同时期我国政府工作人员平均增长率则比排在第一位的法国 1. 69% 的增长率要高许多，最低的日本 2003—2010 年平均增长率仅为 0. 33%，而我国政府工作人员平均增长率为 3. 64%。因此，从政府机构工作人员的相对规模来看，似乎并不高，但从增长率来看，我国政府规模的增长则要比这些横向比较的 OECD 国家大很多，这说明我国政府规模仍存在问题。

表 5－1　1978—2014 年我国政府机构工作人员数占年末总人口比重

年份	政府机构工作人员数（万人）	年末总人口（万人）	政府机构工作人员数比重（%）	年份	政府机构工作人员数（万人）	年末总人口（万人）	政府机构工作人员数比重（%）
1978	467	96259	0.49	1997	1093	123626	0.88
1979	505	97542	0.52	1998	1097	124761	0.88
1980	527	98705	0.53	1999	1102	125786	0.88
1981	556	100072	0.56	2000	1104	126743	0.87
1982	611	101654	0.60	2001	1101	127627	0.86
1983	646	103008	0.63	2002	1075	128453	0.84
1984	743	104357	0.71	2003	1171	129227	0.91
1985	799	105851	0.75	2004	1199	129988	0.92
1986	873	107507	0.81	2005	1241	130756	0.95
1987	925	109300	0.85	2006	1266	131448	0.96
1988	971	111026	0.87	2007	1291	132129	0.98
1989	1022	112704	0.91	2008	1335	132802	1.01
1990	1079	114333	0.94	2009	1394	133450	1.04
1991	1136	115823	0.98	2010	1429	134091	1.07
1992	1148	117171	0.98	2011	1468	134735	1.09
1993	1030	118517	0.87	2012	1541.5	135404	1.14
1994	1033	119850	0.86	2013	1567	136072	1.15
1995	1042	121121	0.86	2014	1599.3	136782	1.17
1996	1093	122389	0.89				

资料来源：根据《中国统计年鉴》（2015）及《中国统计摘要》（2014）整理。

和世界其他国家相比，我国政府规模扩张具有特殊性。随着经济社会的发展，确实要求政府提供更多的公共产品和服务，但是，更多的还是源于组织内部的扩张。“因人设岗”“因事设岗”“官多兵少”和“闲人多、忙人少”等现象屡改不止。我国地方政府设置基本是“职责同构”的，即不同层级的政府在纵向上职能、职责和机构设置高度统一和一致，上级政府的所有机构在下级政府几乎都有一个对口单位。最典型的就是从中央到乡镇各级政府，都有五套班子，即党委、政府、政协、人大和纪委。除此之外，还有工会、团委、妇联、政协和各个分管的局、处等。而从人员数量上看，各个部门几乎都人满为患，编内、编外各种形式多种多样，虽然历次机构改革都对人员进行了精减，比如清退超编人员、解聘各类临时工、在岗职工的人员分流等，但最终结果是越减越多，有些乡镇各种编外人员是编内人员的几倍。但仍然有很多单位大喊“人手短缺”“人少事多”，这说到底是政府机构工作人员的结构失衡导致的假象。① 机构臃肿、冗员越严重，工作效率越低，就越需要增设机构、扩充人员来弥补，造成恶性循环。很多行政机关和事业单位都普遍存在“临时工干正式工的活儿，正式工则不干活儿”的现象。这种组织内部的扩张，也相应地增加财政负担，从而机构规模、人员规模和财政规模同步扩张。

为了遏制政府规模的过度扩张，我国先后进行了大大小小十几次机构改革，做出了巨大努力。在新的历史形势下，党的十八大和十八届三中全会都高度强调“转变政府职能，深化行政体制改革”。要真正给政府规模“瘦身”，必须从行政体制上、治理结构上以及政府组织内部来解决过度膨胀问题。

基于以上我国实际情况的分析，本章将在前述基础上对政府规模的经济增长效应进行实证检验，主要考察两点：一是从全国整体来看，现实政府规模是否如预期那样会对经济增长产生不利影响；二是从全国各地区来看，由于存在经济发展水平、历史文化传统、市场发育程度等差异，这种不利影响是否也会表现出显著的地区差异。

第二节　变量选择和数据描述

一　变量选择

从第二章的文献回顾可知，在研究政府规模和中国经济增长之间的关系时，大多数学者都是用财政指标来反映政府规模。但也有部分学者采用的是人员规模指标，如胡家勇最早在 1994 年采用政府机构工作人

---

① 武靖州：《政府规模“内生性”扩张问题探讨》，《领导科学》2013 年第 5 期。

员数量来衡量政府规模，并指出，从严格意义上说，这个指标并不能准确反映中国的政府规模，但是以财政指标来衡量政府规模，反映的是政府控制和支配的经济资源，实际上，政府掌握的资源和政府机构工作人员数量并不一定正相关。再者，我国政府的收入中还包括大量的预算外和非预算收入，财政指标对我国而言并不恰当，用人员指标更为直观一些，更重要的是政府机构工作人员过多恰恰也是预算外收入和非预算收入扩张的重要原因之一（胡家勇，1994；陈建等，2003）。很多其他学者也认为，应该用政府公务人员数量指标来衡量政府规模，如毛寿龙等（2000）、金玉国等（2006）、周黎安等（2009）都认为，公务人员数量是衡量政府规模的常用指标之一。

本书在构建全国各地级市政府规模和经济增长关系的简单计量模型时，用人均GDP及其增长率来反映经济发展水平，用政府机构工作人员数占总人口的比例来反映政府规模，增长则用该指标的增长率来反映。由于各地级市的支出法生产总值的详细数据缺失较多，很难获得较完整的资本形成数据，本书改用人均全社会固定资产投资来反映资本投入并且由于数据来源限制，无法收集到较完整的各地级市生产总值指数，而固定资产投资指数资料更是少之又少，为统一起见都采用名义值，但在进行实证分析时，凡涉及绝对量的变量都进行对数化。并且本书只是为了对全国及各地区政府规模和经济增长关系进行检验，构建的计量模型也比较简单，因此也只考虑了人均GDP、人均资本和政府规模三个基本变量，但并不意味着经济增长只受这三个变量的影响，其他变量都包含在误差项里，为了克服可能导致的统计上的误差，在方法选择上以此作为最重要的依据。

二　数据描述

本书关注的是政府规模的经济增长效应。在衡量政府规模时，本节也参考胡家勇在1994年及陈建和胡家勇2003年的观点，采用政府机构工作人员数量指标来反映政府规模。在国家统计局提供的统计数据中，一般只有广义的政府就业人口，即“国家机关、政党机关和社会团体工作人员”数据，因此，具体计算时，用这一指标占年末总人口比重来反映。2006年颁布实施的《公务员法》对公务员有明确界定，公务员是指“依法履行公职、纳入国家行政编制、由国家财政负担工资福利的工作人员”。结合实际情况，这一范围和党政干部基本一致，主要包括党、政、群三大领域中的公务员、党派以及人民团体中的专职干部。

本书实证部分数据大部分都来源于各年的《中国城市统计年鉴》中的地级市资料，缺失部分由《中国区域经济统计年鉴》和《新中国六十年》各地市汇编、各地区及各地区的各地市统计年鉴数据补充。需要说明的是，由于数据来源限制，很多地级市都没有提供完整的“国家机关、政党机关和社会团体工作人员”的统计数据，许多年份为缺失值，为保持面板数据的完整并有利于地区之间进行比较，选取1998—2014年的数据进行分析，但在估计时会依据缺失值的情况有所调整，并剔除异常值。各地区地级市都根据《中国统计年鉴》（2015）提供的行政区划资料来定。① 最终数据结构如表5－2和表5－3所示。

表5－2　　全国样本数据描述性统计

	人均资本	人均GDP	政府机构工作人员比重（%）
均值（元）	18089.11	31718.4	1.1
中位数（元）	13694.32	21502.25	1.02
标准差（元）	14776.6	34848.58	0.47
最大值（元）	141809.1	429471.1	4.77
最小值（元）	1625.171	3380.491	0.17
样本数（个）	1400	1400	1400

表5－3　　东部、中部和西部地区样本数据描述性统计

	东部			中部			西部		
	人均资本	人均GDP	政府机构工作人员比重（%）	人均资本	人均GDP	政府机构工作人员比重（%）	人均资本	人均GDP	政府机构工作人员比重（%）
均值（元）	22928.06	46339.93	1.13	14912.8	22897.2	1.05	16179.6	25001.45	1.11
中位数（元）	18817	31111.5	1.05	11894.3	18805.3	1.01	11074.5	15725.22	0.99

① 2012年以后所能收集到的各地市中有很多数据与往年相比较为异常，为保证数据连续且计量结果稳健将2012年、2013年和2014年这三年数据剔除。

续表

	东部			中部			西部		
	人均资本	人均GDP	政府机构工作人员比重(%)	人均资本	人均GDP	政府机构工作人员比重(%)	人均资本	人均GDP	政府机构工作人员比重(%)
标准差(元)	15746.1	47496.24	0.00535	10632.2	14668.5	0.00319	16385.2	28246.14	0.00524
最大值(元)	79745.8	429471	4.77	61708.5	132867.1	2.33	141809.1	212086.1	4.51
最小值(元)	1824.44	7504.05	0.47	1625.2	4657.3	0.17	1794.38	3380.5	0.41
样本数(个)	490	490	490	500	500	500	410	410	410

从表5－2和表5－3可以看出，政府机构工作人员比重的均值在全国样本和西部地区样本相似，东部地区均值最高，而且最大值也在东部地区。仅从描述性统计来看，相对来说，用政府机构工作人员比重来反映出的政府规模东部地区要比中部地区和西部地区都大，但具体对经济增长产生的影响还要通过对计量模型的估计来检验。

第三节　计量模型构建与方法选择

一　计量模型构建

为进一步考察全国各地市政府规模的经济增长效应及它们之间的差异，将各地市的GDP增长率作为因变量，基于基本的柯布—道格拉斯经济增长模型，某地区第t期的经济增长可以描述为：

$$Y_t = AK_t^{\alpha}L_t^{\beta}$$

其中，Y为总产出，A为技术进步，K为资本，L为劳动力。

本书拟采用数据均为人均指标，因此，首先在经济增长模型两边同时除以L_t，然后两边取对数，并对时间求导，则可得经济增长率和要素投入增长率之间的线性关系如式（5－1）所示：

$$\frac{\dot{Y}}{Y}=\alpha\frac{\dot{K}}{K} \tag{5-1}$$

式（5－1）中，$\frac{\dot{Y}}{Y}$代表经济增长率，可以表述为 gY，此后，都用 $ggdp$表示；$\frac{\dot{K}}{K}$代表资本增长率，可以表述为 gK，此后，都用 gk 表示，此时，经济增长率只与资本增长率有关。

为了考察政府规模对经济增长的影响，考察政府规模因素，在模型中引入政府机构工作人员占年末总人口比重，构建简单的计量模型，调整后的回归模型如式（5－2）所示：

$$ggdp_{it}=\alpha_0+\alpha_1 gk_{it}+\alpha_2 wps_{it}+\varepsilon_{it} \tag{5-2}$$

式（5－2）中，$ggdp_{it}$代表第 i 个地级市第 t 期的 GDP 增长率，gk_{it}代表第 i 个地级市第 t 期的资本增长率，wps_{it}代表第 i 个地级市第 t 期的政府机构工作人员数占年末总人口比重，ε_{it}为扰动项。

二　方法选择

本书首先采用面板数据分析方法检验政府规模的经济增长效应，但进行固定效应回归后[①]，发现存在一定的问题，这可能是因为现实数据的复杂性导致残差不满足普通最小二乘法或极大似然估计等方法所要求的基本假定，因此改用广义矩估计方法（GMM），这种方法仅仅要求模型满足一组矩条件即可，比较简便。并且，动态面板 GMM 估计是用差分转换数据，可以克服该问题或者遗漏变量问题。

动态面板中最早的文献是 Anderson 和 Hsiao（1981）[②]，他们采用一阶差分去除个体效应，并选用被解释变量的三阶及三阶以上滞后项或 $D.y_{i,t-2}$作为 $D.y_{i,t-1}$的工具变量，给出一阶差分 IV 估计方法，但该方法给出的系数一致非有效。Arellano 和 Bond（1991）在其基础上增加了更多可用的工具变量（对内生变量而言，滞后两阶以上的水平变量可作

① 面板数据模型主要有混合回归模型（截距和斜率都不变）、变截距模型（只变截距）和变系数模型（截距和斜率都变）三种。考虑到本书包含全国大部分地区的地级市数据，并且需要考察我国东部、中部和西部三大区域的差异，因此主要检验混合回归模型和变截距模型。并且本书面板数据截面个体成员较多，时间相对较短，所以没有考虑时间效应。

② Anderson, T. W. and Hsiao, C., "Estimation of Dynamic Models with Error Components", *Journal of the American Statistical Association*, Vol. 76, No. 375, 1981, pp. 598－606.

为差分方程的工具变量；对先决变量而言，滞后一阶以上的水平变量均可作为工具变量；对外生变量而言，自身可为工具变量）形成差分广义矩估计，得到一致且更为有效的估计量。①

动态面板 GMM 估计量的有效性取决于"所有工具变量外生"这一关键假设。因此，使用 GMM 方法估计时需要对工具变量的有效性进行检验。如果矩函数恰好识别，则对工具变量有效性的检验无法进行；如果过度识别，则可以构建统计量对工具变量的联合有效性进行检验。对用于检验过度识别的矩函数中的工具变量的联合有效性检验被称为过度识别约束检验。其原假设为"不存在过度识别"，工具变量联合有效。常用的方法有汉森 J 检验和萨根检验。但是，汉森 J 检验随着工具变量的增多，效力会逐渐减弱，萨根检验则不受工具变量的影响。因此，本书统一采用萨根检验方法来检验工具变量的有效性。此外，由于系统 GMM 估计量相比差分 GMM 估计量多出一组工具变量，相较而言，系统 GMM 更加有效。此外，还需要检验误差项是否存在序列相关。在一阶差分方程中，即便原始的残差项序列不相关，差分后的误差项也必然存在一阶序列相关，因此可通过检验差分方程的残差项是否存在二阶（或更高阶）序列相关来判断。本书采用 Arellano 和 Bond（1991）提供的方法进行序列相关检验。最后，借助 Wald 检验用来检验模型整体的显著性，即除常数项之外，其他变量整体上是否显著。对于 GMM 的估计结果是否有效，邦德（2002）提出了一种简单的检验方法，即将 GMM 估计值与固定效应（FE）及混合回归（OLS）的估计结果进行比较。由于 OLS 估计通常严重高估滞后项的系数，固定效应估计则一般会低估滞后项的系数，因此如果 GMM 估计值介于两者之间，则 GMM 估计可靠有效。②

① Arellano, M. and Bond, S., "Some Tests of Specification for Panel Data: Monte Carlo Evidence and an Application to Employment Equations", *The Review of Economic Studies*, Vol. 58, No. 2, 1991, pp. 277 - 297.

② Bond, S. R., "Dynamic Panel Data Models: A Guide to Micro Data Methods and Practice", *Institute for Fiscal Studies Cemmap Working Paper*, No. P09/02, 2002.

第四节　政府规模的经济增长效应评价

一　东中西部典型地区政府规模的经济增长效应比较

前文第三章基于全国数据的描述性统计对我国政府规模变动进行了分析，不论从财政收入、财政支出、行政管理费用还是政府机构工作人员数量上都呈现出不断扩张的趋势，在地方政府规模上可能表现得更加明显。如果从财政收入看，从 1994 年分税制改革后，地方政府规模迅速膨胀，如果从人员规模来看，则政府规模一直是不断扩张的，而且近年来扩张的速度要比以前快。由于地区经济发展程度不同，政府扩张的速度及其对经济增长的影响是有明显差异的，为了更直观地表现出这种差异，首先选取浙江、江西和甘肃三个地区进行比较，共有 34 个地级市。

从搜集到的三个省各地市的初始数据可知，各地市政府机构工作人员数从 1998 年开始都保持着持续增长的趋势，但不同地区增长幅度不同。从各地市政府机构工作人员占总人口比重的增长率来看，浙江各地市的平均增速为 2.7%—5.4%，大多数都在平均 5% 左右、江西各地市平均增速比较低，在 2% 左右，部分地市低于 1%，甘肃各地市的平均增速为 2.4%—6.4%，大多数都为 4%—5%，是三地区增长速度最快的。从各地市政府机构工作人员占总人口比重来看，浙江各地市平均占比为 1%，最低的绍兴市为 0.72%，最高的舟山市为 1.69%。江西各地市平均占比为 0.9%，最低的上饶市为 0.7%，最高的景德镇市为 1.05%，甘肃各地市平均占比最高，为 1.13%，最低的武威市为 0.75%，最高的嘉峪关市为 1.6%。而且从政府机构工作人员绝对规模来看，各地市也是一直不断扩大，因此，从某种程度上也反映了政府规模的扩张趋势。总体来看，在这三地区间是存在地区差异的，因此有必要研究这种扩张对经济增长的影响及这种影响在地区之间的差异。

（一）回归结果及检验

在进行估计之前，系统 GMM 方法要求先设定好外生变量、内生变量和先决变量，此处将资本增长率设为内生变量，政府机构工作人员数设为先决变量，并且为了保证数据完整性以及便于三地区比较，选取

2006—2011 年这五年的样本观察值，估计结果如表 5 – 4、表 5 – 5 和表 5 – 6 所示。

表 5 – 4　　　　浙江省 FE、系统 GMM 和 OLS 估计结果

解释变量	(1) FE	(2) GMM	(3) OLS
人均 GDP 增长率滞后一阶	−0.119 ** (0.0513)	−0.0696 (0.0689)	0.0453 (0.115)
人均资本增长率	0.00195 (0.0459)	−0.0653 (0.145)	−0.00479 (0.0543)
政府机构工作人员占比增长率	−0.257 (0.155)	−0.309 ** (0.121)	−0.237 * (0.128)
常数项	0.182 *** (0.0108)	0.186 *** (0.0243)	0.158 *** (0.0192)
观察值	66	66	66
GMM 的总体显著性	Wald $\chi^2(3)=10.42$　Prob > $\chi^2=0.0153$		
萨根检验	$\chi^2(37)=10.40649$　Prob > $\chi^2=1.0000$		
Arellano – Bond 检验	AR(1)的 P = 0.3176　AR(2)的 P = 0.7214		

注：括号中数据为标准误，* 表示 P < 0.1，** 表示 P < 0.05，*** 表示 P < 0.01。下同。

表 5 – 5　　　　江西省 FE、系统 GMM 和 OLS 估计结果

解释变量	(1) FE	(2) GMM	(3) OLS
人均 GDP 增长率滞后一阶	−0.263 ** (0.0688)	−0.235 *** (0.0615)	−0.0344 (0.112)
人均资本增长率	−0.00383 (0.0318)	−0.00562 (0.0313)	0.0357 (0.0403)
政府机构工作人员占比增长率	0.0513 (0.119)	−0.0501 (0.168)	−0.00187 (0.120)
常数项	0.232 *** (0.0218)	0.230 *** (0.0215)	0.178 *** (0.0281)
观察值	72	72	72
GMM 的总体显著性	Wald $\chi^2(3)=25.47$　Prob > $\chi^2=0.0000$		
萨根检验	$\chi^2(18)=10.81849$　Prob > $\chi^2=0.9019$		
Arellano – Bond 检验	AR(1)的 P = 0.0466　AR(2)的 P = 0.3137		

表 5 -6　　甘肃省 FE、系统 GMM 和 OLS 估计结果

解释变量	(1) FE	(2) GMM	(3) OLS
人均 GDP 增长率滞后一阶	-0.267**	-0.0870	-0.0520
	(0.0967)	(0.467)	(0.157)
人均资本增长率	0.0555	-0.103	0.111**
	(0.0631)	(0.129)	(0.0484)
政府机构工作人员占比增长率	0.415	1.044	0.293*
	(0.271)	(0.747)	(0.167)
常数项	0.168***	0.177*	0.120***
	(0.0344)	(0.0941)	(0.0299)
观察值	44	44	44
GMM 的总体显著性	Wald $\chi^2(3)=9.45$　Prob > $\chi^2=0.0238$		
萨根检验	$\chi^2(5)=2.362965$　Prob > $\chi^2=0.5006$		
Arellano - Bond 检验	AR(1)的 P=0.1637　AR(2)的 P=0.2614		

从表 5 -4、表 5 -5 和表 5 -6 中各地区的系统 GMM 总体显著性的检验结果可以看出，浙江、江西和甘肃的检验值 Wald χ^2 分别为 10.42、25.47 和 9.45，对应 P 值都小于 0.05，因此三地区的该检验都在 5% 的显著水平下拒绝了模型系数均为零的假设，其中江西省的显著水平为 1%，表明模型整体显著；浙江和甘肃的 Arellano - Bond 检验 AR（1）的 P 值都大于 0.1，AR（2）的 P 值也都远大于 0.1，表明差分后的残差项不存在序列相关，而江西的 Arellano - Bond 检验 AR（1）的 P 值小于 0.1，但 AR（2）的 P 值大于 0.1，表明差分后的残差项存在一阶序列相关，但不存在二阶序列相关，因此可以说，三地区模型的残差项均无序列相关，萨根检验值分别为 10.40649、10.81849 和 2.362965，对应的 P 值分别为 1.0000、0.9019 和 0.5006，因此都不能拒绝原假设，强烈接受原假设，即模型的工具变量联合有效。

从三个地区的第（1）、第（2）和第（3）列中 FE、系统 GMM 和 OLS 三种方法滞后一阶 GDP 增长率的估计系数看，系统 GMM 估计结果都介于 FE 和 OLS 估计结果之间，根据邦德等（2002）的检验方法，三个地区的该估计量是可靠有效的。从各地区政府机构工作人员占比增长率的估计系数看，系统 GMM 的估计结果只有浙江地区在 5% 的水平上显著，江西和甘肃这个估计系数都不显著，但都为负，因此，结果表明，在浙江省政府规模的增长会对经济增长产生显著的不利影响，而在江西和甘肃虽然不能肯定政府规模增长会对经济增长产生显著的不利影响，但至少不会产生显著的有利作用。

（二）结果分析

1. GDP 增长率的滞后一阶

如表 5－4、表 5－5 和表 5－6 中浙江、江西和甘肃第（2）列所示，浙江 GDP 增长率滞后一阶的估计系数为－0.0696，即上期经济增长率增长 1% 的话，会导致当期 GDP 增长平均下降 0.0696%，但是，在统计上不显著。江西 GDP 增长率滞后一阶的估计系数为－0.235，即上期经济增长率增长 1% 的话，会导致当期 GDP 增长平均下降 0.235%，并且在 1% 的水平上显著，说明上期经济过度增长的话会透支当期经济增长，从而不能保持经济持续增长。甘肃 GDP 增长率滞后一阶的估计系数为－0.0870，即上期经济增长率增长 1% 的话，会导致当期 GDP 增长平均下降 0.087%，但是，在统计上不显著。因此，三个地区上期经济过度增长都会在一定程度上透支当期经济增长，只是显著性有差异。但当采用绝对量来进行分析时，在三地区上期经济增长都是在 1% 的水平上对当期经济增长起促进作用的，此处将结果省略。

2. 政府规模的经济增长效应

如表 5－4、表 5－5 和表 5－6 中浙江、江西和甘肃第（2）列所示，浙江政府机构工作人员比重增长率的估计系数为－0.309，且在 5% 的水平上显著。即政府规模增长会显著地降低经济增长，如果政府规模增加 1% 的话，会导致经济增长平均下降 0.309%，在三区域中是影响最大的。显然，在浙江如果压缩政府规模是会显著地促进经济增长的。而江西政府机构工作人员比重增长率的估计系数为－0.0501，但是，在统计上并不显著。甘肃则相反，政府机构工作人员占比增长率的估计系数为正的 1.044，从政府规模估计系数看，政府规模增长和经济增长正相关，但是，在统计上并不显著，因此，并不代表在甘肃政府规模扩张一定会有利于经济增长。当采用绝对量来进行分析时，除甘肃政府机构工作人员比重增长率的估计系数为正外，浙江和江西政府机构工作人员比重增长率的估计系数都为负，政府规模的扩张对经济增长都有不利影响，只是在统计上浙江省这种影响比较显著，而在江西省则表现得不显著，此处也将结果省略。

3. 物质资本的经济增长效应

如表 5－4、表 5－5 和表 5－6 中浙江、江西和甘肃第（2）列所示，三省资本增长率的 GMM 估计系数分别为 －0.0653、－0.00562 和 －0.103，即由全社会固定资产投资反映的资本增长对经济增长都会产生不利影响，但是这种作用程度非常小，而且在统计上都不显著。但也能反映出至少提高投资率是不能带动经济持续增长的。当然，这并不意味着资本增长会导致经济增长率为负，只是拉低了经济增长率。当采用绝对量来进行分析会发现，三地区的资本增长都会促进经济增长，并且这种促进作用都在 1% 的水平上显著，说明资本的持续增长对经济增长的促进作用是不断降低的，投资效果比较差，此处也将结果省略。

从对浙江、江西和甘肃三地区进行的比较分析可知，政府规模的扩张是不利于经济增长的，但是，这种不利影响在不同地区表现的显著性是有差异的，因此，从全国来分析的话，可能这种地区差异会更大，但可以预想得到政府规模对经济增长具有负效应。

二　基于全国地级市面板数据的政府规模经济增长效应评价

（一）全国地级市总样本回归结果及检验

由于很多地区的各变量在不同时间有缺失，经过缺失变量筛选后，为保证各地区数据完整，并剔除异常值，最终保留了 280 个地市一共 1400 个样本，这个数量足以满足计量分析要求。地级市总样本估计结果如表 5－7 所示。

表 5－7　　全国地级市 FE、系统 GMM 和 OLS 估计结果

解释变量	(1) FE	(2) GMM	(3) OLS
人均 GDP 增长率滞后一阶	－0.221*** (0.0338)	－0.131*** (0.0303)	0.106*** (0.0276)
人均资本增长率	－0.0108 (0.0121)	－0.0711*** (0.0136)	0.0247** (0.00859)
政府机构工作人员占比增长率	0.0153 (0.0152)	－0.432*** (0.115)	0.0216* (0.0127)

续表

解释变量	(1) FE	(2) GMM	(3) OLS
常数项	0.219*** (0.00679)	0.233*** (0.00671)	0.153*** (0.00553)
观察值	1400	1400	1400
GMM 的总体显著性	Wald χ^2 (3) =80.04　　Prob > χ^2 =0.0000		
Arellano - Bond 检验	AR (1) 的 P=0.0019　　AR (2) 的 P=0.4213		
萨根检验	χ^2 (2) =5.261582　　Prob > χ^2 =0.1536		

从表5-7中系统GMM总体显著性的检验结果可以看出，该模型的Wald χ^2 =80.04，对应P=0.0000，故Wald检验在1%的显著水平下拒绝了模型系数均为零的假设，表明模型整体显著；Arellano - Bond检验AR（1）的P值为0.0019，AR（2）的P值为0.4213，表明差分后的残差项只存在一阶序列相关而不存在二阶序列相关，故模型的残差项无序列相关；模型的萨根检验值为5.261582，对应的P=0.1536，因此不能拒绝原假设，说明设置工具变量联合有效。从第（1）、第（2）和第（3）列中FE、系统GMM和OLS三种方法滞后一阶GDP增长率的估计系数看，系统GMM估计结果（-0.131）介于FE（-0.221）和OLS（0.106）估计结果之间，根据邦德等（2002）的检验方法，三个地区的该估计量是可靠有效的。说明GMM估计是可靠有效的。

从政府机构工作人员比重的估计系数看，GMM的估计结果为-0.432，且在1%的水平上显著，从整体上表明，政府机构人员占总人口比重会对经济增长产生负的影响，当政府规模扩张1%时，经济增长平均下降0.432%，这说明政府规模的过度膨胀制约了经济增长，拉低了经济增长的速度。这与国内大多数学者如胡家勇（1994）、马拴友（2000）、陈健等（2003）、戴广（2004）、孙群力（2006）、高彦彦等（2011）、李建强等（2011）、杨子晖（2011）等的研究结论是一致的。

从资本对经济增长的影响看，当资本增长率增加1%时，经济增长平均下降0.0711%，但这并不说明资本会阻碍经济增长，只是降低了经济增长的速度，这可能是由于资本的持续增加，尤其是政府投资的增加，会导致全要素生产率的下降，从而拉低了经济增长的速度。白重恩（2013）也指出，如果从资本的边际回报率看，是要远远低于资本成本的，说明投资过多，而且还指出单纯提高投资率是不能带来经济的持续增长的。

从上期经济增长率对当期经济增长来看，上期经济增长增加1%，会导致当期经济增长平均下降0.131%，这表明上期经济增长可能透支了当期的经济增长，以致当期经济增长速度放缓。

为进一步检验上述结果，采用人均GDP、人均资本等变量的绝对量再次进行估计，以检验各变量对人均GDP的影响，因此，对计量模型进行调整，如式（5-3）所示。

$$gdp_{it} = \alpha_0 + \alpha_1 k_{it} + \alpha_2 wps_{it} + \varepsilon_{it} \quad (5-3)$$

式（5-3）中，gdp_{it}代表第i个地级市第t期的人均GDP，k_{it}分别代表第i个地级市第t期的人均资本，wps_{it}代表第i个地级市第t期的政府机构工作人员数占年末总人口比重，ε_{it}为扰动项。实际估计时对各变量取对数去势，估计结果如表5-8所示。

表5-8　　系统GMM总体显著性检验结果

解释变量	(1) FE	(2) GMM	(3) OLS
GDP对数滞后一阶	0.827*** (0.0221)	0.911*** (0.0289)	0.949*** (0.00472)
资本对数	0.0997*** (0.0123)	0.0787*** (0.0171)	0.0441*** (0.00447)
政府机构工作人员占比对数	0.0317 (0.0267)	-0.148** (0.0580)	0.00463 (0.00542)
常数项	1.073*** (0.203)	-0.388 (0.382)	0.272*** (0.0462)
观察值	1400	1400	1400
GMM的总体显著性	Wald $\chi^2(3)$ = 42274.96　Prob > χ^2 = 0.0000		
Arellano-Bond检验	AR(1)的P = 0.0000　AR(2)的P = 0.9666		
萨根检验	$\chi^2(1)$ = 0.6616696　Prob > χ^2 = 0.7183		

从表5－8中系统GMM总体显著性检验结果可以看出，该模型的Wald χ^2 =42274.96，对应P=0.0000，故Wald检验在1%的显著水平下拒绝了模型系数均为零的假设，说明模型整体显著；Arellano－Bond检验AR（1）的P值为0.0000，AR（2）的P值为0.9666，说明差分后的残差项只存在一阶序列相关而不存在二阶序列相关，故模型的残差项无序列相关；模型的萨根检验值为0.6616696，对应的P=0.7183，因此不能拒绝原假设，说明设置工具变量联合有效。从第（1）、第（2）和第（3）列中FE、系统GMM和OLS三种方法滞后一阶GDP增长率的估计系数看，系统GMM估计结果（0.911）介于FE（0.827）和OLS（0.949）估计结果，说明GMM估计是可靠有效的。从政府机构工作人员占比的估计系数看，GMM的估计结果为－0.148，且在5%的水平上显著，说明人均GDP对政府规模的弹性为－0.148，这和表5－7中得到的两者之间负相关的结果一致。而资本对经济增长的作用在1%的水平上显著为正，说明随着资本的增加，从总量上看，资本依然是能推动经济增长的，但是，由于投资效率不高，以及对全要素生产率的负面影响，从而对经济增长的促进作用下降。而上期GDP也对当期GDP产生显著的促进作用，这说明从总量上看经济呈一种惯性增长，但这种促进作用并不足以提升当期的经济增长率。

（二）东部、中部和西部三大经济带样本回归结果及检验

上一节选取了浙江、江西和甘肃这三个典型的东部、中部和西部地区[①]进行了比较分析，发现政府规模对经济增长的影响在三个地区之间确实存在差异。考虑到挑选出的三大经济带个别地区可能会由于各自的特殊性，导致实证结果并不具备普遍的代表性，而各地区经济和社会发展水平差异较大，政府规模及其对经济增长的影响可能也会不同，所以将全国地级市分为东部、中部和西部三大经济带进行分析，估计结果如表5－9、表5－10和表5－11所示。

① 三大经济带的划分：东部11个地区，包括北京、天津、河北、辽宁、上海、江苏、浙江、福建、山东、广东和海南；中部8个地区，包括山西、吉林、黑龙江、安徽、江西、河南、湖北、湖南；西部12个地区，包括四川、重庆、贵州、云南、西藏、陕西、甘肃、青海、宁夏、新疆、广西、内蒙古。由于数据限制，本书剔除了北京、上海、天津和重庆这4个直辖市。

表 5-9　　东部地区 FE、系统 GMM 和 OLS 估计结果

解释变量	(1) FE	(2) GMM	(3) OLS
人均 GDP 增长率滞后一阶	-0.162*** (0.0434)	-0.119 (0.154)	0.136** (0.0443)
人均资本增长率	0.0218 (0.0334)	-0.0874* (0.0524)	0.0717*** (0.0172)
政府机构工作人员占比增长率	-0.0646 (0.0482)	-1.181** (0.441)	-0.0415 (0.0467)
常数项	0.187*** (0.0119)	0.228*** (0.0259)	0.127*** (0.00827)
观察值	490	490	490
GMM 的总体显著性	Wald $\chi^2(3)=20.94$　Prob > χ^2 = 0.0001		
萨根检验	$\chi^2(3)=3.144606$　Prob > χ^2 = 0.3699		
Arellano - Bond 检验	AR(1)的 P = 0.0149　AR(2)的 P = 0.8651		

表 5-10　　中部地区 FE、系统 GMM 和 OLS 估计结果

解释变量	(1) FE	(2) GMM	(3) OLS
人均 GDP 增长率滞后一阶	-0.256*** (0.0263)	-0.101* (0.0604)	0.0316 (0.0492)
人均资本增长率	-0.00301 (0.0171)	-0.0255 (0.0325)	0.0114 (0.0135)
政府机构工作人员占比增长率	-0.0159 (0.0387)	-0.623* (0.319)	0.0129 (0.0338)
常数项	0.229*** (0.00622)	0.224*** (0.0154)	0.174*** (0.00994)
观察值	490	490	490
GMM 的总体显著性	Wald χ^2 (3) = 8.99　Prob > χ^2 = 0.0294		
萨根检验	χ^2 (3) = 0.6033078　Prob > χ^2 = 0.8957		
Arellano - Bond 检验	AR (1) 的 P = 0.0001　AR (2) 的 P = 0.5385		

表 5－11　　西部地区 FE、系统 GMM 和 OLS 估计结果

解释变量	(1) FE	(2) GMM	(3) OLS
人均 GDP 增长率滞后一阶	－0.222** (0.0822)	－0.191* (0.107)	0.111** (0.0500)
人均资本增长率	－0.0325* (0.0169)	－0.0995** (0.0373)	－0.00353 (0.0162)
政府机构工作人员占比增长率	－0.0127 (0.0745)	－0.0361 (0.0793)	－0.0326 (0.0491)
常数项	0.242*** (0.0159)	0.258*** (0.0203)	0.173*** (0.0111)
观察值	405	405	405
GMM 的总体显著性	Wald χ^2（3）＝16.77　Prob＞χ^2＝0.0008		
萨根检验	χ^2（3）＝0.6259251　Prob＞χ^2＝0.8905		
Arellano－Bond 检验	AR（1）的 P＝0.0107　AR（2）的 P＝0.3187		

从表 5－9、表 5－10 和表 5－11 中各区域系统 GMM 总体显著性的检验结果可以看出，三大区域该模型的 Wald χ^2 分别为 20.94、8.99 和 16.77，对应的 P 值分别为 0.0001、0.0294 和 0.0008，故三大区域 Wald 检验分别在 1%、5% 和 1% 的显著水平下拒绝了模型系数均为零的假设，说明模型整体显著；Arellano－Bond 检验 AR（1）的 P 值都远小于 0.1，AR（2）的 P 值都远大于 0.1，说明差分后的残差项只存在一阶序列相关而不存在二阶序列相关，故模型的残差项无序列相关；三大区域模型的萨根检验值分别为 3.144606、0.6033078 和 0.6259251，对应的 P 值分别为 0.3699、0.8957 和 0.8905，都远大于 0.1，因此不能拒绝原假设，说明设置工具变量联合有效。从三大区域第（1）、第（2）和第（3）列中 FE、系统 GMM 和 OLS 三种方法滞后一阶 GDP 增长率的估计系数看，系统 GMM 估计结果都介于 FE 和 OLS 估计结果之间，根据邦德等（2002）的检验方法，说明三大区域该估计量是可靠有效的。

从政府机构工作人员占比的估计系数看，东部估计结果为－1.181，在 5% 的水平上显著，中部估计结果为－0.623，并在 10% 的水平上显

著，西部估计结果为 -0.0361，虽然不显著，但从整体上可以看出，不论在东部、中部还是西部，政府机构人员占总人口比重会对经济增长产生负的影响，但是，在东部和中部，由于经济发展水平相对较高，市场发育程度也相对比较成熟，政府规模的扩张可能会导致效率损失，阻碍经济的进一步增长，当政府规模扩张 1% 时，东部和中部的经济增长平均分别下降 1.181% 和 0.623%，东部地区政府规模对经济增长的负面影响更大。而在西部，当政府规模扩张 1% 时，经济增长可能平均会下降 0.0361%，但这种影响非常小，而且在统计上也不显著，这和西部的经济发展水平有关，实施西部大开发以来，政府在西部经济发展中发挥着很重要的作用，但是，随着经济发展水平的不断提高，政府对经济的干预逐渐成为经济增长的不利因素。

从资本对经济增长的影响看，资本增长率每增加 1% 时，东部经济增长平均下降 0.0874%，而且从统计上看，资本增长率的增加对经济增长的负影响是显著的，但是，这种影响程度较小。在中部，资本增长率每增加 1%，经济增长平均下降 0.0255%，但在统计上并不显著。而在西部，资本增长率每增加 1%，经济增长平均下降 0.0995%。这说明不论在东部、中部还是西部，资本的增长对经济增长都产生了不利影响，不但不能促进增长反而起到一定的阻碍作用。这主要是因为在东部市场经济比较发达，民营资本作用越来越重要，政府投资在一定程度上会挤出民营资本投资，对经济增长造成不利影响。而在中部和西部地区资本投资效率很差，尤其是在西部地区，更多的是靠政府投资来拉动经济增长，甚至是不计成本地进行投资，因此，投资增长不仅不能带动经济增长，反而拉低了经济增长率。在中部，这种阻碍作用表现得相对最小，并且在统计上也不显著。

从上期经济增长率对当期经济增长来看，东部地区上期经济增长增加 1%，可能会导致当期经济增长平均下降 0.119%，但是，在统计上并不显著。而中部地区和西部地区上期经济增长都会导致当期经济增长下降，而且都在统计上显著，在这两个地区上期经济增长可能透支了当期的经济增长，从而不利于当期经济增长。

同样，对这三大区域也采用 GDP、资本等变量的绝对量对模型（5-3）进行估计，以检验各变量对 GDP 的影响，实际估计时对各变量取对数去势，估计结果如表 5-12、表 5-13 和表 5-14 所示。

表 5－12　　　东部地区 FE、系统 GMM 和 OLS 估计结果

解释变量	(1) FE	(2) GMM	(3) OLS
GDP 对数滞后一阶	0.825*** (0.0386)	0.914*** (0.0254)	0.944*** (0.00652)
资本对数	0.112*** (0.0246)	0.109*** (0.0148)	0.0488*** (0.00617)
政府机构工作人员占比对数	0.0425 (0.0704)	−0.0387* (0.0229)	−0.00736 (0.00815)
常数项	1.046** (0.455)	−0.205 (0.264)	0.211** (0.0721)
观察值	490	490	490
GMM 总体显著性	Wald $\chi^2(3)=23133.52$　　Prob $>\chi^2=0.0000$		
萨根检验	$\chi^2(2)=1.841382$　　Prob $>\chi^2=0.3982$		
Arellano－Bond 检验	AR(1)的 P＝0.0000　　AR(2)的 P＝0.5065		

表 5－13　　　中部地区 FE、系统 GMM 和 OLS 估计结果

解释变量	(1) FE	(2) GMM	(3) OLS
GDP 对数滞后一阶	0.822*** (0.0419)	0.858*** (0.0869)	0.961*** (0.0120)
资本对数	0.102*** (0.0224)	0.408*** (0.0770)	0.0328*** (0.00902)
政府机构工作人员占比对数	0.0182 (0.0274)	−0.103** (0.0489)	0.0169 (0.0106)
常数项	1.017** (0.302)	−2.757*** (0.548)	0.312** (0.0958)
观察值	500	500	500
GMM 总体显著性	Wald $\chi^2(3)=838.23$　　Prob $>\chi^2=0.0000$		
萨根检验	$\chi^2(2)=0.1823098$　　Prob $>\chi^2=0.9129$		
Arellano－Bond 检验	AR（1）的 P＝0.0039　　AR（2）的 P＝0.3744		

表 5－14　　西部地区 FE、系统 GMM 和 OLS 估计结果

解释变量	(1) FE	(2) GMM	(3) OLS
GDP 对数滞后一阶	0.815*** (0.0319)	0.837*** (0.165)	0.961*** (0.00989)
资本对数	0.0941*** (0.0190)	0.354** (0.142)	0.0428*** (0.00921)
政府机构工作人员占比对数	0.0830 (0.0656)	－0.385** (0.131)	－0.00496 (0.0102)
常数项	1.450*** (0.363)	－3.338*** (0.862)	0.127 (0.0946)
观察值	410	410	410
GMM 总体显著性	Wald χ^2 (3) ＝754.56　Prob＞χ^2＝0.0000		
萨根检验	χ^2 (2) ＝0.008126　Prob＞χ^2＝0.9959		
Arellano－Bond 检验	AR (1) 的 P＝0.0268　AR (2) 的 P＝0.7751		

从表 5－12、表 5－13 和表 5－14 中系统 GMM 总体显著性的检验结果可以看出，该模型的东部、中部和西部 Wald χ^2 值都非常大，对应 P 值也都为 0.0000，故 Wald 检验在 1% 的显著水平下拒绝了模型系数均为零的假设，表明模型整体显著；三个区域的 Arellano－Bond 检验 AR（1）的 P 值都小于 0.05，AR（2）的 P 值都远大于 0.1，表明差分后的残差项只存在一阶序列相关而不存在二阶序列相关，故模型的残差项无序列相关；东部、中部和西部的萨根检验值分别为 1.841382，0.1823098 和 0.008126，对应的 P 值分别为 0.3982、0.9129 和 0.9959，因此不能拒绝原假设，说明设置工具变量联合有效。从表 5－8、表 5－13 和表 5－14 中东部、中部和西部的第（1）列、第（2）列和第（3）列中 FE、系统 GMM 和 OLS 三种方法滞后一阶 GDP 增长率的估计系数看，系统 GMM 估计结果也都介于 FE 和 OLS 估计结果之间，说明 GMM 估计是可靠有效的。从政府机构工作人员占比的估计系数看，东部、中部和西部的 GMM 估计结果都为负，并分别在 10%、5% 和 5% 的水平上显著，这和表 5－9、表 5－10 和表 5－11 中的结果一

致。而且，从东部、中部和西部系数大小比较来看，西部地区经济增长对政府规模的弹性最大，这也说明西部大开发后，随着经济的进一步发展，政府对经济的干预对经济增长的不利影响也逐渐显现。而资本对经济增长的作用三地区都在1%的水平上显著为正，说明在这三个地区，随着资本的增加，从总量上看资本依然是能推动经济增长的，只是对经济增长的促进作用逐渐下降。

（三）结果分析

1. GDP增长率的滞后一阶

如表5－7第（2）列所示，在全国地级市总样本的估计结果中，GDP增长率的滞后一阶的估计系数为－0.131，且在1%的水平上显著，表明上期经济增长会显著地降低当期经济增长，即如果上期经济增长1%的话，会导致当期经济增长平均下降0.131%。这可能是由于上期经济增长会在一定程度上透支当期经济增长。但是将全国各区域分为东部、中部和西部三大区域分别考虑时，这种影响程度是有差异的。如表5－9、表5－10和表5－11中东部、中部和西部的第（2）列所示，东部地区GDP增长率的滞后一阶的估计系数为－0.119，即上期经济增长率增长1%的话，会导致当期GDP增长平均下降0.119%，但是，这种不利影响并不显著。中部地区GDP增长率的滞后一阶的估计系数为－0.101，即上期经济增长率增长1%的话，会显著地导致当期GDP增长平均下降0.101%，而西部地区GDP增长率的滞后一阶的估计系数为－0.191，即上期经济增长率增长1%的话，会显著地导致当期GDP增长平均下降0.191%，说明在中部和西部地区，上期经济增长过快的话，会在一定程度上透支当期经济增长，从而对经济持续增长产生不利影响。

但从绝对量上，上期经济增长对当期经济增长的作用表现有所不同。如表5－8中第（2）列所示，从全国地级市总样本看，上期经济增长从绝对量上对当期经济增长是有促进作用的，且这种作用在统计上是显著的，从估计系数上看，当期经济增长对上期经济增长的弹性为0.911。而且从东部、中部和西部三大区域来看，这种促进作用和全国样本的表现是同样显著的，如表5－12、表5－13和表5－14中东部、中部和西部的第（2）列所示，东部、中部、西部三大区域当期经济增长对上期经济增长的弹性分别为0.914、0.858和0.837。

2. 政府规模的经济增长效应

如表5－7第（2）列所示，全国地级市总样本的估计结果中，由政府机构工作人员占总人口的比反映的政府规模增长率的估计系数为－0.432，且在1%的水平上显著。即当政府规模增加1%时，会导致经济增长平均下降0.432%；反之，如果压缩政府规模，则会促进经济增长。但是将全国各区域分为东部、中部和西部三大区域分别考虑时，这种影响虽然都是负的，但是显著性和程度是有差异的。如表5－9、表5－10和表5－11中东部、中部和西部第（2）列所示，东部地区政府规模的估计系数为－1.181，且在5%的水平上显著，即政府规模的扩张会显著地降低经济增长，如果政府规模增加1%的话，会导致经济增长平均下降1.181%，显然，如果压缩政府规模则会显著地促进经济增长。在东部地区，市场发育程度较好，非国有经济较之其他地区也发展更快，但政府规模的不断扩张也可能使最初培育和发展市场的“帮助之手”变成通过各种干预手段进行“设租”和“寻租”的“掠夺之手”，从而阻碍经济增长，而且在三大区域中，这种不利影响是最大的。中部地区政府规模的估计系数为－0.623，且在10%的水平上显著，即政府规模的扩张会显著地降低经济增长，如果政府规模增加1%的话，会导致经济增长平均下降0.623%，同样，如果压缩政府规模则会显著地促进经济增长。从政府机构工作人员数占总人口比重来看，在所搜集的各地市中，平均占比为1%，而超过平均值的地市中东部城市数量最多，占37%左右，中部城市次之，占33%左右，在实施中部崛起战略后，政府在中部地区与东部和西部区域经济协调发展过程中起到了很重要的作用，在加强东中西合作和产业联动中政府功不可没，但是，随着经济的发展，政府规模也不断扩张，如果不从市场中逐渐退出的话必然会限制市场机制作用的发挥，因此，必须压缩和控制政府规模。而在西部地区，政府规模的估计系数为－0.0361，但并不显著，虽然不能肯定政府规模扩张会阻碍经济增长，但可以肯定政府规模扩张是不能促进经济增长产生的。比如，刘生龙等（2009）研究实施西部大开发和中国区域经济收敛时用政府支出来反映政府规模，并指出西部大开发实施后，随着大量的实物资本投资的增加，政府支出也大幅增长，对经济增长产生了不利影响，政府过度地介入经济领域，从而导致经济增长质量不高。

并且，从绝对量上来看政府规模对经济增长也表现出同样的不利影响。如表5－8中第（2）列所示，全国地级市总样本的估计结果中，政府规模对数的估计系数为－0.148，而且在5%的水平上显著，说明政府规模扩张会显著地阻碍经济增长，经济增长对政府规模的弹性为－0.148。将全国各区域分为东部、中部和西部三大区域分别考虑时，这种影响也都是负的，且都很显著，只是在影响程度上有差异。如表5－12、表5－13和表5－14中东部、中部和西部第（2）列所示，东部、中部和西部政府规模对数的估计系数分别为－0.0387、－0.103和－0.385，说明不论在哪个区域，政府规模扩张都会对经济增长产生不利影响，这与表5－7的结论是一致的。

3. 物质资本的经济增长效应

如表5－7第（2）列和表5－9、表5－10和表5－11东部、中部和西部第（2）列所示，不论从全国各地市总体来看，还是从东部、中部和西部地区来看，物质资本增长对经济增长都具有负的影响，并且除了在中部地区这种负的影响不显著外，从全国和东部以及西部来看，物质资本增长都显著地阻碍了经济增长。估计结果显示，全国样本和东部、中部、西部三大区域样本分别为－0.0711、－0.0874、－0.0255和－0.0995，从这些数值上看这种阻碍作用并不是很强，但是应该值得重视。

当然，这并不是说资本增加会阻碍经济增长，只是降低了经济增长的速度，这可能是由于资本的持续增加，尤其是政府投资的增加，会导致全要素生产率的下降，从而拉低了经济增长的速度。

如表5－8第（2）列和表5－12、表5－13和表5－14东部、中部和西部第（2）列所示，全国样本和东部、中部、西部三大区域样本资本对数的估计系数分别为0.0787、0.109、0.408和0.354，且都在统计上显著，说明从总量上看，资本的增加依然能推动经济增长，但是，由于投资效率不高，以及对全要素生产率的负面影响，对经济增长的促进作用会下降。而上期GDP也对当期GDP产生显著的促进作用，这说明从总量上看经济呈一种惯性增长，但这种促进作用并不足以提升当期的经济增长率。

这也进一步表明，投资应该是随着全要素生产力的增长而增长，虽然我国人均资本占有量很低，但并不表示应该提高投资率，更何况提高投资率并不会带动经济持续增长。要促进经济持续增长，不能只依靠增加投资，更重要的是必须提高投资效率（白重恩，2013）。

从以上实证分析结果来看，虽然模型不是很精确，但估计结果是可靠有效的。因此可以认为，不论从全国地级市样本还是从东部、中部和西部样本来看，政府规模都过度膨胀。虽然在经济发展过程中，尤其是实施中部崛起战略以及西部大开发战略后，政府在东部、中部和西部地区区域经济协调发展过程中起到了很重要的作用，在加强东中西合作和产业联动中政府功不可没，但是，随着经济的不断发展，政府规模也不断扩张，如果不加以控制，必然会限制市场机制作用的发挥，因此，必须压缩和控制政府规模，使其保持在合理水平。

小　结

经济增长的过程本身相当复杂，经济增长与其影响因素之间以及影响经济增长各因素之间都是相互联系、相互作用的，从逻辑上厘清这些因素之间在时间和空间上的相对重要性是实证研究的重要任务。在进行实证分析时首先遇到的就是样本空间和代理变量选择的问题，由于很多条件的限制，要形成一个系统的、完善的经济增长分析模型很困难。本章重点侧重于分析政府规模对经济增长的影响，因此，从基本的柯布—道格拉斯生产函数出发，选择政府机构工作人员数占总人口比重来衡量政府规模，构建了一个简单的政府规模和经济增长的计量模型，分别选取浙江、江西和甘肃三个东中西部典型地区进行比较，并从全国地级市层面来分析政府规模都对经济增长的影响以及东部、中部和西部三大经济区域政府规模对经济增长影响的差异。从实证结果来看，2007 年以来政府规模不论从全国还是分东部、中部和西部政府规模都对经济增长产生显著的负的影响，即政府规模的扩张会阻碍经济增长。从第三章分析可知，1978 年以来，我国政府机构工作人员规模一直是不断扩张的，而且扩张的速度也是越来越快的，伴随着人员的扩张，必然存在政府机构的扩张以及政府在人员工资、管理费用和行政成本等支出的扩张，从而政府会控制更多的资源来适应这种扩张，最终对经济增长产生不利影响。因此，必须压缩和控制政府规模，将其维持在与政府有效履行职能相适应的水平。

第六章　政府规模的经济增长效应评价

——基于陕西经验的STR模型实证分析

根据前面的分析可知，政府规模扩张会对经济增长产生直接和间接影响。并且，在实际经济运行中，这两种影响是同时并存并不可分割的。虽然我国中央政府和地方政府具有同构性，但在经济社会实际运行中，全国各地区地方政府可能会由于地域、文化和经济差异而表现出对经济的不同影响，且同一地区在不同经济发展阶段政府规模的经济增长效应也会有所不同，因此，本章基于陕西省历年的宏观经济数据，采用STR方法分析政府规模的经济增长效应，并检验陕西省政府规模和经济增长之间是否存在非线性关系，以及这种关系是否具有稳健性。

第一节　研究目标

现代国家治理，注重不同治理主体之间的协作，使国家治理体系更趋完善。既要防止国家权力过大，成为侵犯市场和社会权力的“大政府”，又要防止国家权力缺失，成为不能保证市场经济顺利运行的“弱政府”。由于政府具有自主性特征，必然会随着经济社会的发展不断扩张，并与经济增长互相影响。因此其扩张不能随意无限制，必须控制在一定范围之内，否则过度膨胀会损害社会利益，阻碍经济增长。

由第二章文献回顾可知，学者在研究时采用的模型、样本、方法、数据等的不同，得出的结论差异也较大，甚至完全相反，主要分为三种：一是认为大政府是促进经济增长强大的动力。二是认为大政府会降低经济增长率。三是认为政府规模的扩张和经济增长之间是非线性关系，在不同时期，政府规模的经济增长效应会发生变化。我国有很多学者支持这种观点。代表性的如马拴友（2000）研究发现政府劳务的边际生产力显著大于1。但若超过特定的度，边际生产力将小于1，并提出我国最优政府规模应在26.7%左右。孙群力（2006）用我国28个省市区1978—2004年的面板数据检验巴罗法则，估计出我国最优政府规模为10%（±1%）。杨子晖（2011）利用1990—2005年62个国家和地区的面板数据进行研究，结果证实了政府规模和经济增长之间的非线性关系。并指出，我国最优政府规模在20.54%左右。本章从第二节开始，采用非线性平滑转换模型来研究陕西省政府规模和经济增长之间是否存在非线性关系。

第二节　非线性平滑转换模型

在非线性平滑转换模型（STR）中，最简洁的就是门槛模型。其原理是：以某个解释变量为门槛变量，将回归模型按照这个门槛变量分为两个或两个以上的区域，每个区域对应不同的回归模型，不同区域回归参数取值会不同，从而能更好地估计被解释变量和解释变量之间的关系。而非线性平滑转换（STR）是门槛模型的一种，其主要特征是回归参数平滑地缓慢地发生变化。在进行回归时，本书采用JMulTi软件，在该程序中STR的标准形式如下式所示：①

$$y_t = \phi' z_t + \theta' z_t G(\gamma, c, s_t) + \mu_t, \quad \mu_t \sim iid(0, \sigma^2) \qquad (6-1)$$

$$G(\gamma, c, s_t) = \{1 + \exp[-\gamma \prod_{k=1}^{k}(s_t - c_k)]\}^{-1}, \quad \gamma > 0 \qquad (6-2)$$

式中，$z_t = (w'_t, x'_t)'$是一个$(m+1) \times 1$阶的解释变量矩阵，其中，$w'_t = (1, y_{t-1}, \cdots, y_{t-p})'$，$x'_t = (x_{1t}, \cdots, x_{kt})'$，即$w'_t$为（$p+1$）阶列向量，$x'_t$为（$k+1$）阶列向量。$\phi$和$\theta$分别为模型线性和非线性部分参数向量。$G$为依赖转换变量$s_t$、位置参数向量$c$和斜率参数$\gamma$的转换函数，并且$G \in [0, 1]$。转换变量$s_t$可以是$z_t$的一部分，也可以是其他不属于$z_t$的变量，比如$s_t$为时间变量，即$s_t = t$（trend）。位置参数$c$即为门槛值，是区分不同区域位置的标志。斜率参数$\gamma$表示在非

① Krätzig, M., STR Analysis in JMulTi, *JMulTi Help File*, 2005.

线性关系中从一个区域转换到另一个区域的速度或转换的平滑性。在JMulTi 软件中，转换函数 G 中的 K 值通常为 1（LSTR1）或 2（LSTR2）。[①] 在式（6－2）中，当 $K=1$ 时，如果 s_t 趋于负无穷，转换函数 $G=0$，$y_t=\phi' z_t+\mu_t$；当 s_t 趋于正无穷，转换函数 $G=1$，则 $y_t=(\phi'+\theta')z_t+\mu_t$。这说明，当 s_t 发生变化，式（6－1）中待估参数也会发生变化，从而刻画出变量之间的不同依存关系，即划分为不同区域。当 $K=2$ 时，转换函数 G 会达到最小值，式（6－1）中待估参数则会以点$\frac{c_1+c_2}{2}$为中心发生对称变化。此外，如果 γ 趋于无穷大或者 γ 等于 0，转换函数 G 为常数，STR 模型会变成线性模型，即线性模型是非线性平滑转换的特殊情形。[②] 因此，可以用 STR 模型来刻画陕西省政府规模和经济增长之间的关系，表现为转换变量 s_t 大于或者小于某个门槛值。

第三节　基于陕西经验的政府规模经济增长效应评价

一　数据和变量

与前文一致，本节在模型中也只引入政府规模和经济增长的代理变量，并不考虑其他影响经济增长的因素。在计量模型中鉴于数据可得性、连续性和完整性，采用政府财政支出占 GDP 的比例来反映政府规模，用实际人均 GDP（经 GDP 指数平减得到）来衡量经济增长水平，由于无法获得连续的财政支出指数，因此借助 CPI 指数进行折算，同时考虑资本对经济增长的作用，并用固定资产投资价格指数进行折算，而这一指数只从 1990 年开始，因此选取 1990—2012 年的时间序列数据，所有变量都统一为 1990 年不变价。[③]

---

① 饶晓辉、廖进球：《城乡收入差距与经济增长：基于 STR 模型的实证分析》，《经济评论》2009 年第 3 期。

② 魏玮、毕超：《基础设施对能源强度的非线性溢出效应——基于 PSTR 模型的实证分析》，《上海经济研究》2012 年第 8 期。

③ 目前，笔者能搜集到的固定资产投资价格指数仅从 1990 年开始，且为全文保持一致，数据截止到 2012 年。

二 STR 模型估计及相关检验

(一) 变量的单位根检验

在模型估计之前，首先要对各时间序列变量进行单位根检验。对时间序列变量而言，单整阶数非常重要，在 JMulTi 中有多种检验“存在单位根”零假设的工具，随机部分由 AR 过程决定，或者由非参数方法来说明。而 KPSS 方法对平稳性的检验零假设则为“不存在单位根”，相较而言更有效可靠。因此，本书分别采用 ADF 单位根检验和 KPSS 单位根检验两种方法对变量进行平稳性检验。发现实际人均 GDP 的 ADF 单位根检验滞后 9 阶才平稳，而人均资本和政府规模分别在 1% 的显著水平和 5% 的显著水平上通过 ADF 单位根检验，因此，对所有变量都进行一阶差分再进行检验，最终以 KPSS 检验为准，结果如表 6 - 1 所示，表中，dgdpper 表示人均 GDP 对数的一阶差分，diper 表示人均资本对数一阶差分，dwex 表示政府财政支出占比对数的一阶差分。

表 6 - 1　　各变量平稳性检验①

KPSS 平稳渐进临界值			各变量检验滞后阶数	dgdpper	diper	dwex
显著水平	10%	0.119		检验统计值	检验统计值	检验统计值
			0	0	0	0
	5%	0.146	1	0.0858	0.1075	0.1457
			2	0.0798	0.1207	0.1419
	1%	0.216	3	0.075	0.1293	0.1311
			4	0.0807	0.1423	0.1299

表 6 - 1 中，根据 KPSS 检验的判别标准可知，三个变量的检验统计值都小于 5% 的渐进临界值，说明这三个变量的时间序列都平稳。

(二) 非线性检验及转换函数的确定

为确定政府规模和经济增长之间是否存在非线性关系，还要进行检验。Luukkonen (1988) 和 Teräsvirta (1994) 提出了一个既可以检验非

① KPSS 的原假设 H_0：不存在单位根，判别标准为所有滞后阶数的检验统计值都小于 5% 的临界值，接受原假设，即不存在单位根；反之则否。

线性关系，又可以确定转换变量的方法，还能确定模型的形式。[①] 其基本原理是基于 STR 模型对转换函数 G 在平滑参数 $\gamma=0$ 处进行三级泰勒展开，代入式（6－1）可得辅助回归方程：

$$y_t = \beta'_0 z_t + \sum_{j=1}^{3} \beta'_j \tilde{z}_t s_t^j + \mu_t^* \qquad (6-3)$$

式（6－3）中，$z_t=(1, \tilde{z}_t)'$，且 s_t 包含在 z_t 中。如果 s_t 不包含在 z_t 中，则式（6－3）中的 $\tilde{z}_t$ 就变为 z_t。

对式（6－3）而言，线性部分的零假设是 H_0：$\beta_1=\beta_2=\beta_3=0$，若拒绝原假设，接受非线性关系；若不能拒绝原假设，则接受线性关系。在 JMulTi 中，这个线性条件通过 F 检验统计量来检验。一旦接受非线性关系，说明政府规模与经济增长之间是非线性关系，随后就需要确定转换函数 G（·）的形式，在式（6－3）中，它由序贯检验来确定，第一步：H_{04}：$\beta_3=0$；第二步：H_{03}：$\beta_2=0 \mid \beta_3=0$；第三步：H_{02}：$\beta_1=0 \mid \beta_2=\beta_3=0$，在比较时采用最强拒绝标准，即若检验结果是原假设 H_{03}的 F 检验统计量的 P 值最小，则 H_{03}被最强烈地拒绝，说明式（6－2）的转换函数形式为 LSTR2；若检验结果原假设 H_{03}的 F 检验统计量的 P 值最大，则 H_{03}被接受，说明转换函数形式为 LSTR1。如果序贯检验没有明确提出最优转换函数形式，则很可能 LSTR1 和 LSTR2 都适合，需要进一步比较信息值（AIC/SIC）或残差平方和。[②] 根据这一原理进行非线性检验，结果如表 6－2 所示。

表 6－2　　非线性关系检验及转换函数形式确定[③]

转换变量	F	F_4	F_3	F_2	建议模型
dwex *	1.8575e－02	4.4353e－02	2.5747e－01	4.1949e－02	LSTR1
dgdpper	4.1698e－02	5.7674e－02	4.0302e－01	4.7326e－02	LSTR1

注：* 表示模型建议的最优转换变量以及转换函数形式。

① 转引自饶晓辉、廖进球《城乡收入差距与经济增长：基于 STR 模型的实证分析》，《经济评论》2009 年第 3 期。

② Krätzig, M.,"STR Analysis in JMulTi", *JMulTi Help File*, 2005.

③ 由于不考虑其他转换变量，此处未报告其他变量的检验结果。F、F_4、F_3、F_2 分别表示 H、H_{04}、H_{03}和 H_{02}的统计量。

由表6－2可知，当转换变量为dwex时，F检验统计值的P值小于0.05，因此，在5%的显著水平上拒绝了线性关系的原假设，接受非线性关系的备择假设，并且它在F_4、F_3和F_2这三个检验统计量中对应的P值最大，由序贯检验原则确定转换函数G(·)的形式为LSTR1。

（三）模型估计结果

确定转换变量和转换函数形式后，需要对LSTR1模型进行估计，在STR方法中各参数是由非线性优化方法估计的，需要确定合适的初始值。网格搜索法为位置参数c构造了一个线性网格，给平滑参数γ构造了一个对数线性网格，对任意给定的初始值（c，γ），式（6－2）可转化为线性模型，然后对其进行估计，并计算出每一个残差平方和，最小的残差平方和所对应的值就是位置参数c和平滑参数γ的初始值。需要注意的是，为剔除γ的量纲需将其除以$\hat{\sigma}_s^K$，即转换变量的第K个样本标准差。网格搜索法的关键在构造网格，为确保构造的网格恰好能将（c，γ）的最优初始值包含其中，常规做法是：首先按经验将γ的初始值区间设为（0，50），然后根据转换变量的实际值，将c的取值区间设为（q_{min}，q_{max}），q为转换变量，最后在前两步构造的网格中搜索到最优的（c，γ），若最优值恰好在边界上，则需要扩大取值区间，重新构造网格并进行优化，直到最优值在所构造的网格内部，才能作为初始值。① 本书也依据这个原则将γ的初始值区间设为（0，50），c的取值区间设为（－0.1259，0.075）。然后进行优化，式（6－2）中位置参数c和平滑参数γ的初始值估计结果如表6－3、图6－1和图6－2所示，可知表6－3中c和γ的初始值分别为－0.08516和10，都在设定区间内，说明设定的非线性模型统计总体显著。

表6－3　　γ与c的初始值估计结果

最小残差平方和	γ	c
0.0015	10	－0.08516

① Teräsvirta, T.,“Smooth Transition Regression Model”，转引自魏玮、毕超《基础设施对能源强度的非线性溢出效应——基于PSTR模型的实证分析》，《上海经济研究》2012年第8期。

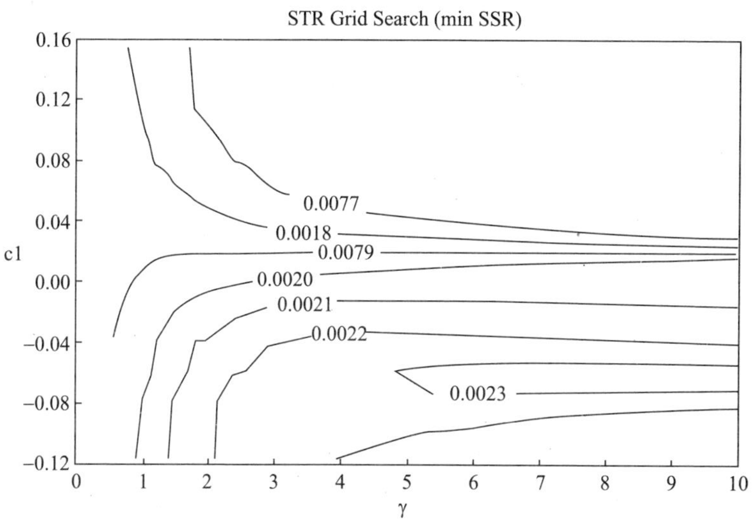

图 6－1　网格搜索的位置参数 c 和平滑参数 γ 的等高线

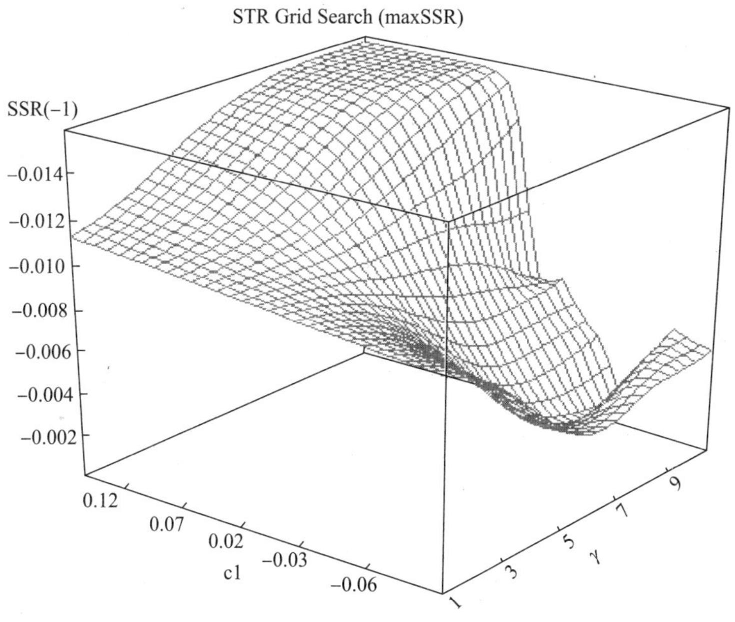

图 6－2　网格搜索的位置参数 c 和平滑参数 γ 的平面

确定了 c 和 γ 后，将其代入式（6－1）和式（6－2），利用递归牛顿—拉夫森（Newton - Raphson）方法求解极大似然函数，即可估计出式（6-1）中 φ、θ、γ、c 等参数，得到非线性模型的估计参数，如表 6-4 所示。并且可以刻画出原始数据和拟合数据之间的时序关系图、线性非线性变量的时序图，以及转换函数图，分别如图 6-3、图 6-4 和图 6-5 所示。

表 6-4　　LSTR1 模型参数估计值

模型	常数	政府规模	平滑参数	位置参数
线性部分 G(·)=0	0.04738 (0.0386)	0.23403 * (0.3146)		
非线性部分 G(·)=1	0.02551 (0.0536)	-0.35240 * (0.3247)	32.1155 (35.7465)	-0.08516 *** (0.0148)
AIC = -837.40	HP：-826.61			
R^2 = 0.81097	调整的 R^2 = 0.8200			
转换变量 SD：0.0053				

注：括号中数值为标准误，* 和 *** 分别表示 10% 和 1% 的显著水平。

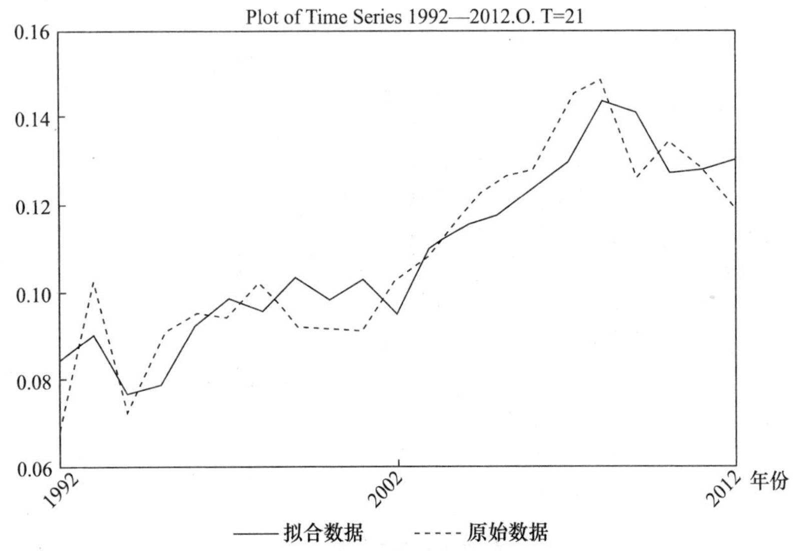

图 6-3　原始数据和拟合数据时序关系

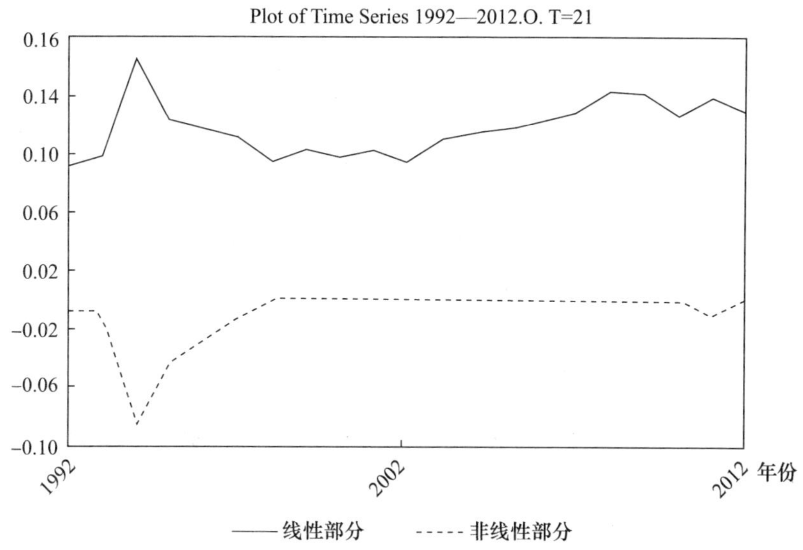

图 6－4 线性非线性部分时序

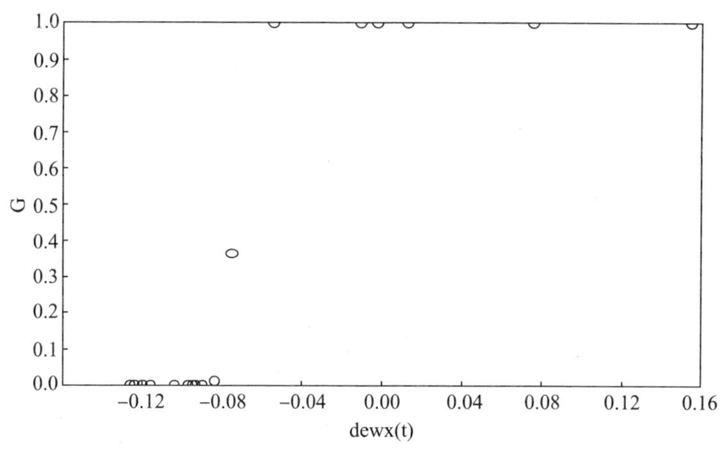

图 6－5 转换函数 G（dwex）

由表 6－4 可知，模型参数的估计值在统计上都显著，且符合经济理论。当政府规模比较小时，即其代理变量在位置参数的左边，估计系数为 0. 23403，且在 10% 的水平上显著，说明在这个区域内政府规模的经济增长效应为正，政府规模的扩张会推动经济增长；当政府规模比较大时，即其代理变量在位置参数的右边，且在10%的水平上显著，说明政府规模超过一定阈值后，继续扩张会对经济增长产生不利影响，拉低经济增长。

从图6-3可以看出，非线性模型刻画的政府规模和经济增长的关系拟合效果较好，LSTR1模型产生的拟合数据与原始数据的动态特征基本相似，即非线性模型能较好地解释二者的动态关系。图6-4清晰地反映出线性和非线性部分的时间序列，从其动态趋势可知，线性和非线性部分变化总的来说都比较平缓。图6-5则反映出转换函数G(·)在0和1之间的动态变化，揭示了政府规模的不同导致了它和经济增长之间区域转换的非线性特征，且从转换函数G(·)的中值点来看，这两个区域的分布不对称。式（6-1）中的γ值为32.1155，表明从线性到非线性的转换速度较快，c为-0.08516表明，政府规模在大于和小于c时，其对经济增长的效应存在非线性转换。

（四）非线性模型的稳健性检验

对非线性模型进行估计后，需要对其稳健性进行一系列检验。主要包括三项内容：一是残差是否存在序列相关、异方差，以及是否有正态性；二是是否存在进一步的非线性特征（如LSTR2）；三是估计参数是否稳健。对LSTR1模型的检验结果如表6-5、表6-6和表6-7所示。

表6-5　非线性模型残差序列相关、异方差和正态性检验

滞后长度	F统计量	df_1	df_2	P值
1	0.7560	1	10	0.4050
2	1.4015	2	8	0.3007
3	0.6936	3	6	0.5887
4	8.3758	4	4	0.1317
5	52.7319	5	2	0.1187
6	0.0000	6		NaN
7	NaN	0		NaN
8	NaN	0		NaN
ARCH-LM TEST with 4 lags				
卡方统计量（χ^2）=8.7903		P值（χ^2）=0.3603		
F统计量=2.9527		P值（F）=0.1241		

续表

滞后长度	F 统计量	df_1	df_2	P 值
JARQUE - BERA 检验				
卡方统计量（χ^2）=1.5714		P 值（χ^2）=0.4558		
skewness:		-0.1343		
kurtosis:		4.0669		

从表 6-5 中可以看出，残差无序列相关的 F 统计量的 P 值都大于 0.1，意味着接受无序列相关、同方差以及服从正态分布的原假设，模型的残差不存在剩余的结构动态性。残差的 ARCH - LM 检验 χ^2 统计量和对应的 P 值，以及 F 统计量和对应的 P 值都表明残差之间不存在异方差。JARQUE - BERA 检验 χ^2 值和对应的 P 值表明，模型接受残差正态性的假设。

表 6-6　　无剩余非线性结构动态特征检验

转换变量	F	F_4	F_3	F_2
dwex	8.5181e-01	7.8265e-01	6.4877e-01	4.5684e-01

注：F、F_4、F_3、F_2 分别表示 H、H_{04}、H_{03} 和 H_{02} 假设下的统计量，其所对应的值为 P 值。

从表 6-6 检验结果可知，以政府规模为转换变量时，F 统计量的 P 值远大于 0.1，说明政府规模和经济增长之间不存在剩余非线性结构动态特征，即 LSTR1 模型能充分反映二者之间的非线性特征。

但是，时间序列模型中变量之间的关系发生结构变化，可能是宏观经济变动冲击导致的，也有可能是制度变化导致的，因此，时间 t 也可能是转换变量，从而需要检验模型估计参数的稳定性，结果如表 6-7 所示。

表 6-7　　参数稳定性检验

转换变量	F	df_1	df_2	P 值
H_1	0.1306	2.0000	8.0000	0.8794
H_2	4.3544	4.0000	6.0000	0.1544
H_3	3.6905	6.0000	4.0000	0.1135

注：H_1、H_2、H_3 分别表示转换函数中的 K=1、2、3。

从表6-7中可以看出，F统计量对应的P值都大于0.1，说明LSTR1模型估计参数不随时间变化，参数具有稳定性。

上述所有检验结果表明LSTR1模型总体显著、可靠并有效。

三 实证结果分析

（一）样本期间陕西省政府规模和经济增长之间存在非线性关系

从前文实证结论可知，转换函数模型LSTR1在统计上可靠、有效，并且稳健，能很好地刻画出政府规模在不同区域对经济增长影响的动态特征。因此，陕西省政府规模和经济增长之间确实存在两区域非线性关系。

（二）当前政府规模过度扩张，对经济增长产生负效应

在进行实证分析时，为保持数据平稳，对变量都取对数并进行一阶差分，因此，从门槛值-0.08516来看，对应的实际政府规模大概在10%①，这个结果与孙群力（2006）得出的结论相似。当政府规模处于门槛变量的左侧，即小于10%时，其扩张会对经济增长产生促进作用；而当政府规模处于门槛变量的右侧，即大于10%时，继续扩张对经济增长的促进作用转变为阻碍作用，而且从平滑参数值来看，这种相反作用转换速度较快。与现实数据比较，近几年陕西省政府规模都超过这一门槛值，因此需要压缩政府规模，使其减少到门槛值的最高水平。

当然，本书模型选取的变量较少，没有考虑影响经济增长的全部因素，估计结果不是很准确，门槛值也可能不精确，但从实证检验来看模型是稳健的，且政府规模和经济增长之间的非线性动态特征也不受影响，因此，研究结论是可靠的。

小　结

政府规模会对经济增长产生直接和间接影响。在实际经济运行中，这两种影响并存且不可分割，而且在不同经济发展阶段政府规模的经济增长效应会有所不同，因此，分析其影响机制对构建合理政府规模意义

---

① 本书数据是剔除了价格因素的，因此可能和名义值的政府规模有所不同，如果从相应的名义值来看则大约在18%。

重大。本章基于陕西省 1990—2012 年的宏观经济数据，采用 STR 方法分析政府规模的经济增长效应，发现政府规模和经济增长之间存在的非线性关系，明显存在区间转换特征，即经济发展水平比较低时，政府规模的扩张对经济增长有促进作用，经济发展水平比较高时，政府规模的扩张对经济增长有阻碍作用，且这种转换速度比较快。而且从政府规模的观测值来看，当前陕西省政府规模过度膨胀，对陕西经济增长产生了不利影响。因此，要缩减政府规模，使其保持在最高水平。

第七章　转变政府职能，构建合理政府规模

在对政府理论进行经济分析时，有两种关于政府的观点是非常明显的：一种是庇古主义观点将政府看成是努力纠正无约束的市场出现短缺和过度情形时的仁慈的机构；另一种是公共选择派观点将政府描述为公共部门就像他们纠正市场扭曲那样，也很可能利用权力制造市场扭曲的特殊利益集团。[①] 由于政府规模在很大程度上反映了政府职能的范围，而政府职能范围的变化又反映了政府与市场关系的变化，因此可以说，讨论政府规模其实就是讨论政府与市场的关系。美国学者林德布洛姆（C. E. Lindblom）在 1977 年曾指出："一个政府同另一个政府最大的不同就在于市场取代政府或政府取代市场的程度。"本章就从政府与市场关系入手，围绕转变政府职能这一核心对合理政府规模进行系统的理论分析。

第一节　政府与市场关系的主要论断

一　"守夜人"政府——小政府

美国哲学家罗伯特·诺齐克在 1974 年本着反驳约翰·罗尔斯 1971 年出版的《正义论》初衷，以自由意志主义的观点出发撰写了著名的《无政府、国家与乌托邦》一书，他在序言里说："一个最小化国家的职能局限于防止暴力、偷窃、诈骗以及实施契约等狭窄方面是正当的，任何较大的国家都会侵犯个人的不被迫去做某些事的权利，因而是非正义的。"他的观点其实就是主张无政府主义。但是，这种无政府主义对

---

① Grossman, P. J., "The Optimal Size of Government", *Public Choice*, Vol. 53, No. 2, 1987, pp. 131 - 147.

他人权利的承认是有限的，不足以保证和平共存，因此，他认为会出现提供保护性服务的统治机构，且由于存在“搭便车”的问题，这种机构必须强制课税为维持运行而筹资，从而形成了“最小化国家”或“守夜人”的观点。①

在众多的经济学流派中，从古典经济学派到货币主义学派和理性预期学派等主流学派都反映出这一理论观点。古典经济学的创始人亚当·斯密认为，在完全竞争市场中，市场机制这只“看不见的手”足以保证交易的顺利进行，实现资源的优化配置，促进社会分工并提高劳动生产率，促进国民财富的增长。一切干预市场配置资源的政府行为，诸如输入限制、输出奖励等手段都会造成经济扭曲，是不利于经济增长的。② 现代经济学中，以弗里德曼为代表的货币主义学派也主张政府作用是非常有限的，并认为扩张性的财政政策会导致政府机构膨胀，从而加剧通货膨胀和抑制经济增长。在弗里德曼看来，市场经济中的政府应当是制定规则并扮演裁判员的角色，弥补市场的不足，其职责应该而且也必须是有限的。③ 以卢卡斯为代表的理性预期学派也主张政府应该减少对经济的干预。他们认为，人们不仅仅依靠过去的经验，而是尽可能最大限度地利用现有的一切可用的信息对将来经济变动进行理性预期。在这种理性预期下，人们会预期到政府的扩张性财政政策和货币政策带来的通货膨胀，并做出相应的预防和应对，使政府的政策失效。为保持经济的稳定，唯一有效的办法就是减少政府干预，让市场经济自动调节，政府只需为市场提供稳定的使人们能获得充分信息的良好环境，因而主张建立“小政府”。

二　干预型政府——大政府

20世纪初，以庇古为代表的福利经济学家，首次提出了不同于亚当·斯密“看不见的手”的原理，即市场外部性的系统理论，并将市场失灵与政府干预结合在一起进行研究。他们认为，资源的最优配置标

---

① ［英］安东尼·B. 阿特金森、［美］约瑟夫·E. 斯蒂格利茨：《公共经济学》，蔡江南、许斌、邹明华译，生活·读书·新知三联书店1994年版，第423—432页。

② ［英］亚当·斯密：《国民财富的性质和原因研究》（下），商务印书馆1972年版，第24—115页。

③ ［美］米尔顿·弗里德曼：《资本主义与自由》，张瑞玉译，商务印书馆1986年版，第26—29页。

准是边际私人净产出等于边际社会净产出。但是，在完全自由竞争的市场条件下，由于市场外部性的存在，这两者经常不一致，从而经济无法实现资源的最优配置，因此，需要政府通过立法、税收、补贴和公共投资等手段对市场进行干预，协调私人利益和经济利益的矛盾，以达到资源的最优配置。而且，由于政府的干预，整个社会的福利会大大增加。凯恩斯则从需求的角度，采取不同于过去供给分析的方法来研究国民收入的决定，认为在经济中就业和国民收入都由有效需求来决定。在完全自由竞争的市场中，由于边际消费倾向递减、资本边际收益递减以及流动性偏好三大规律的作用，总需求常常小于充分就业的水平，有效需求不足。因此，需要增加政府支出来增加社会总需求，促进就业增长，达到充分就业水平，最终促进经济增长，整个社会福利也就大大增加。因此，他们认为，政府在经济活动中不仅要维持市场秩序，充当裁判员，而且要纠正市场失灵，要通过政府干预来保持经济的长期稳定和繁荣，从而主张建立大政府。

三　协调型政府——适度政府

20 世纪 70 年代后，西方国家遭遇了凯恩斯的需求理论无法解释的“滞胀”问题，如何平衡政府与市场关系再次成为关注的焦点。以萨缪尔森为代表的新古典综合派，主张政府的宏观管理，同时也强调微观市场的协调作用。他们认为现代资本主义经济是一种“混合经济”，即市场机制和政府机制共同作用的经济。如果由私人来提供公共产品，由于公共产品的外部性，不能排除“搭便车”的消费者，出现市场失灵，如果改由政府来提供公共产品则能弥补市场失灵。斯蒂格利茨认为，市场和政府都是不完美的，两者需要结合起来共同发挥作用。一方面存在市场失灵的普遍性。由于外部性和垄断等导致市场失灵，而且市场失灵是不可能通过自愿联合或协商来解决的，需要政府从中调控，因此，政府要对市场加以干预，纠正市场失灵，实现资源有效配置，以提高整个社会的福利水平。另外，同时存在政府失灵。由于不完全信息影响了政府决策的准确性，不完全市场则制约着政府调控的有效性，导致某些领域的政府失灵。因此，政府不能完全代替市场，政府作为对市场机制的一种补充，其作用主要在于弥补市场失灵。私人和政府共同对经济活动施加影响会更加有效，为保证经济长期稳定和繁荣，需要一个协调型政府。[①]

四　限制政府规模非理性扩张——有限政府

政府具有天然的不断扩张的倾向，当政府规模扩张超越了社会需求，脱离了赖以存在的物质基础，即行政环境，就会破坏行政系统与行政环境间原有的平衡，必然阻碍行政系统的优化和发展，带来诸多负面效应，由此催生了限制政府规模理论。该理论以货币理论、供应学派、新制度学派和公共选择理论等新自由主义为代表，他们都主张限制大政府，推行小政府。20 世纪 90 年代以来，主要西方国家的行政改革发展为以政府“再造”为中心的“新公共管理”运动，它结合了凯恩斯主义和自由主义的思想，强调充分发挥市场机制作用的同时，可以适当增强政府的宏观调控职能，强化政府管理的权威，目标是建立一个精干的，具有创新能力和应变能力的有弹性的政府。限制政府主要体现在三个方面：第一，限制政府权力及职能。通过将权力还给市场和社会，政府要从经营和社会服务领域退出，原来由政府管理的企业和公共机构都交由私人组织来经营。此外，政府要向地方和基层下放权力，由更接近服务对象的各级行政单位来进行行政决策与执行，以提高工作效率。第二，限制政府规模。通过精简机构、压缩公务员人员数量，缩减行政支出，提高行政效率，节约行政成本。第三，限制政府行为及其运行机制。将企业精神引入政府行政管理，推行全新型公共管理方式并引入竞争激励机制，树立政府管理行为的市场观、投入产出观和服务观。[②]

第二节　政府与市场关系下的合理政府规模

一　基于政府与市场关系的政府规模经验研究

对合理政府规模的研究，从古典到现代各学科如政治学、经济学、制度经济学和管理学等都有论及，到近代，尤其在 20 世纪 40 年代兴起公共选择理论以及 80 年代新公共管理理论发展起来后则更加系统。以

---

① ［美］约瑟夫·斯蒂格利茨：《政府经济学》，春秋出版社 1988 年版，第 95—104 页。

② 郑晴：《我国政府规模膨胀问题研究》，硕士学位论文，南京师范大学，2010 年。

英美国家为代表的西方发达国家兴起的被称为“政府再造”的改革浪潮。这种政府再造旨在实现公共体制和公共组织绩效的根本转型，大幅提高组织效能、效率、适应性和创新能力，通常概括为“3E”。[①] 但“政府再造”关注的不是政府该干什么，应该为谁提供服务，而是更关注政府如何运作。美国克林顿政府发起的“重塑政府”运动就要求从邮政到税务局等政府部门都要进行策略转变，这也是寻求政府与市场合作的“第三条道路”尝试的开始。一些亚洲国家和拉丁美洲国家也进行了政府变革，早在1998年我国政府主导进行的机构改革，被称为“第七次革命”，这次改革的目标就是要建立一个更能适应社会主义市场经济发展要求的合理政府。经过四年半的机构改革，全国各级党政群机关共精减行政编制115万名。但最终，这次改革提出的“转变政府职能”的目标并未完全实现，仍具有一定的过渡性。

国内学者也从各个角度研究了我国政府的合理规模，而且大都是基于有限政府和服务政府的理念，以政府和市场关系为基础进行研究的。吕忠梅等（1999）从政府干预的角度对政府经济行为进行理性分析时指出确定合理政府规模应该从政府、市场和第三部门之间关系角度来分析。首先，政府规模与政府能力正相关。其次，政府规模与市场能力和第三部门能力负相关。再次，政府规模取决于这三方的总体均衡，从而政府规模在经济上不存在绝对的度，它应该随着三方的变化而发生变动。最后，研究政府规模要从动态视角出发。政府、市场和第三部门共同发展，政府规模也不断地由原来的均衡趋向新的均衡，确立合理政府规模是一个动态过程。因此，我国合理政府的确定要在这三方动态均衡的基础上，按社会主义市场经济体制的要求切实转变职能，然后根据政府职能确定合理规模，并根据环境变化及时进行调整。

毛寿龙等（2000）的观点也和吕忠梅等相似。他们在对政府规模进行解决分析时，将政府规模分为核心规模、适度规模和扩大的规模三个层次，从而成本也分为政府核心成本、适度成本和扩大的成本。分析结果表明，政府规模有一个合理的度，过大、过小都不经济，关键要看政府规模带来的边际收益是否等于其运行产生的边际成本，如果政府规模处于这个合理的度，此时政府能力也得到充分利用。并且指出，政府

① 金红磊：《适度政府规模研究》，人民出版社2010年版，第49页。

规模和政府能力正相关，和市场能力负相关，因此，政府合理规模最终取决于政府与市场的总体均衡，而且这个均衡是一个动态的，当条件发生变化时这个均衡的政府规模就会发生改变，从而合理政府规模的确定也是一个动态过程。

刘博逸（2000）在分析适度政府规模的评价标准时提出，政府规模必须从质和量两个方面来规定，判断政府规模是否适度，主要有四个标准，第一，政府与市场的耦合度。这是衡量政府规模的最基础指标。主要从两个方面衡量，一方面是政府与市场的衔接是否充分，两者之间是否有“真空地带”；另一方面是政府失灵和市场失灵是否能同时得到有效解决。第二，政府对资源的支配度。政府支配的资源是社会资源总量中政府能够直接控制和支配的所有资源，主要表现为政府以国有资本存量形式支配的资源、以财政收入形式支配的资源和以行政手段支配的非国有资源。第三，政府支出的约束度。主要表现为政府消费、政府投资、政府对私人部门的转移支付和政府债务利息。第四，公共物品的供给度。是指政府提供公共物品的数量限度及其质量要求。

何帆（2000）在对史莱夫等所作的题为《政府的质量》的研究报告进行评论时指出，史莱夫等从对经济活动产生影响的各个方面总结出了“政府干预、官员体系的效率、公共产品的提供、政府的规模和政治自由”五个衡量政府质量的标准。第一类指标是政府干预的程度，包括产权保护指数、商业管制指数和最高边际税率三项。第二类指标是政府效率，包括腐败指数、官僚主义、税收服从和政府平均工资与人均GNP的比例。第三类指标是公共产品的提供，包括婴儿成活率、学校教育、识字率、基础设施质量等。第四类指标是公共部门的规模，包括转移支付和补贴占GNP比重、政府消费占GNP比重、国有企业规模、公共部门的雇用量占总人口比重等。第五类指标是政治自由，包括民主指标和政治权力指标。

陈健等（2003）在分析政府规模和经济发展之间关系时通过信号传递模型解释了政府规模是如何影响地方经济发展的，结论表明政府应该从“掠夺之手”转向“帮助之手”，“帮助之手”的政府会选择一个充分小的政府规模来推动经济发展，从而说明政府机构改革的必要性。

罗忠桓等（2005）在考察服务型政府的特征时认为，服务型政府坚持以公民和社会为本，在市场经济条件下和民主政治的实践中培养和健全社会自主运行的机制，提高社会的自我管理、自我服务、自我监督等能力，消除政府公共职能的垄断，在法律上规范政府权力，制度上保障政府服务理念得到坚持，防止凌驾于社会和公众之上的权力滋生。从而使政府从权力、机构和人员等方面成为一个整体上最优最小的政府。

金红磊（2010）提出，从政府与社会相互作用的角度来看，适度政府规模是边际政府交易成本等于边际社会交易成本时的一种均衡状态；从政府合法性的角度来看，适度政府规模是以政府合法性为底线的规模状态；从组织学的角度来看，适度政府规模是适度政府机构规模和适度政府职能规模的统一；从行政性的角度来看，适度政府规模是能够实现经济、效率、效益“3E”状态；从经济学的角度来看，适度政府规模是能够实现帕累托最优的政府规模。

闵学勤（2013）基于全球58个国家数据构建了政府质量评估的微观模型，对这些国家的政府质量进行调查，在公平参与感、高效执行力、绩效问责制和人文关怀度等方面选取了视材录用、年功序列、公平执政、以劳定薪、失职问责、高效服务、依法办事、男女平等等12项非常具体的指标来衡量政府的质量。

吕锡琛等（2012）在讨论老子的无为而治和哈耶克的自由与有限政府思想时指出，“无为而治”与“有限政府”的共同之处就在于两者都强调要从职能和作用、范围、程度来限制政府，避免其轻易干预社会生活，到底是“无为”还是“有为”，就看政府是否能做到辅助社会成员和组织发挥各自特长和主观能动性，因势利导，创造一个充满生机和活力、秩序井然的社会环境，造就一个民众能“自化”“自朴”和“自正”的理想社会。

总之，不论是从量上还是从质上看，合理的政府规模应该是从机构、人员、财政收支及其结构、对经济的调控力度、政府效率（包括政府机关工作人员的工资水平、腐败等许多内容）、公共产品的供给度到政府职能等方面都能与我国当前社会主义市场经济体制改革目标相适应的政府规模，尤其政府职能最为关键。单纯地讨论政府规模大了还是小了，合理还是不合理是没有意义的，关键是政府规模要和政府职能相适应。有一位署名为秋风的作者在2010年出版的《政治的本分》中很形象地论及合理的政府规模。书中提到工业革命之后，英国作为一个“大国”的崛起，不过是英国人在追求好国家时带来的副产品，因此，与其说英国是一个“大国”，还不如说英国是一个“好国”。而在我国处于经济和政治体制转型的关键时期，国人也应该不再奢谈“大国”崛起，而应该把建设“好”国家作为首要目标。[①] 在讨论政府规模时，我们也不能单纯地追求是大还是小，而应该建设一个“好”政府，而这个“好”政府，不论是大还是小，都一定是和社会主义市场经济体制的要求相适应的具有合理政府规模的政府。

二　基于政府与市场关系的合理政府规模的经济学分析

（一）政府行为的成本—收益分析

如果从政府行为角度来分析政府规模，政府应该也可以是“经济人”，同样按边际收益要等于边际成本的原则来最大化其行为，那么最合理的政府规模就应该是政府行为的边际成本和边际收益相等时的规模，因此可以借鉴厂商最优行为决策的边际成本和边际收益关系图来反映政府的最优决策，如图 7－1 所示。

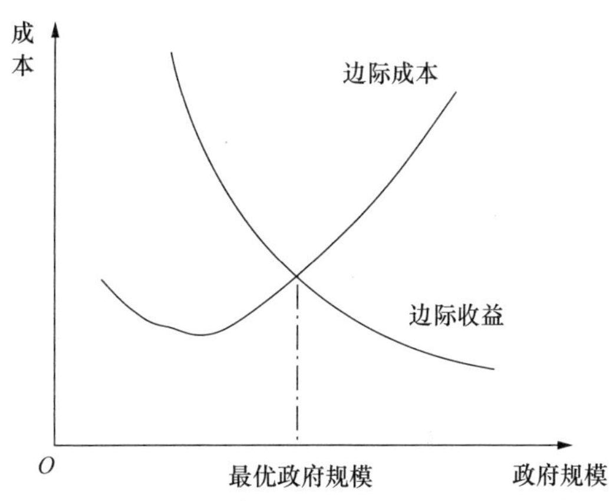

图 7－1　政府行为的边际成本和边际收益关系

从图 7－1 可以看出，随着政府规模的逐渐扩大，边际成本呈现出先下降后上升的变化，说明超过一定范围后，政府规模如果继续扩大，边际成本会持续上升。而随着政府规模的逐渐扩大，边际收益是不断下

---

① 秋风：《政府的本分——基于民众权利的中国政治与中国经济》，江苏文艺出版社 2010 年版，第 6 页。

降的，当边际成本和边际收益相等时，此时的政府规模即为最优规模，因此，在一定条件下政府规模应该控制在这个最高水平上。当然，随着时间的推移和经济社会的不断发展，这个最优政府规模也是发生变化的。

（二）政府与市场的替代和互补

政府与市场关系的实质是社会资源在两者之间的分配，政府与市场在经济发展中的作用会表现出此消彼长的特征，虽然市场失灵的时候可以由政府来解决，但是，它们之间并非纯粹经济意义上的互补关系，界定为替代关系更可靠。[①] 即选择通过政府作用于某些领域，市场就要从这些领域退出，同样，如果选择通过市场作用于某些领域，政府就要从这些领域退出。这种替代关系可以用图 7 -2 来反映。[②]

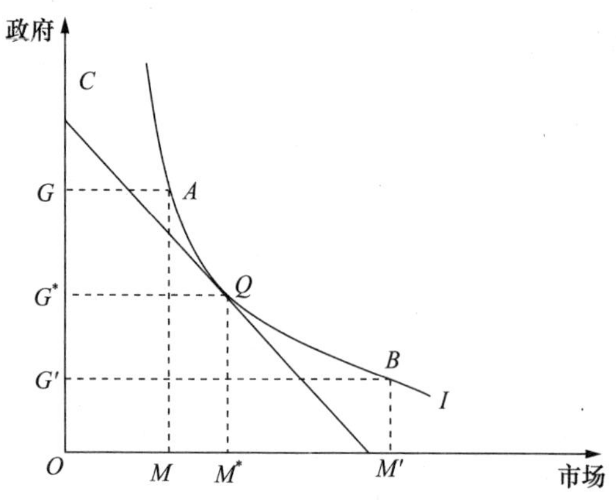

图 7 -2　政府与市场的替代关系

图 7 -2 中，I 为等产量线，C 为等成本线。等产量线 I 表示政府和市场之间的一般替代关系。从图 7 -2 中可知，当政府作用处于 G 点时，市场作用处于 M 点，两者的组合在等产量线 I 上就处于 A 点，当政府减少对市场的干预，移动到 G′时，市场作用就会加强，移动到 M′，

---

① ［美］曼昆：《经济学原理》（上、下），梁小民译，生活·读书·新知三联书店 2001 年版。

② 杜人淮：《论政府与市场关系及其作用的边界》，《现代经济探讨》2006 年第 4 期，第 67 页。

两者的组合在等产量线Ⅰ上就移动到B点。由此可知，政府和市场在等产量线Ⅰ上有无数个不同的组合，这些组合在技术上也都是有效的，但并不是最优组合，只有当两者的组合刚好在等成本线C上才是成本最低的，也就是最优的组合，如图中的Q点所示，此时政府作用处于G*，市场作用处于M*。而且这一点从理论上说应该也对应于图7－1中的最优政府规模。

但是，政府与市场之间的关系不会永远是此消彼长的关系。从社会经济的总体出发，两者也可能存在互补关系，而且，在社会主义市场经济体制下，这种互补关系应该表现得更为普遍。当然，在不同的领域，两者的互补关系会具有不同的特征。政府和市场的互补关系可以用图7－3来反映。①

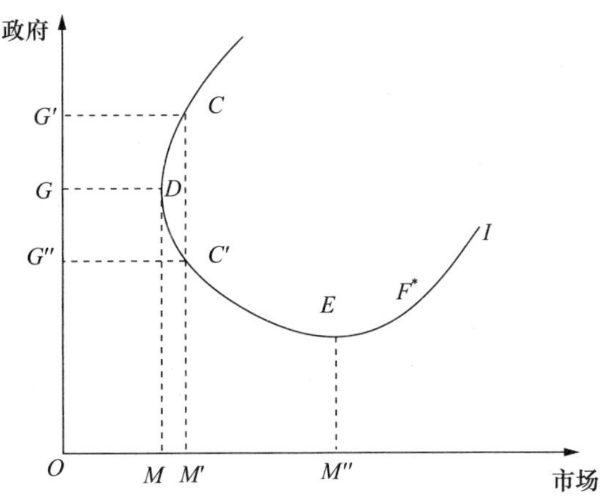

注：＊F点为等产量曲线Ⅰ上位于E点右边的任一位置。

图7－3　政府与市场的互补关系

在图7－3中，等产量曲线Ⅰ上DE段表示政府与市场的替代关系，CD段和EF段表示政府与市场的互补关系。D点和E点是政府与市场不同关系的分界点。当市场作用处于M时，政府作用处于G，两者组合处于等产量线Ⅰ的D点，当市场作用移动到M′时，政府与市场

① 杜人淮：《论政府与市场关系及其作用的边界》，《现代经济探讨》2006年第4期，第67页。

如果是替代关系，政府作用处于G″，即为保证产出不变，市场作用加强时，政府作用就必须减弱，两者此消彼长；如果是互补关系，则政府作用处于G′处，即为保证产出不变，市场作用加强时，政府作用也要加强，两者相互补充。同样，在等产量线I的EF段，也表现出这种相互补充关系。

当然，政府与市场的相互补充是有限制的，存在一个合理的度，这个度就是政府和市场的均衡。

（三）政府能力和市场能力均衡

如果考虑政府能力和市场能力关系的话，政府要有效地履行职能必须有一个与之相适应的政府规模，政府和市场发挥各自优势的领域不同，但两者又相互联系、互为补充（见表7－1），从而政府规模和市场能力也是密切相关的。

表7－1　　政府与市场的优劣势及互补性

	政府能力	市场能力
优势	自觉地、有组织的调节社会	具有自发性和自组织功能
	容易达成社会公共目标	容易达成社会个体性目标
	外部效应内部化	容易获得内在的经济效益
	易于有目的地向特定目标集中或倾斜	容易实现结构性平衡
	促进发展	可以避免经济超速增长
劣势	存在异化的可能	存在盲目性和破坏性
	难以达成社会个体性目标	难以达成社会公共目标
	难以获得内在经济效益	容易出现外部性
	容易出现有倾向性的失衡	难以向特定目标集中或倾斜
	经济可能超速增长	很难走出落后的陷阱

资料来源：转引自杨再平《中国经济运行中的政府行为分析》，经济科学出版社1995年版，第178页。

从某种意义上说，政府的职能界定就是合理划分政府和市场的边界，因此，确定合理政府规模，可以从市场能力和政府能力的均衡出发，当市场能力较强，政府能力较弱时，应当缩小政府规模；反之，当市场能力较弱，政府能力较强时，应当扩大政府规模，如图7－4所示。

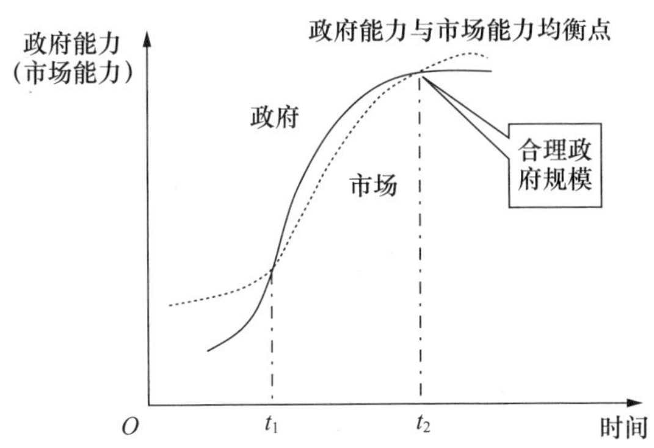

图 7－4 政府能力与市场能力关系

从图 7－4 中可以看出，随着经济的发展，市场能力和政府能力都在不断增强，但是，市场能力增加的速度小于政府能力增加的速度，图中曲线的陡峭程度也可以很直观地反映出来，并且，超过一定的阶段后，两者能力增加的速度都会降低，这主要是由于规模报酬递减规律的作用，这也决定了市场的边际能力会随时间推移不断递减。起初，政府能力较弱，如 t_1 点之前，边际能力随时间也是先增后减的，在 t_1 点市场能力和政府能力相等，此时政府能力相对应的政府规模是政府应该具备的最基本规模，否则会不利于市场能力发展。由于两者变化速度不一样，随后它们会在 t_2 点再次达到相对均衡，此时，政府履行的就是恰如其分的职能，就当时市场需求而言，对应的政府规模就是合理的。显然，这个均衡规模就是政府应该追求的，而且会保持相对稳定。此时，如果遭受一个外部冲击，比如经济衰退，政府必须积极履行职能，遏制经济衰退，使经济重新回到相对稳定的均衡状态，政府规模也就相应扩大，市场能力和政府能力会达到一个新的相对均衡。

从以上分析可知，相对整个国民经济运行，在某种既定的条件下，政府能力和市场能力的作用会有一个最佳组合，超过这个最佳组合后，不论是政府能力还是市场能力都会产生递增的副作用。胡家勇（1996）也指出了 1979—1993 年我国政府规模超过合理的度后，政府干预经济获得的收益是不明显的，即超过一定限度后，和其他投入要素一样，其收益必定会递减。而且在一定经济社会条件下哪些领域、哪些方面应该由政府或市场，或者还是两者的组合来运作，在最优化原则下结论是一定的，最终，最合理的规模应该是与政府职能相适应的规模。如果政府职能发生变动，政府的合理规模自然也随之变动。

第三节　转变政府职能、构建合理政府规模

一　合理政府规模理念

不论是我国传统的政治文化，还是马克思主义国家学说，其中都包含着政府统治和威权主义的思想。在这种思想指导下的政府权力过于集中，“人治”色彩过重而“法治”精神缺失，这是我国政府存在的各种问题的根源之一。因此，要构建合理政府规模，必须遵循正确的政府理念。概括来说，政府行政理念有两大基本类别：一种是统治型，另一种是服务型。传统的统治型政府是凌驾于社会之上的，它是以统治者的身份对社会和公民进行管制的，而服务型政府强调的是公共管理理念，注重社会服务，是以为社会和公众服务为出发点和目的的，与公众的关系由传统的统治与被统治关系转变为公共产品和公共服务的供给方和需求方，这种行政被称为“服务行政”。① 我国行政改革也应该指向服务行政，这种理念具体主要体现在以下几种相互促进、有机统一的制度特征上。

（一）法治政府

我国是一个具有几千年悠久历史的国家，几千年来的“人治”传统也根深蒂固。要打破这一禁锢，建设法治政府是唯一途径。法治型政府的实质是政府自觉地以法律、法规来约束自身行为，依法行政，这也是社会主义市场经济发展的必然要求。

洛克的政府就是法治政府。尽管他没有明确使用“法治政府”这一概念，但在著作中比较系统地论述了“法治政府”的内涵，即政府的一切行为必须合法、法律必须是普遍和已知的，任何个人或一部分人的法律是不合法的、法律必须平等地适用于所有的人，包括法律的制定

---

① 张康之：《寻找公共行政的伦理视角》，中国人民大学出版社2002年版，自序第6页。

者和执行者。[①] 现代法治政府是指从政府的设立、变更、运作以及政府整体行为和工作人员的个体行为都是合法的、规范的。强调政府行政行为和决策的合法性、规范性。法治政府的一个基本内涵就是政府及政府的一切行为都受法的支配。首先表现在政府的权力要自觉地限制在法律范围内，要严格依法行政，防止滥用权力；其次表现在一切政府行为以及政府行政人员的行为都受法律法规的约束，即“政府依法产生，政府由法律控制、政府依法管理社会公共事务，政府必须对法律负责”。[②] 法治政府的形成及有效运作，主要取决于或受制于四种关键因素，即“稳定的民主制度这一制度前提，完善的市场经济体制这一经济基础，充分理性的公民文化这一文化底蕴，有序的社会自治这一社会支撑”。[③] 从外在表现来看，法治政府实际上就是有限政府、服务政府、责任政府、诚信政府、高效政府。

早在1996年召开的第八届全国人民代表大会第四次会议，在制定国民经济和社会发展“九五”计划和2010年远景目标时就明确指出，到21世纪初要初步建立社会主义法治国家。接着1997年召开的中共十五大在政治报告中也首次明确提出，“建立社会主义法治国家”的目标，1999年这一目标被写进了宪法，当时通过的宪法修正案明确提出，“中华人民共和国实行依法治国，建设社会主义法治国家”，从宪法这个基本大法的高度将法治型政府确立为国家政治目标。这也要求政府在履行管理职能时，应时刻牢记贯彻法律优先原则。随后党中央、国务院高度重视依法行政、建设法治政府的推进，党的十六大也提出了“推进依法行政”的目标。国务院2004年3月发布的《全面推进依法行政实施纲要》中也明确提出要“建设法治政府”。十八届四中全会再次将依法治国提到了战略高度。指出：“依法治国，是坚持和发展中国特色社会主义的本质要求和重要保障，是实现国家治理体系和治理能力现代化的必然要求……”并进一步指出全面推进依法治国是一个系统工程，

---

① 辛向阳：《政府理论·解读洛克〈政府论〉》（下篇），山东人民出版社2003年版，第114页。

② 杨海坤：《市场经济、民主政治和法治政府》，中国人事出版社1997年版，第13页。转引自程宗璋《也论依法治国与法治政府的关系》，《云南行政学院学报》1999年第5期。

③ 王继：《法治政府：中国政府建设的目标》，博士学位论文，吉林大学，2012年。

是国家治理领域一场广泛而深刻的革命。①

（二）责任政府

2001 年 1 月，江泽民在全国宣传部长会议上明确提出要“把依法治国与以德治国紧密结合起来”的治国方略。建设和发展社会主义市场经济既需要“法制”，也需要“德治”，依法行政其实也要求政府要为自身行政行为负责。从以德治国的角度来讲，建设责任型政府也是德治的题中应有之义。

《布莱克维尔政治学百科全书》将责任政府定义为“一种需要通过其赖以存在的立法机关而向全体选民解释其所作的决策并证明这些决策是正确合理的行政机构；同时，它还须符合责任政府的一般定义的要求”。②

从政府与公民的关系来看，在现代民主社会中，公民与政府的关系实际上可以看作一种委托—代理关系，政府组织由公众依法设立，并为公众提供服务，对公众负责，在本质上是一种责任系统。政府责任主要体现在六个方面：第一，对公众的需求做出迅速回应；第二，针对公众需求所制定的规划以及执行规划要有弹性；第三，行为必须具备高效率和高效能，能胜任所承担的责任；第四，必须依法治国；第五，必须对政府组织及其行政人员的失职和违法行为负责；第六，政府政务必须公开透明，接受公众监督，并且政府组织和行政人员不能以权谋私，即必须是诚实的政府。③ 责任政府是现代民主政治的必然要求。

从政府的合法性基础来看，政府治理意味着政府代表社会来施政，对人民行使从社会获得的权力和力量，要求全体成员履行社会义务并遵守法律，同时也意味着政府及行政人员要履行社会契约约定的条件。因此，一个政府要具备合法性就必须是能保障社会利益，保证实现公民意志，真正履行其职责，从这个意义上说，一个民主的政府必然是有责任的政府。④

---

① 参见中国共产党第十八届中央委员会第四次全体会议审议通过的《中共中央关于全面推进依法治国若干重大问题的决定》。

② ［英］米勒、［英］波格丹诺编，邓正来主编：《布莱克维尔政治学百科全书》，中国问题研究所等译，中国政法大学出版社 1992 年版，第 653 页。

③ 吴威威：《良好的公信力：责任政府的必然追求》，《兰州学刊》2003 年第 6 期。

④ 张成福：《责任政府论》，《中国人民大学学报》2000 年第 2 期。

总之，我国政府必须从政治上、法律上、道德上和行政上承担责任。政府的政策和行政行为必须以人民的意志为归宿，要符合、保护和促进人民的利益，人民才是权力的所有者。

（三）高效政府

政府是否高效通常用“行政效率”来界定。这个行政效率是指政府机构及其工作人员在从事行政管理活动时要树立讲求效率和效益的行政思想，力求使行政组织达到最大效能、工作人员保持高效率状态、政府决策能灵活应对新的社会问题，措施有效，并在充分发挥市场机制作用的同时保证合理配置社会资源获得最佳的经济和社会效益。可以说，是从经济学角度来考察政府和工作人员“投入”和“产出效率”。[①] 它应该包含三个层面：一是高效政府必定是一个精干的政府。政府机构和工作人员都保持在合理规模，不存在因人设岗、人浮于事的现象。二是高效政府必定是一个具有高效率的政府。政府行为能迅速、及时、准确地满足人民群众的要求。三是高效政府必定是一个具有高效能的政府。这个效能是指政府提供公共产品和公共服务能在多大程度上满足公众需求。一个高效能的政府具有较高的为公众提供公共产品的能力、质量和社会服务水平，并能有效地制定各种公共政策，提高公众社会福利。

（四）有限政府

有限政府是和全能政府相对的一个概念，是指从政府规模、政府权力、政府职能等方面都是有限的。有限的政府规模是指政府从机构、人员到财政等方面都是有合理限度的，不能无限扩张。有限政府应该是政府机构精简、工作人员精干、办事高效和支出适度的政府，但绝不是弱的政府，其具体规模取决于政府权力规模和职能范围。有限的政府职能是指政府只有公共利益这一个出发点，政府的职能应该被限定在公共领域，即不能通过市场配置资源来有效解决的社会事务领域。它强调的是政府职能公共性和服务性特征，具体应集中在宏观调控、纠正市场失灵、市场监管、调节收入分配、社会管理和公共服务等职能上，政府不直接干涉市场经济活动，控制市场运作。有限的政府权力是指政府权力要受宪法和法律的制约。有限的政府职能和政府规模最根本的原因就是政府权力受到制约，而且这种制约是一种以宪法和法律为基础和保障的

---

① 曹荣庆：《中国政府职能转型的财政学透视》，中国财政经济出版社2004年版。

制度安排。这和法治政府的理念是相互联系的，现代社会是法治社会，从政府权力限制来看，有限政府也就是法治政府。

（五）服务政府

服务政府是为社会和公众提供服务的政府。政府将自身定位为服务者的角色，完全异于传统的统治型和管理型政府，在法律上规范政府权力、维护公民和社会自由权利，从而也从制度上切实保障其服务理念在进行行政行为时贯穿始终，坚持以公民和社会为本。在我国市场经济条件下的服务政府不再是凌驾于社会之上，以权为本封闭的政府，而是以公众需求为导向、尽可能满足公众需求多样化的、对社会公众需求能及时、灵敏地做出回应的政府。并且政府的整个服务过程应该是公开的、透明的、开放性的，这样的政府能削弱特殊利益集团的影响力，改善政府效率。[①] 并且要接受公众监督，政府行使权力时不能偏离公共服务这个大方向，否则政府的合法性就会受到质疑。政府的一切行为包括提供公共服务都要有责任机制的约束，所以服务政府也必定是责任政府。未来我国政府发展的方向就是建设服务型，这也是20多年转变政府职能实践经验的总结。[②]

二　政府职能是政府规模的决定性因素

（一）政府职能与政府规模的内在联系

由政府规模概念可知，政府职能规模和权力规模这两项内在规模，决定着政府机构、人员和费用规模这三项外在规模。在确定政府规模的合理尺度时必须着眼于政府内在规模，才能真正将政府规模控制在合理水平。

政府规模的扩张外在地表现为政府机构和人员的增加，而增设机构和扩充人员也会加速政府规模的膨胀，但这并不是规模扩张的根本原因，政府职能范围的扩张才是导致政府规模扩张的最主要原因。政府职能范围的扩张带有一定的隐蔽性和阶段性的特点，往往不易察觉，甚至被人为掩盖。一旦政府职能超出了权力边界，就会对市场和社会产生不利影响，甚至造成经济发展停滞。反之，政府规模的过度扩张也会使政

① ［日］青木昌彦、［日］奥野正宽、［日］冈崎哲二编著：《市场的作用国家的作用》，转引自石佑启、黄新波《我国大部制改革的价值取向》，《广东行政学院学报》2012年第3期。

② 朱光磊：《中国政府职能转变问题研究论纲》，《中国高校社会科学》2013年第4期。

府职能过于分散，增加协调成本，降低行政效率。

第二次世界大战后，包括西方国家在内的世界各国政府都有“大政府”的倾向，这一事实表明，政府规模的大小不重要，关键是要与职能要求相统一。[①] 因此，在政府和社会相互作用的过程中如何能保持政府规模不超出政府能力边界至关重要。

（二）合理的政府职能决定合理的政府规模

理想的国家治理状态是国家、政府和社会三个领域按照简约治理原则，在国家治理进程中各司其职、各负其责、相互配合。这个理想状态要基于三个领域的机制都有效发挥作用这一前提，在现实中，往往因为国家权力过大，对市场和社会过多地进行干预，从而降低治理效果。[②] 对市场经济国家而言，合理的政府规模最终取决于三个因素：一是市场和社会的能力；二是市场和社会的需求；三是政府自身的能力。首先要确定市场和社会能干什么、市场和社会需要政府干什么，其次才能确定政府该干什么，最后确定政府应该有多大。政府规模与职能总量必须基于社会和市场的规模与职能总和的角度判定。如果政府总量大于社会和市场总量，就必须缩减政府规模，减少政府职能，并削减人员规模；反之，政府总量小于社会和市场总量，甚至其中某一总量，则可以适当扩大政府规模，增加政府职能（任剑涛，2010）。

在社会发展的不同阶段，政府作用是有差别的。1997 年世界银行发展报告指出，“政府的第一项职责是做好基础性工作”。这些基础性任务包括“建立法律基础；保持非扭曲的政策环境，包括保持宏观经济的稳定；投资于基本的社会服务与基础设施；保护承受力差的阶层；保护环境”，而“在基础性工作之外，政府并不是唯一的提供者”。[③]

我国从 20 世纪 80 年代中期开始，在经济体制改革的推动及西方政治学说的影响下，学术界开始讨论商品经济条件下政府应该做什么和怎么做的问题，到 90 年代中期，对这一问题已达成基本共识，但对政府职能的界定还比较混乱，最典型的表现就是把有关国家机器的一切活动都视为政府职能。

---

① 孙关宏、胡雨春主编：《政治学》，复旦大学出版社 2010 年版，第 64 页。

② 任剑涛：《国家治理的简约主义》，《开放时代》2010 年第 7 期。

③ 世界银行《1997 年世界发展报告》编写组编著：《1997 年世界发展报告　变革世界中的政府》，蔡秋生等译，中国财政经济出版社 1997 年版，第 4 页。

当前，我国正处于社会转型的关键时期，转变政府职能是完善社会主义市场经济体制的关键。社会主义市场经济要求政府保持对经济的干预，另外，为了充分发挥市场的作用，又要减少政府对经济的干预，面临着双重压力的政府，需要准确进行职能定位，并切实转变政府职能。胡家勇（2009）强调，在社会主义市场经济中，政府的基本职能有三个，即微观规制、宏观调控和提供公共服务。还指出，要构建有效政府，政府应该将所支配的资源，主要是财政收入集中投入到这三项基本职能上来。构建服务型政府是对我国政府职能的新定位，也是对过去政府职能转变的经验总结。党的十八大也提出："要继续深化行政审批制度改革，继续简政放权，推动政府职能向创造良好发展环境、提供优质公共服务、维护社会公平正义转变。"

因此，切实转变政府职能是我国行政体制改革面临的最紧迫、最重要的任务。而且必须明确，转变政府职能不是对政府职能进行一般性的调整，而是在社会主义市场经济体制下政府与市场作为配置资源的两种手段，在机制上相互关系的转变 。如果不能实现政府职能转变，政府为了管那些它管不了、不该管也管不好的事务，自然需要多设机构、多设岗位、多配人员。政府规模也就得不到有效控制。合理的政府规模，应该和政府职能相适应。

三　社会主义市场经济条件下政府职能的转变

（一）不同角色政府的职能

政府职能的范围会随不同时代、不同国家和不同政治、经济、文化等体制的变化而发生变化。政府扮演的角色是多方面的，界定职能的重点和原则也就不同。

1. "政治人"的政府职能

当政府表现为"政治人"时，作用主要是阶级统治，相应地其职能也就向政治统治倾斜，社会管理职能相对来说就比较弱。政府的政治统治职能主要是通过镇压敌对阶级、剥夺被统治阶级的利益来维护并巩固统治阶级的利益，因此其目标是维持社会稳定和统治阶级的统治地位，政府行为也主要是运用专政、管制和道德教化的方式来进行。从这个特征上看，"政治人"政府是"人治"政府、"专制"政府。

2. "守夜人"的政府职能

当政府表现为"守夜人"时，作用主要是纠正市场失灵。凡是试图影响私人自由配置资源的政府行为，不论采取的是行政方式、法律方式还是经济方式，都会阻碍市场机制发挥作用，市场这只“看不见的手”能自动有效调节个人和社会公共利益，进行自由竞争的经济会自动实现均衡，是最具效率的经济，只有当市场能力在某些领域发挥不了作用时，政府才有必要出现。否则就如斯密所说的：“如果政治家试图指导私人如何运用资本，那不仅是自寻烦恼，而且还必定是无用或有害的。”[①]“守夜人”政府的作用应仅限于为私人经济活动提供稳定的，可以使人们充分了解的良好环境。

3. “经济人”的政府职能

当政府表现为“经济人”时，政府就成为一个拥有自身利益的庞大个体，其行为目标就具备了“经济人”的特性，政府为社会提供最优公共产品和服务，其实就是追求自身目标最大化的过程。[②] 虽然政府是体现民意的，但是，行为规则是由人来制定并执行，当“经济人”政府提供如法律、政策、公平裁判、维护经济和社会秩序和提供公共福利设施等公共产品时，由于“经济人”的特性，常常会出现“政府失灵”，从而在基本公共产品和公共服务的供给时不可避免地会出现特殊利益集团的“寻租”现象，个人偏好的影响可能会使政府在提供公共产品时出现资源配置的不公平。

（二）社会主义市场经济条件下的政府职能

在现代化国家治理体系中，实现政府与其他治理主体共同对公共事务的治理，要求政府职能向服务、责任、法治和有限的目标转变。在现代国家治理体系下，政府的基本职能是指政府应该承担的基本职责和功能，为公民和社会提供公共产品和服务，主要体现在有效的制度供给、实施公平的政策、满足公共产品和服务需求等方面（程李华，2014）。从政府治理、市场治理和社会治理三个子系统的关系来看，转变政府职能主要是处理政府、市场、社会之间的关系。而政府与市场之间的关系也是十八届三中全会决定中体现国家治理思想的核心关系之一。

1984 年匈牙利经济学家科尔内教授提出了他著名的ⅡB 模式。他认为世界上主要存在四种经济模式：①ⅠA 模式，是指政府直接进行行

① 转引自曹闻民《政府职能论》，人民出版社 2008 年版，第 35 页。

② 张红：《政府的“经济人”特性研究》，《经济与管理》2003 年第 12 期。

政干预；② Ⅰ B 模式，是指政府进行间接调节；③ Ⅱ A 模式，是指无政府干预的市场调节模式；④ Ⅱ B 模式，是指政府进行宏观调控的市场调节模式。他还指出，中国政府的目标应该是Ⅱ B 模式，包含充分的市场机制和有效的政府宏观调控两部分内容。①

包心鉴（1994）在论及行政体制改革的双向目标结构时就指出，在传统计划经济体制下，政府直接干预并指挥着各种经济活动，企业的一切生产经营活动都受政府直接控制，各级政府主导着整个经济。在这种集权体制下，出现了权力垄断、权力混淆、权力异化等政府权力错位的现象。因此，在市场经济条件下，转变政府职能，首先是要建立适应社会主义市场经济体制的政府权力结构，这就要做到取消一些不该有的权力、归还一些本应该由企业来行使的权力、下放一些本应由地方政府执行的权力、转移一些应该由第三方部门，如会计师事务所等中介机构来行使的权力，并强化政府对市场的宏观调控和提供公共服务等权力。时至今日，他指出的一些问题依然存在，当前我国进行行政体制改革的重点也依然必须以转变政府职能为核心。但是，政府职能转变也不是指政府职能一般性的调整，而是指在社会主义市场经济体制下政府与市场作为配置资源的两种手段，两者之间在机制上相互关系的转变。②

胡家勇（2005）基于有效政府的系统分析，将政府经济职能区分为三个层次：一是核心职能，指政府提供纯公共品和一些关键领域的重要的准公共品的职能。形成的是社会和经济运行的基本框架，决定着整个社会的最基本福利，任何国家任何类型的政府都必须首先履行好这些职能。尤其是在政府能力较弱的国家，应该集中精力和资源履行好这些核心职能。二是适度职能，是指当政府能力增强后，在能完全履行核心职能后，为了提高社会资源配置效率以及福利水平，可以再增加一部分职能。三是积极职能，是指政府在完全履行核心职能并有效履行适度职能后，可继续追加一部分其他职能。这里的核心职能具体如国防、法律、社会秩序、私有产权的界定和保护、稳定宏观经济环境、基本公共医疗卫生、基础教育、救助穷人、保护环境等。履行好这些职能后可以

---

① 周健人：《扬弃与再造全面转向市场经济的政府》，辽宁人民出版社 1993 年版，第 54—55 页。

② 孙关宏、胡雨春主编：《政治学》，复旦大学出版社 2010 年版，第 77—78 页。

考虑增加反垄断、调整经济结构、扶持高新技术产业发展、提供社会保险、保持市场信息透明等职能。当政府能力还尚有余力时，可以继续增加对民营或私人财产性收入进行再分配以及对非国有经济进行调节等。从核心职能、适度职能到积极职能，对政府能力的要求是逐级提高的。政府在进行职能定位时，不能急功近利，贪多求全。发展中国家和转型国家的政府，首要关注的应该是核心职能。

政府职能的这三个层次，可以说是按照轻重缓急程度进行的解剖。如果从政府职能的性质或所起的作用来分析的话，政府的基本职能是宏观调控、微观规制和提供公共服务，这基本和前两个层次的职能相一致。政府应该将所支配和控制的资源集中在这三项基本职能上，要避免政府“越位”“缺位”和“错位”（胡家勇，2009）。

于长革（2010）也认为，在社会主义市场经济条件下，按照弥补市场失灵原则、比较效率原则、相对发展原则界定的政府职能应该包括宏观调控、微观规制，提供公共产品和服务，维护社会公平，构建社会安全网，协调对外经济关系五个方面内容，这与胡家勇的观点类似。

因此，在社会主义市场经济条件下，政府最主要的职能应该是宏观调控、微观规制和提供公共产品及服务。

（三）社会主义市场经济条件下转变政府职能的目标

我国转变政府职能的目标和实质是建立服务型政府，这一点理论上和实践中已经达成基本共识。服务型政府，主要职能很明显的就是提供公共服务。建立服务型政府，要树立“以人为本”“执政为民”的理念。我国社会主义民主政治的性质决定着政府对国家和社会事务的管理，最终目的都是维护广大人民的利益，人民满意是评判政府服务的唯一标准。

服务型政府同时也是有限政府。“有限”决定了政府职能的出发点只有公共利益这一个，而且从规模上、机构上和人员上也都应该是有限的。政府职能应仅限于那些市场不能进行有效资源配置的公共领域，强调的是政府职能的公共性和服务性特征，也决定了政府权力必定要受宪法和法律的制约。服务型政府强调政府应该从组织上、行为上和程序上都要受法律制约，因此，服务型政府也是法治政府，应该以“依法行政”为行为准则。十八届四中全会更是将依法治国提升到前所未有的高度。服务型政府应该依法履行所有的义务并承担责任，不仅政府行使的每一种权力要承担法律责任，如果拒绝或者未按要求行使法定的权力也必须承担法律责任。政府权力是人民赋予的，政府行为也应受人民监督。因此，服务型政府也应该是责任政府。服务型政府应该以顾客导向为行为指南。政府提供服务应根据公众的需求来进行公共产品决策并决定相应的服务内容，应以公众满意程度来检验行政行为的质量，并乐意接受公共的监督，整个服务过程应该是公开、透明而且是高效的，而不是单纯地由政府来决定并强制向公众提供公共服务。政府行政人员也应该树立“想人民所想”“急人民所急”的服务理念，为民服务是行政人员的唯一也是全部责任，而责任又是行政人员一切行政行为的基本内容，因此，行政人员要牢记这一宗旨，在工作中要本着责任心、爱心、贴心为公众服务，才能让老百姓满意和放心。

（四）社会主义市场经济条件下转变政府职能途径

1. 转变传统的管理和控制理念，树立公共行政的服务理念

几千年来，我国“人治”的思想根深蒂固，新中国成立初期建立的高度集中的计划经济体制的影响也非常严重。长期以来，我国政府习惯于全能的无所不包的管理者角色，“官本位”思想严重，服务意识淡薄，即使提供一定的公共服务，也是政府自行决策、自行计划。公众没有权利也没有机会和适当的途径向政府表达自己的需求。经过几十年的体制改革，这种高高在上的管理者思想有所改观，但没有得到根本改善，并没有认识到政府的服务职能不是通过对人民和社会的严格管理和控制来实现的，也没有意识到政府的行政行为应该是在公民的参与下进行的一种服务行为。[①] 温家宝总理在2004年的《政府工作报告》中就明确提出，各级政府和各个部门要“努力建设服务型政府，创新政府管理方式，寓管理于服务之中，更好地为基层、企业和社会公众服务”。

值得注意的是，这里强调的“服务型政府”是以公共服务为主要职能的政府，但并不是从过去干预经济为主迅速并完全地转变为提供公共服务，或者错误地认为政府的统治职能已经让位于社会管理职能，从本质上说，政府的经济管理职能和公共服务职能是不冲突的。可能过去

① 石佑启、黄新波：《我国大部制改革的价值取向》，《广东行政学院学报》2012年第3期。

从“管制型政府”向“服务型政府”转变的提法稍显简单，从“管制型政府”向“管理服务结合型政府”转变的提法更为严谨和科学。①

2. 合理界定政府职能，培养和完善市场和第三部门

在社会主义市场经济条件下，政府最主要的职能是宏观调控、微观规制和提供公共产品及服务。在明确这一基本认识的基础上，还要正确确立政府、市场和第三部门的关系，否则政府职能就不可能界定清晰。从过去的改革和发展经验中，可以得到非常重要的一个认识，那就是政府不能对一切经济活动不加区别地进行干预，政府要有所为，有所不为。当市场逐渐发育成熟并完善，政府应该培养和发展第三部门如非政府组织、行业协会等，有些过去由政府代为行使的职能，要逐渐让渡给市场和第三部门，比如很多有关经济性的行政审批权，应该取消或下放到第三部门。这样，由于第三部门的参与，也能在一定程度上优化公共服务市场结构，并且承接了政府向社会转移的部分职能，客观上也有利于政府职能的转变。而关于社会性管制的审批权，则应该加强，比如控制污染，对食品和医药安全的监管严格审核、批准，并健全后续监督和问责机制等。

随着环境和条件的改变，政府、市场和第三部门之间的职能要重新进行调整和组合，政府要逐步从各种经济领域退出来，将重点转移到经济调节、市场监管、社会管理和提供公共服务等职能上。权责一致是确定政府机构规模和人员编制的基本原则，如果政府职能不能准确定位，很多不应该由政府来管，而且也管不好的事情自然会导致机构膨胀人员超编，将政府规模控制在合理水平也就成为一句空话。总之，政府的基本职能应该是“掌舵”，而不是“划桨”。当然，在政府职能“瘦身”的同时，要积极培养和完善市场及第三方部门，尤其是非政府组织、行业协会和社区的发展和完善，这样才能有足够能力承担政府让渡的职能，才能避免出现无组织承担、有组织但无力承担或者不愿承担的权力“真空”，实现“无缝对接”。

国务院总理李克强在2012年3月5日第十二届全国人民代表大会第三次会议上作政府工作报告时指出：“大道至简，有权不可任性。”

---

① 转引自朱光磊《关于对加快和切实转变政府职能问题的几点认识》，《中国机构改革与管理》2011年第3期。

此语一出，全场代表委员发出会心笑声。记者身边的很多人以为此语是总理脱稿，事实上报告中明确写了“有权不可任性”。他还说：“我国有13亿人口、9亿劳动力资源，人民勤劳而智慧，蕴藏着无穷的创造力，千千万万个市场细胞活跃起来，必将汇聚成发展的巨大动能，一定能够顶住经济下行压力。政府要勇于自我革命，给市场和社会留足空间，为公平竞争搭好舞台。”

3. 结合大部制改革的具体目标转变政府职能

党的十七大报告提出“加大机构整合力度，探索实行职能有机统一的大部门体制，健全部门间协调配合机制”的改革目标，第一次将“大部制”改革提上了我国改革的议程，从此以后，大部制改革就被人们寄予厚望，希望借此来破解我国政府改革的难题。

以往的历次改革，都是以精兵简政、精简机构为宗旨，但最后总是机构越来越膨胀，人越减越多，这主要是因为政府职能没有切实转变。改革开放以来，我国政府职能一直都在适应市场经济发展和经济全球化进程中不断地进行调整，但由于改革伊始是立足于高度集中的计划经济体制，渐进式改革在某种程度上需要保持政府体制的稳定，而且更重要的是政府在改革中始终处于强势地位，政府转型必然会受到政府自身的干扰和阻碍。在法治不完善的情况下，政府也有推动市场发育和完善的良好愿望，在主观上这是有利于改革的，但由于复杂的客观情况，尤其是政府也会失灵，结果并不尽如人意，总结起来，就是虽然政府转型取得了一些成果，但对应社会主义市场经济体制对政府职能的要求来看，政府转型是明显滞后的，且主要表现在政府的“越位”和“缺位”上。①

在践行大部制改革时，应该紧紧抓住政府职能转变这一个核心。转变政府职能是大部制改革的现实基础，也是政府一切行为的逻辑起点，要合理界定政府职能、科学确立机构人员编制，理顺各级政府的职责关系，彻底解决因职责交叉造成的政府调控与监管不力、决策质量差、行政成本高、协调难、执行弱等严重问题。真正的大部制改革应该是政府职能、机构、编制和人员等的有机统一，围绕着转变政府职能这个核

---

① 胡家勇：《构建有效政府是完善社会主义市场经济体制的核心》，《经济理论与政策研究》2009年特刊。

心，抓住“有机统一”这个关键，调整和改革政府机构。而不仅仅是简单的部门合并，或者摘掉几块牌子又增加几块牌子。并且，在机构改革上“一刀切”的做法也是不合理的，要因地制宜，因部门制宜，职能决定了组织机构和机制，因此，要科学地设计中央和地方政府职能的分工，按照权责一致原则合理分解各级政府职能，并合理地布局部门职责，实现政府部门间职能的合理分解。政府职能定位决定了政府应该承担的职责，应该拥有的权力以及控制和支配多少资源。政府部门的设置实现向“宽职能、大部门、少机构”的方向转变①，人员安排上要建立有效的公务员进入和退出机制以及激励机制，要改变过去“只上不下、只进不出”的现象，避免出现“结构性缺编”和“倒金字塔现象”。②

今后，我国政府改革应该依然以大部制改革为指导思想。大部制不仅是实现政府转型的有力的保障措施，更关系到政府转型的根本性问题。下一步应该继续扩大“大部门”规模。除现有的大部门外，应整体统筹并逐步推进其他领域的大部门调整。当然，我国大部门体制改革仍处于探索阶段，要注意改革实践中面临的风险，并且随着大部制改革的推进，扩大了的“大部门”权力也相应扩大了，要加强对大部门的监督和制约，防止腐败的发生。

4. 减少政府控制和支配的资源

政府的基本规模是由政府支配的资源量决定的，因此要使政府的规模合理，根本措施是将政府控制和支配的资源保持在刚好能履行应尽职责的水平上，否则很难做到缩减政府规模。胡家勇（2009）指出，政府收入是政府控制资源的主要方式。从前面第三章的分析可知，改革开放以来，政府财政收入占总产出比重基本呈下降趋势，到 1996 年后又逐渐呈上升趋势，并且从增长率上看，财政收入的增长也开始一直超过 GDP 的增长率。地方政府及其职能部门还通过各种途径获取大量的预算外收入和非预算收入。此外，行政管制和行政审批也是政府控制资源的一种重要方式。这种方式控制的资源很大部分是非国有资源，这部分资源的配置通常都是偏离市场配置资源的轨道，直接影响到企业的生产

① 石佑启、黄新波：《我国大部制改革的价值取向》，《广东行政学院学报》2012 年第 3 期。

② 石亚军、于江：《大部制改革：期待、沉思与展望——基于对五大部委改革的调研》，《中国行政管理》2012 年第 7 期。

经营活动，从而影响企业的发展。早在2001年9月24日，国务院办公厅下发《关于成立国务院行政审批制度改革工作领导小组的通知》（国办发〔2001〕71号），成立国务院行政审批制度改革工作领导小组，积极、稳妥地推进行政审批制度改革，改革工作全面启动。2002年11月1日，国务院就做出了关于取消第一批（共789项）行政审批项目的决定，随后连续几年陆续取消、下放和调整一千多项行政审批项目，行政审批制度改革取得重要进展。2014年1月18日，国务院公布了《关于取消和下放一批行政审批项目的决定》（国发〔2014〕5号），决定指出要再取消和下放64项行政审批项目和18个子项。另建议取消和下放6项依据有关法律设立的行政审批项目。3月17日，中央机构编制委员会办公室在官网上公布了“国务院各部门行政审批项目汇总清单”，涉及国务院60个部门正在实施的行政审批事项共1235项。按照国务院要求，各部门将不得在清单之外实施行政审批。这份“权力清单”的公布，不但显示新一届政府改革的决心和勇气，更是政府切实转变职能、主动接受监督的重要举措。

政府负债也是政府控制资源的一种方式。我国审计署公布“2013年第32号公告”：截至2013年6月底，省市县三级政府负有偿还责任的债务余额105789.05亿元，比2010年年底增加38679.54亿元，年均增长19.97%。其中，省级、市级、县级年均分别增长14.41%、17.36%和6.59%，说明我国地方政府债务规模逐年增加。从32号公告资料可知，这些政府负有偿还责任的债务其主体主要是融资平台公司以及政府部门和机构，而或有债务的主体则主要是政府部门和机构。因此，政府通过负债控制着规模不小的资源。这些负债主要用于政府融资和财政担保，有的用来维持政府支出，其中有大量资源被浪费。政府通过这些方式控制的资源，有可能成为加快经济转型的障碍，并有可能因为过度干预经济造成要素价格扭曲，不利于维护市场公平竞争，因此，应该减少政府控制的资源，使政府更加专注于维护市场秩序、保护产品和提供公共产品等职能。此外，还可以在一定程度上降低地方政府在转变职能过程中的谈判能力。至2015年年底，《国务院关于2015年度中央预算执行和其他财政收支的审计工作报告》中重点专项审计结果表明，与2013年公布的结果相比，地方政府负债规模得到有效压缩。有关部门和地方建立健全举债融资和风险预警机制，一定程度上加强了对政府债务的管理，减少了政府控制的资源，从而有可能降低政府对经济发展的负面影响，以及对市场资源配置的扭曲程度。说明降低政府负债，是减少政府控制和支配资源的一种有效方式。

5. 制订转变政府职能工作的可操作性的具体指导方案

回顾以往历次机构改革可以看出，在改革过程中缺乏对政府职能转变的细节性认识。各级政府之间应该如何配置职能，如何进行分工都是模糊不清的。虽然近几年来对这方面政府应尽的职能已经有了更清晰的认识，但对每一项具体政府职能的执行主体、监督主体以及执行程序等都没有很详细的说明，各政府部门的分工也不具体，许多提法都过于笼统，降低了可操作性。[①] 此外，由于我国各级政府的“同构性”，在转变政府职能时一般从中央到地方“一刀切”，在一定程度上降低了改革的成效。实际上，各级政府、各地政府及其各部门转变职能的要求是不完全相同的。因此，在转变职能过程中，要对政府纵向间的职责进行详细划分，落实到五个层级去，对各地政府和政府各部门都要制订具体可操作的方案。比如，对县级政府而言，就不存在放松微观规制，强化宏观调控之类的职能转变，而市级、省级和中央政府则在法制建设、宏观调控、市场监管等方面具有更高的职责权重，所以，转变政府职能要因政府层级而异，要因部门而异，要因地区而异，也可以趁此机会理顺各级政府之间的关系，划清各级政府的事权。

第四节　陕西省转变政府职能、构建合理政府规模实践

一　1982 年以来陕西省政府机构改革实践

改革开放 30 多年来，按照党中央和国务院的部署，陕西省从 1982 年开始，也进行了省级政府机构改革，政府职能转变也取得一些成效。尤其是 2013 年开始的新一轮大部制改革，有力地推动了政府职能转变。机构编制管理更加规范，组织结构得到了调整和优化，相关管理体制进一步完善。为优化组织结构，继续推进政府机构改革，转变政府职能奠

① 朱光磊：《中国政府职能转变问题研究论纲》，《中国高校社会科学》2013 年第 4 期。

定了良好的基础。

1976 年后，经济上已几乎崩溃，因此沿用并发展了 20 世纪 50 年代后期的管理体制和机构设置。这次改革，废除了领导干部职务终身制、精简了各级领导班子、加快了干部队伍年轻化。陕西省政府机构改革的主要任务也是精简机构和人员。改革后，省委工作部门由原来的 11 个减少到 9 个，人员规模缩减了 25% 左右。省政府的行政部门则由 60 个精简到 40 个，人员规模缩减了 33% 左右。

随着改革开放的持续深入，1988 年前后，我国经济体制改革的重心由农村转向了城市。开始了以转变职能为重点的行政体制改革。陕西也进行了第二次省级机构改革。遵循中央“转变政府职能”的要求，重点针对人员严重超编问题，缩减人员编制，减少行政部门机构设置。一定程度上强化了政府宏观管理职能，淡化了其微观管理职能。随后又经历了以建立社会主义市场经济体制为目标的改革、以转变政府职能为重心的改革（1994—1997 年）、1998 年以消除政企不分的组织基础为目标的改革、2003 年以建立“行为规范、运转协调、公正透明、廉洁高效”的政府为目标的改革、2008 年以建立大部制为目标的改革，以及 2013 年开始的新一轮大部制改革 6 个阶段。陕西省也在 2003 年有计划地完成市、县、乡三级政府机构改革，以及省级政府机构改革工作。市一级撤销了 38 个专业经济部门，调整职能 1346 项，县级调整职能 9848 项。合理划分党政部门、政府部门，以及市区之间的职责关系 5039 条。① 而 2008 年的大部制改革，陕西严格执行“机构设置不突破经上级批准的现有机构限额，人员编制不突破省直已核定的行政编制总数，领导职数配备不突破现有规定”的“三个不突破”，加快推进“政企分开”“政资分开”“政事分开”“政府与中介组织分开”的四个分开。同时，做好精减人员的分流安置工作，保持离退休干部管理工作的稳定。此次改革后，陕西省政府设置工作部门 41 个，其中，办公厅和组成部门 26 个，直属特设机构 1 个，直属行政机构 4 个，另设置部门管理机构 3 个。② 2013 年新一轮的大部制改革，陕西省高标准地完成了

① 王彩梅：《调整优化组织结构 推进政府机构改革——陕西机构改革调查》，《陕西行政学院学报》2015 年第 1 期。

② 西安市人大常委会网站：http：//www. china - xa. gov. cn/Html/2010/08/25/2/7274/2010/08/25/8072. html。

改革任务。及时完成了省食品药品监督管理局的改革工作，重新组建了省卫生和计划生育委员会和省新闻出版广电局。进一步理顺了政府各部门之间的职责关系，新一轮的政府机构改革基本完成。2014 年，省编办按照党中央、国务院《关于地方政府职能转变和机构改革的意见》，拟定了省卫生和计划生育委员会省新闻出版广电局的“三定”规定，新组建的省卫计委内设机构减少了 10 个，行政编制减少了 23 名，厅级领导职数减少了 3 名，处级领导职数减少了 13 名。新组建的省新闻出版广电局内设机构减少了 7 个，行政编制减少了 17 名，厅级领导职数减少了 3 名，处级领导职数减少了 11 名。这次改革，共调整职能 327 项，核减内设机构 57 个，减少编制 632 名。①

二 陕西省行政审批制度改革实践

正如前文所述，政府的基本规模是由政府支配的资源量决定的，因此要使政府的规模合理，根本措施是将政府控制和支配的资源保持在刚好能履行应尽职责的水平上，否则很难做到缩减政府规模。政府收入是政府控制资源的主要方式。而行政管制和行政审批也是政府控制资源的一种重要方式。这种方式控制的资源很大部分是非国有资源，这部分资源的配置通常都是偏离市场配置资源的轨道。直接影响到企业的生产经营活动，从而影响企业的发展（胡家勇，2009）。

陕西省在历年政府机构改革进程中，也按照党中央、国务院的要求，多次做出取消和下放行政审批项目的决定。尤其是 2003 年以来，取消和下放的行政审批项目数量众多。仅 2003 年就两次精简省级行政审批项目，共 631 项。2010 年 8 月，陕西省政府对省级 60 个部门的行政审批项目进行了新一轮集中清理。经过严格审核论证，决定第五批取消和下放管理层级行政审批项目 147 项。其中，取消的行政审批项目 120 项，下放管理层级的行政审批项目 27 项。2013 年，为进一步简政放权，深化行政审批制度改革，陕西省政府决定取消和下放 44 项行政审批事项。其中，取消 21 项、下放管理层级 23 项。2014 年，再取消和下放 113 项行政审批项目。其中，取消 66 项，下放管理层级 46 项，另有 1 项拟取消的行政审批项目是依据有关地方性法规设立的，陕西省

① 王彩梅：《调整优化组织结构 推进政府机构改革——陕西机构改革调查》，《陕西行政学院学报》2015 年第 1 期。

政府将依照法定程序提请省人大常委会修订相关地方性法规。2015 年，陕西省政府再次做出决定，取消、下放和调整 94 项行政审批项目。其中，取消 59 项，下放管理层级 24 项，调整管理方式 7 项；另拟取消和下放 4 项依据陕西省地方性法规设立的行政审批事项，省政府将依照法定程序提请省人民代表大会常务委员会修订相关地方性法规。

这些行政审批制度改革，大大提高了行政审批效率，增加了行政审批制度的透明度，在一定程度上减少了政府控制的资源，缩减了政府规模。

三　推行政府权力清单制度，促进政府职能转变

2015 年 3 月 3 日，中共中央办公厅、国务院办公厅印发的《关于推行地方各级政府工作部门权力清单制度的指导意见》（中办发〔2015〕21 号）中明确要求通过推行权力清单工作，进一步明确各级政府工作部门的职责权限，大力推动简政放权，加快形成边界清晰、分工合理、权责一致、运转高效、依法保障的政府职能体系和科学有效的权力监督、制约、协调机制，全面推进依法行政。

根据中央精神，并结合陕西省省情，2015 年 4 月 17 日，中共陕西省委办公厅、陕西省人民政府办公厅印发了《关于推行全省各级政府工作部门权力清单制度的实施意见》的通知（陕办发〔2015〕9 号），在陕西省各级政府全面启动权力清单制度。5 月 7 日，陕西省机构编制委员会印发《关于推行省政府工作部门权力清单和责任清单制度的通知》（陕编发〔2015〕4 号）。6 月 16 日，陕西省人民政府又下发《关于规范行政审批行为　改进行政审批有关工作的通知》（陕政发〔2015〕24 号），将陕西省行政审批制度改革统一纳入陕西省权力清单制度推行工作中。此次权力清单制度推行中，各级各部门突出问题导向，抓住“清权”“确权”“制权”“晒权”等主要环节，将有利于服务人民、为群众办事作为改革的出发点，优先清理和优化与企业生产经营密切相关的职权，着力解决行政许可、行政处罚、行政强制等社会反响严重的突出问题，较之以往的改革更加注重实效。

以往的行政审批制度改革，主要由编制办、监察部门或法制办等部门来承担组织实施任务。而推行权力清单制度，则是将职能转变和简政放权相结合，由中编办负责牵头实施，其他相关部门配合，设置上较以往更加科学。结合陕西省省情，陕西省将省级权力清单推行工作交由省

编办、省法制办等部门牵头，符合中央要求以及实际工作需要。在职能分工上，省编办的职责主要是根据省级政府各部门职能与任务分工，认真审核清单内容，按照一项职责一个部门负责的要求，理顺部门职责关系，并做好权力清单公布后的后续管理工作。

四　进一步优化政府组织结构，推进政府职能转变

在过去的改革中，陕西省取得了一定的成绩。但是，政府规模仍跳不出“精简—膨胀—再精简—再膨胀”的恶性循环，究其原因，最根本的就是没有紧紧抓住“转变政府职能”这一核心。

为贯彻落实党的十八大和十八届二中、三中、四中全会精神，深入推进简政放权、放管结合，加快政府职能转变，根据《国务院办公厅关于成立国务院推进职能转变协调小组的通知》（国办发〔2015〕29号）精神，陕西省政府专门成立了陕西省推进职能转变协调小组，作为省政府议事协调机构。而市县两级政府则按照国务院和省政府的部署和要求，结合本地区实际，积极探索，主动作为，参照简政放权、放管结合、职能转变的推进机制，做好“接、放、管”工作，力破“中梗阻”，“打通最后一公里”，以保证上下贯通、整体联动，确保各项改革措施能落地生效。

在实际落实推进简政放权、放管结合，加快政府职能转变过程中，陕西省提出“点、线、面”相结合，整体推进各项改革。“点”就是要真正实现简政放权，必须进行点上爆破；“线”就是要整体推进行政审批制度改革，将简政放权的点延伸为行政审批制度改革的线；“面”就是要全面展开党政机构改革和事业单位改革，将行政审批制度改革的线延展为党政、事业单位改革的面，并且还提出要“控、简、调、管”并举，加强机构编制管理。“控”就是严控总量，所需编制必须在现有编制总量内调剂解决；“简”就是精简整合，要加大对机构编制的综合设置和精简整合力度；“调”就是动态调剂，通过跨地区、跨层级、跨行业调剂，改变目前一些领域编制配备不均衡、结构不合理、人员素质偏低的状况；“管”就是规范管理，要通过探索制定机构编制标准，完善各项管理制度，减少主观随意性，提高机构编制工作的科学性、权威性和约束力。在人员编制管理上，2014 年，陕西省各级编办在编委的领导下，统筹协调同级组织、人社、财政、审计等部门共同完成了全省机构编制实名制数据库人员信息的采集、联审等工作。为了促进部门之

间数据共享比对机制的形成，陕西省编办、财政、组织、人社等部门联合下发了《关于规范省级单位工资发放及建立实名制财政供养人员台账工作有关事项的通知》，依托机构编制实名制数据库对省级工资发放单位及财政供养人员信息进行了审核。进一步完善了实名制库中省级机关事业单位的人员信息，也通过此举再次强化了机构编制部门实名制数据库信息是财政部门预算经费及核拨人员工资的依据的意识和编制部门的主导地位。2014 年年底，全省市县数据实现同步更新；2015 年年初，全省机构编制统计各项工作完全按照中央编办关于实名制工作的要求，率先通过网络化系统实现了在线报送。有效地提升了全省机构编制管理的规范化、精细化、法制化、信息化水平。①

当然，这些改革最后必然导致人员富余问题。历年政府机构改革都是由于没有真正解决好精简后人员的分流和安置这一难题，又陷入"精简—膨胀—再精简—再膨胀"的恶性循环。因此，为保证有效缩减政府机构人员规模，并保持政府机构工作人员结构优化，提高和巩固改革成效，必须重视和探索制定精简后富余人员的分流和安置政策。此外，在推进以深化行政审批制度改革为"龙头"的政府职能改革中，陕西省应该向广东、上海、浙江这些始终站在行政审批改革前沿的地方政府学习，要增强地方政府改革的内在动力，不能陷入"照葫芦画瓢"的公式化改革。

小　结

从第五章和第六章的实证分析可知，当前我国政府规模处于过度膨胀时期，对经济增长产生了负面影响，因此，必须缩减政府规模。本章从转变政府职能角度阐述了构建合理政府规模的理念、目标和途径等。我国社会主义市场经济体制改革是出发于传统的计划经济体制。在计划经济体制下，几乎所有的资源都由政府来配置，政府包办了一切本应由市场来行使的职能，当时的国情确实需要一个庞大而强势的政府。但是，随着经济体制改革的推行，政府的这种无所不包、无所不管导致的

① 陕西省机构编制委员会办公室，http：//www. sxbb. gov. cn/s/index. html。

政府规模迅速膨胀与改革的初衷和实质是背道而驰的。通过对政府规模的经济分析可知，政府和市场发挥各自优势的领域不同，两者之间是相互联系、互为补充的。政府要有效履行职能必须有一个与之相适应的政府规模，因此，这个政府规模和市场能力是密切相关的。从某种意义上说，政府的职能界定就是合理划分政府和市场的边界，因此，确定合理政府规模，可以从市场能力和政府能力的均衡出发。在界定政府职能时，要确定哪些领域应该由市场来发挥作用，哪些领域应该由政府来补充。只有那些市场做不到的事情，才需要政府来完成。按照完善社会主义市场经济体制的要求，政府职能应该主要包括宏观调控、微观规制和提供公共服务这三个方面。合理的政府规模，应该和政府职能相适应，政府实际控制和支配的资源，只要保持在履行宏观调控、微观规制和提供公共服务这三项职能的水平上即可。一旦政府控制了过多的资源，必然就会过多地干预经济，随之出现“寻租”、官僚主义和腐败等不利于经济和社会发展的现象，要从制度上消除政府规模膨胀的基础，而这一切都依靠政府职能的切实转变，只有真正转变了政府职能，才能实现建立服务型政府的目标，才能将政府规模保持在合理水平。

第八章　政府职能转变的制度保障

——现代国家治理体系

中共十八届三中全会明确提出完善和发展中国特色社会主义制度，推进国家治理体系和治理能力现代化这一全面深化改革的总目标。对于我国而言，现代国家治理体系的建构和完善体现着政治现代化的发展方向，而政府是实施并实现国家治理现代化目标的关键主体，政府自身的改革，尤其是政府职能的转变就成为改革的着力点。因此，转变政府职能，构建合理政府规模就应该纳入现代国家治理体系中，要在政府、市场和社会“三位一体”的治理结构中进行，这样才能使政府职能转变具有制度保障。

第一节　现代国家治理体系

对国家治理体系的理解，很多学者都提出了自己的看法。

简·科恩等在其论著中指出，当代公民社会理论学家受葛兰西、哈贝马斯等的启发，提出了国家、经济和公民社会三分模型。在这一模型中，预设存在一种只有有限权利的国家，市场经济独立于国家运行，公民社会是国家与市场经济领域之间的中介，它不包含国家，但以国家的存在为前提。市场经济是公民社会经济生活的模式，公民社会伴随着市场经济的发展不断成长。①

张慧君（2009）提出，构建现代化国家治理体系，要建立“法治化”的服务型政府、“有效”的市场经济体制，以及“利益整合型”的

---

① Jean L. Cohen and Andrew, *Civil Society and Political Theory*, Cambridge: MIT Press, 1992, p. 24.

公民社会“三位一体”的现代国家治理模式。即政府、市场和公民社会耦合形成的一种整体性制度结构模式。不同国家、不同历史时期的政府、市场与公民社会三者各自所处的地位、发挥作用的范围，以及耦合的方式都有所不同，从而形成多种国家治理形态。

唐皇凤（2014）也指出，现代国家治理体系的成长首先涉及正确处理政府、市场和社会三者之间的互动关系，形成三者既相互制约又相互支撑的合作治理框架；其次合理界定多元治理主体之间的职责和权限分工，建立纵向和横向的政府间合作关系，在提升政府治理整体效能的基础上，形成多元治理主体间的网络治理模式。

宣晓伟（2014）则从社会分工角度将国家治理体系概括为三个层面。一是理念；二是制度，即一国在特定理念的指导下为实现其目标所采取的一系列经济、政治和社会等领域的形式安排；三是器物，即通常所指的国家治理体系的物质实现层面，尤指具体的治理技术。因此，国家治理体系可以描述为根据什么理念、采取怎样的制度安排，以及以什么样的技术手段来治理国家的综合体系。是一国在自身文化传统和价值观的影响下，进行集体行动所采取的一系列政治经济等制度安排和具体技术手段。

从以上学者的论述可知，他们从不同的角度对国家治理体系做出了各自的阐述，但都以政府、市场和社会三者关系为中心。在十八届四中全会强调指出依法治国这一基本治国方略后，学者们更加关注法治在国家治理和社会治理中的重要作用。早在 1999 年，俞可平就指出，良法善治是我国治理的必由之路。善治是使公共利益最大化的政治管理过程，其本质特征在于国家与公民社会对公共生活的合作管理，是政治国家和公民社会关系的最佳状态。并概括了构成善治的基本六要素，即合法性、透明性、责任性、法治、回应和有效。①

习近平总书记着重指出，法治是治国理政的基本方式，要更加注重发挥法治在国家治理和社会管理中的重要作用。汪习根（2014）在谈及国家治理体系的三个维度时强调，应该在法治视野下，从公共领域、私人领域和社会领域三个维度入手，并最终回归到良法善治这一基本方略上来构建国家治理体系。而许耀桐等（2014）认为，国家治理体系

① 俞可平：《治理和善治引论》，《马克思主义与现实》1999 年第 5 期。

是一个由政治权力系统、社会组织系统、市场经济系统、宪法法律系统、思想文化系统等构成的有机整体。竹立家（2014）则强调一个现代化的国家治理体系，在本质上应该是一个政府职能合理、权力边界清晰、公共权力不存在“缺位”“越位”和“错位”的科学治理体系；一个严格遵照依法治国原则运行的规则治理体系；一个按人民民主原则，实现人民群众民主参与政治过程的民主治理体系。

基于此，笔者认同竹立家（2014）的观点。在全球化和信息化时代，现代化国家治理体系必须具备三个最重要特征：一是通过转变政府职能，实现国家权力体系现代化；二是依法治国体系的现代化；三是民主治理体系的现代化。合理的政府权力体系、依法治国体系和民主治理体系，是国家治理合理化、现代化的本质内涵。而在现代化的国家治理体系中，政府应该是这个体系中的基本组织框架。正如景维民等（2013）指出，一个具备充足治理能力，具有和现代化治理结构相匹配的职能边界的有效政府，应当成为这个治理体系运行的基本组织框架。因此，应将政府职能的转变置于国家治理现代化的整体制度建构中来探讨。转变政府职能是在实现国家治理体系和治理能力现代化视野和框架下，各种管理职能在全社会的重构，是行政管理职能在中央和地方各级政府之间、行政管理职能、市场管理职能和社会管理职能在政府、企业、社会组织之间的合理配置和有效运行（石亚军，2015）。

第二节　政府、市场和社会“三位一体”的国家治理体系

一　以政府治理体系为主导

我国是世界上最大的发展中国家，正处在转型的关键时期。经济、社会、政治和文化等诸多领域的体制改革都尚未完成，基本国情与具有健全的法制架构、完备的市场经济体系、发育良好的社会组织的西方发达国家完全不同，不可能一蹴而就实现国家治理现代化，必须立足于我国是具有中国特色的社会主义这一基本国情来逐步推进国家治理现代化。在这个现代化过程中，我国各级政府必然在国家治理体系中肩负非常重大的责任。库伊曼和弗利埃特指出，政府在治理中的任务包括构建

（解构）与协调、施加影响和规定取向、整合与管理三方面。[①]相较而言，现阶段我国政府的作用更大，正如十八届三中全会《决定》强调“政府的职责和作用主要是保持宏观经济稳定，加强和优化公共服务，保障公平竞争，加强市场监管，维护市场秩序……弥补市场失灵。政府要加强发展战略、规划、政策、标准等制定和实施，加强市场活动监管，加强各类公共服务提供。”因此，政府作为国家治理体系的基本框架，不能将其视为一般的社会组织，更不能被边缘化。

但是，政府治理起主导作用并不意味着要建立政府管理和决定一切经济和社会事务的全能的政府。正如前文所述，在社会主义市场经济条件下，我国转变政府职能的目标是建立法治的、高效的、责任的、有限的服务型政府。在我国政治与行政合一的体制下，政府在国家治理体系中的这种决定性角色应取决于政府转型。政府体制的变革直接决定着市场体系的成熟、公民社会的成长、政府治理结构的完善，从而决定着现代国家治理体系的发展进程。因此，在国家治理体系中，政府治理应起主导作用，这样才能实现十八届三中全会《决定》中提出的“有效的政府治理”。当然，这一主导作用的首要前提是政府职能的合理界定。政府作为国家治理的主体，其职能必须与市场和社会有个合理的边界。政府职能现代化的根本标志就表现为有限制的政府权力。这样才能形成职能边界清晰的政府、市场、社会共治的现代国家治理体系（竹立家，2014）。而胡家勇（2009）曾强调政府应该将所支配和控制的资源集中在宏观调控、微观规制和提供公共产品及服务这三项基本职能上，要避免政府“越位”“缺位”和“错位”。如果政府过多地干预经济和社会，会抑制市场和社会的活力，破坏市场竞争体系和公正的社会运行体系，从而削弱甚至消除市场和社会的自我修复能力，加大国家治理的难度。

因此，在强调政府治理在国家治理体系中的主导作用时，必须注意国家治理的主体还包括其他公共部门甚至个体公民，国家治理体系是一个包括政府治理在内的“多中心主体”治理结构。

二　以市场治理体系为基础

市场治理体系为政府治理和社会治理体系提供经济和政治基础。日

---

① ［德］于尔根·哈贝马斯：《公共领域的结构转型》，转引自许耀桐、刘祺《当代中国国家治理体系分析》，《理论探索》2014年第1期。

本经济学家青木昌彦认为市场治理是各经济主体在市场运行中经多次重复博弈形成一致遵循的规则的一个过程。并将其视为由第三方实施者作为策略参与人介入市场运行的博弈结果。他还指出，市场治理的基本目标应该是维护稳定的市场秩序，为人们提供安居乐业的经济环境；促进市场民主法治，为公民直接广泛地参与市场经济提供经济动力；维持经济可持续发展，促使经济持续增长和资源有序开发，增强综合国力，维护公民收入稳定增加；增进社会福利，维护分配公正，促使政府采取兼顾效率与公平的社会分配政策。①

从青木昌彦的观点可以看出，市场治理体系的发展，为政府治理和社会治理体系奠定了发展和完善的基础。市场治理需要公民和政府的共同参与，但公民能正确和广泛参与市场治理需要政府提供包括立法、法律条款、政策和预算等政府治理过程中的相关信息，其信息传播的数量和质量，决策过程的公正都反映出政府治理的水平。因此，市场治理可以促进政府治理更加公开、公正和透明，还可以限制政府治理权力的扩张。政府干预经济，是因为市场存在自身缺陷和市场失灵，而完善的市场治理则能弥补市场缺陷，减少市场失灵，从而促使政府退出一些经济领域，防止政府权力过度扩张，进一步实现政府治理的公平正义。市场经济的发展过程，也伴随着公民社会的成长和发展。随着市场的发育，私人领域的经济实力不断增强，在分权的愿望下，私人领域逐渐有了存在的政治空间。市场治理的不断完善，为满足市场中个体的经济政治利益，为社会力量提供活动资金，也使市场能更好地运行，实现更多经济效益，使社会力量得到最大限度的经济支持，进而不断增强其存在的政治空间。并且在这个过程中，从市场中分离出来的公民社会以契约精神为经济活动和社会交往的基础。在长期的市场交易活动中形成具有强制约束力的行为准则，不断强化市场内在的契约和平等精神，成为社会治理的契约文化和土壤，使社会治理具备坚实的基础。

三　以社会治理体系为重点

随着市场的发育和完善，公民社会逐渐形成和发展，并以契约和平等精神为基础。在与市场的不断相互作用过程中，形成了社会治理体

---

① ［日］青木昌彦：《比较制度分析》，周黎安译，上海远东出版社2001年版，第88页。

系，为市场治理提供约束和诚信机制。完善的社会治理可以解决部分由于市场失灵带来的问题。并且，社会成员在长期的经济和社会活动中，形成了约定俗成的具有强制约束力的行为规则和基本准则，甚至比一般的道德规范的社会调整功能都更有力，从而促进市场诚信机制的形成，使市场治理更易于实现。这种公民社会自然而然形成的社会信用，作为非正式制度，为政府治理提供了重要支撑。社会信用虽然不具备强制力，但是，对社会成员的行为具有“软约束力”。随着公民社会的发展，市场和社会在国家治理体系中的角色越来越重要，政府也必须受到这两个外部主体的制约。社会成员的广泛参与，可以监督和制约政府行使其权力，抑制其恶性膨胀，将政府行为限制在法律的框架内，推动政府治理法制化。因此，社会治理为市场治理提供约束和诚信机制，为政府治理提供非正式制度支撑和优化其治理行为的推动力（周学荣等，2014）。

随着社会主义市场经济体系的不断完善，以及行政体制改革的不断深化，当前我国推进国家治理体系现代化的重点是社会治理领域。社会组织作为国家与社会、政府与市场之间的媒介，具有一定公共性，可以承担一部分原来由政府管理的公共事务。第三部门的兴起打破了传统资源配置上政府和市场非此即彼的选择。马克思主义这样描述国家与社会的关系：“国家最终要走向消亡，国家的权力要被社会收回，重归社会。”在这一发展进程中，必须重视社会组织的发展。党的十七届二中全会《关于深化行政管理体制改革的意见》提出：“更好地发挥公民和社会组织在社会公共事务管理中的作用，更加有效地提供公共产品。”党的十八大以来，党中央多次强调要完善“党委领导、政府负责、社会协同、公众参与”的社会管理格局，这些政策为社会组织的生长和发展，提供了有利的宏观制度环境。

第三节 现代国家治理体系：政府职能转变的制度保障

一 国家治理体系规定政府职能

新中国成立之初，是要建立人民民主专政的社会主义国家，当时的意识形态、国际环境和国内国防、经济、政治、文化和社会等因素共同促使政府选择了全能型的政府职能模式，只有这种全能型政府，才具有强大的政治整合力，才能保证人民民主专政得以实现。当时的国家，也就成为真正意义上的“利维坦”。[①] 相应地，政府也就通过垄断社会资源分配，将权力的触角伸到全社会的各个领域，形成了政治权力和行政权力控制整个经济和社会的“全能主义”。[②] 全能型政府意味着政府完全按照自己的意志，直接管制社会，取代市场，也就无须对政府职能进行界定，政府与市场的边界也就不存在。

但是，随着经济社会的发展，全能型政府其全能职能是违背社会生产力发展规律的，最终制约了经济的可持续发展。苏联和东欧国家的剧变，原因之一就是这些国家过分强调政府的作用，否定市场机制的作用，没有正确界定政府与市场的关系。从 1978 年开始，我国就调整了党和国家的指导思想和方针政策，摒弃“以阶级斗争为纲”的思想，转变为“以经济建设为中心”，现代化建设成为“最大的政治”。[③] 从而在某种意义上实现了政治国家向经济国家的转变，政府职能也从以政治职能为中心转向经济职能为中心，全面开启从计划经济向市场经济转变的经济体制改革。现代国家治理体系也开始构建和发展起来。

在现代化进程中，社会公共事务日益多样化与复杂化，为保证市场经济和社会正常运行，需要一个强有力的政府。但在实践中，如果政府太强而又缺乏有效约束，很容易损害政府的有效性，最终政府的治理能力不升反降，这就要求缩减政府规模与职能，提高治理效率。因此，构建有效政府是一个两难问题。国家治理体系的现代化，一个基本前提就是政府职能体系的科学化、规范化界定，逐步实现政府的有效限权、放权和分权体系，用制度保证权力的纯洁性，实现社会公正，达到社会共治。现代国家治理机制要求多中心、多主体参与国家治理，这是实现现代国家治理的一个重要途径。因此，治理工具就不应局限于强制性的政府手段。正如库伊曼（J. Kooiman）指出：“不论是公共部门还是私人

---

① Brennan, G., Buchanan, J. M., *The Power to Tax: Analytical foundations of a fiscal constitution*, Cambridge University Press, 1980.

② 邹谠：《二十世纪中国政治：从宏观历史与微观运行的角度看》，（香港）牛津大学出版社 1994 年版，第 20 页。

③ 金太军：《政府职能梳理与重构》，广东人民出版社 2002 年版，第 91 页。

部门，没有一个主体能动辄就拥有解决综合、动态、多样化问题所需要的全部知识和信息，也没有一个主体有足够的知识和能力去应用一切工具。”① 因此，有必要通过公共部门与私人、集体和个体、政府和社会等多方主体间的互动、协商、博弈形成最终的多主体共治。

总之，现代国家治理是围绕政府与市场和社会之间关系的三位一体的治理体系。在这个治理体系中，市场经济的发展要求重新界定政府与市场的职能，合理划分政府与市场的边界；公民社会的成长要求处理好国家与社会之间的关系，公民具有独立于国家之外的自主空间。

二　现代国家治理体系下政府的基本职能

现代国家治理，注重和强调不同治理主体之间的协作，使国家治理体系更趋完善，既要防止国家权力过大，成为侵犯市场和社会权力的“大政府”，又要防止国家权力缺失，成为不能保证市场经济得以顺利运行的“弱政府”。政府作为公共治理的重要主体，行使公共权力，承担一定的公共责任。政府职能的核心问题就是要明确政府在公共治理的过程中“应该做什么”，“不应该做什么”。

胡宁生（2014）指出，与我国具有中国特色社会主义制度的完善与发展相适应并为之服务的国家治理体系是一个扎根于中国特色社会主义政治、经济、文化、社会生态等领域的建设与治理活动中的、多层次的、立体化的宏大系统，它由三个基本的子系统构成。处于系统顶层的是由执政党的领导、人民当家做主、依法治国三大要素有机构成的核心子系统；处于系统底层的是促进和规范市场经济民主、政治先进、文化和谐、社会生态文明等诸方面的建设，并使各个领域之间实现整合与协同的各类具体规则和制度构成的保障子系统；处于系统中层的则是由政府市场和社会的协同与互动所构成的关键传动子系统。在政府、市场和社会三位一体的国家治理体系中，政府与市场关系是最根本的，制约着政府与社会、市场与社会之间的逻辑关系。因此，要实现国家治理现代化，必须围绕资源配置的决定性作用重塑政府与市场之间的关系。现代国家治理体系下政府的基本职能界定，仍应围绕政府与市场之间的关系来进行。这也是党的十八届三中全会决定中体现国家治理思想的核心关

① 转引自杨家兴《走向国家治理现代化：转型期发展中国特色社会主义的战略选择》，《大连干部学刊》2013 年第 12 期。

系之一。

正如前文所述，在社会主义市场经济条件下，政府最主要的职能应该是宏观调控、微观规制和提供公共产品及服务。胡家勇（2009）和于长革（2010）都对此有详细论述。程李华（2014）也再次指出，在现代国家治理体系下，政府的基本职能是指政府应该承担的基本职责和功能，为公民和社会提供公共产品和服务，主要体现在有效的制度供给、实施公平的政策、满足公共产品和服务需求等方面。因此，应该加快构建有限的、有效的服务型政府，这也是我国转变政府职能的目标和实质。

三 政府、市场和社会三个治理领域的协调

理想的国家治理状态是国家、政府和社会三个领域按照简约治理原则，在国家治理进程中各司其职、各负其责、相互配合。这个理想状态要基于三个领域的机制都有效发挥作用这一前提，而在现实中，往往因为国家权力过大，对市场和社会过多地进行干预，从而降低治理效果（任剑涛，2010）。张喜红等（2014）也指出在政府、市场和社会形成的以政府治理为主导的“多中心主体”治理结构中，三大主体的组织功能及其互动关系决定着国家治理体系的具体运行状态，因此，这三者能否形成良好的互动关系直接影响着国家治理体系的协同性，影响着国家治理体系制度功能的发挥。党的十八大提出了具有中国特色社会主义的政治、经济、文化、社会和生态“五位一体”的总体布局。政府、市场和社会与这五大领域都有着密切的联系，但在各自特定领域都体现出特有的组织功能优势，因此，在促进国家治理体系现代化过程中，既要实现政府、市场和社会在各自优势领域作用的充分发挥，又要实现政府、市场和社会治理三个不同领域的协调。

（一）政府与市场关系的协调

经过30多年的改革开放，我国社会主义市场经济体制建设得到了巨大发展，市场在资源配置上实现了从“基础性”作用向“决定性”作用转变。但现实中，市场经济在资源配置上并没有真正发挥其决定性作用，在未来的改革中还需要继续消除政府对市场的一些干预和扭曲，由市场来决定资源配置，从而建立一个有效的市场（林毅夫，2014）。但是，这也并不意味着政府完全退出，市场经济的发展，反而要求有一个强有力的政府来进行监管。

美国耶鲁大学教授林德布洛姆早在1977年就在其《政治与市场：世界的政治—经济制度》一书中指出："撇开专横残暴的政府与主张自由的政府之间的区别来看，一个政府同另一个政府最大的不同就在于市场取代政府或政府取代市场的程度。"[①] 从我国政府规模演变历程可以看出，我国政治职能转变是一个动态变化的过程。为构建合理政府规模，要考虑政府能力和市场能力的均衡，只有达到两者均衡点的政府规模，才是最合理的。但这个均衡点不是一成不变的，而是随着经济社会发展动态变化的，即不存在一个固定的最好的政府和市场的职能边界。而且随着国家治理体系的不断发展完善，公民社会的承接政府权力转移的能力也会不断增强，从而形成政府、市场和社会三个治理主体不断协调互动的动态发展，政府职能转变也就必须依市场和社会的能力发展来调整。

在以政府治理为主导的"多中心主体"治理结构中，市场治理是政府治理的基础。它可以限制政府治理权力的扩张、实现政府治理的公平正义，以促进政府治理的民主化和规范化。反之，政府治理也会推动市场治理的完备、为市场治理提供有效的治理手段和多样的市场主体，以及提供必要的制度保障。因此，政府职能界定能否与市场发展相互协调就成为现代化进程的最重要因素和最明显的标志。[②]

（二）政府与社会关系的协调

如前所述，在社会主义市场经济条件下，政府最主要的职能是宏观调控、微观规制和提供公共产品及服务。在现代国家治理结构中，政府必须与市场和社会协同互动，共同承担为全社会提供公共产品和公共服务的任务。这意味着并非所有的公共产品和公共服务都必须由政府直接提供，对一些收费类公共物品和共享类公共物品的提供，政府可以向市场和社会分权，由企业和第三方部门来提供，逐步将政府的一些规制职能向中介组织转移。但要以公民社会组织的健康化和制度化发展为前提。

从理论上说，社会成员的行为体现出公民精神的社会才是理想的中

---

① ［美］查尔斯·林德布洛姆：《政治与市场：世界的政治—经济制度》，王逸舟译，三联书店上海分店、上海人民出版社1994年版，序言第1页。

② 杜创国：《政府职能转变论纲》，中央编译出版社2008年版，第5页。

国社会体系。其包含公民意识的觉醒、公民社会组织的发展、公民社会与政府的互动、公民利益表达和权利维护、公民对公共事务的参与，以及公民社会的自助、自救、自律和自治等主要内容。[①] 我国社会发展实践表明，公民社会体系正逐渐孕育于我国现代化进程中。但与西方社会相比，我国社会体系发展呈现出完全不同的形态。由于我国国家和政府的强政治性主导，要实现政府与公民社会的良性互动，只能采取“政府自上而下的理性构建和民间自下而上的自发演化相结合的社团主义模式”。[②] 从而大多数的社会组织的形成和发展都是政府有意识地让渡权力的结果，对政府具有高度依赖性，其自主发展能力水平较低，这也导致其在公共事务的参与上表现很不稳定。基于此，在将政府的一些职能转移给社会组织时，首先必须保证公民社会组织的健康发展，并培育其承接政府转移职能的能力，保证政府向社会分权的顺利进行。

在以政府治理为主导的“多中心主体”治理结构中，政府治理为社会治理提供监管与发展空间，如政府制度建设有利于优化社会治理环境，为社会治理提供有效的监管；政府法治建设有利于推动公民社会的发展；转变政府职能有利于拓展社会组织发展空间等。而社会治理为政府治理提供非正式制度支撑，以及优化其治理行为的推动力。两者之间的良性互动和协同作用对完善我国国家治理体系至关重要。

（三）市场与社会关系的协调

从市场和社会的发展历史来看，公民社会是商品经济发展的产物，是近代自由资本主义发展的必然结果，公民社会是在市场出现之后才慢慢开始出现和发展起来的。市场为社会的形成提供了土壤，更为社会的发展提供了养料。随着私人领域的经济实力不断加强，在要求分权的强烈愿望下，市民社会才有了存在的政治空间。完善的市场治理，会使市场能够更好地运行，实现更多经济效益，更好地为社会力量提供活动所需的资金，使其得到最大限度的经济支持，不断加强其存在的政治空间。反过来，社会治理的成功会促进市场的繁荣，也能更好地实现市场

① 转引自薛澜、李宇环《走向国家治理现代化的政府职能转变：系统思维与改革取向》，《政治学研究》2014 年第 5 期。

② 景维民、张慧君、黄秋菊：《经济转型深化中的国家治理模式重构》，经济管理出版社 2013 年版，第 320 页。

中个体的政治利益。[1] 市场经济的本质是契约经济，公民社会的本质是契约社会。脱胎于市场经济的公民社会，其本身就是为实现私人领域的经济和政治利益，通过社会成员之间的契约精神连接而成的。[2] 随着市场经济的发展，市场治理也不断完善，同时市场契约精神也不断完善，并使人们逐渐适应契约文化，为社会治理提供坚定的契约信仰，夯实社会治理的基础。同时公民社会也会不断发展，其逐渐增强的契约文化反过来会强化市场的契约精神，使市场治理更加容易实现。

市场的主体是大大小小的企业，市场和社会的关系，就是这些企业和社会的关系。我国发展市场经济历时很短，很多企业还非常弱小，再加上政府的缺位，企业生产和销售假冒伪劣商品，市场交易失信或欺诈的现象时有发生，导致人们仍然保留着传统文化的“无商不奸”的认识。随着我国市场经济体制的确立和发展，对企业经营和市场交易的看法也随之改观，但是，企业和社会的良性互动并没有真正建立。如果市场和社会关系不协调，甚至出现严重对抗，政府和市场、政府和社会的关系也会受到影响。例如，一起严重的食品安全事件，不仅让企业和公众的关系恶化，政府也面临危机的挑战，政府和社会的关系变得紧张，政府和市场的关系自然也会受到冲击，因此，如果不能协调好市场和社会的关系，会影响到政府、市场和社会三位一体的整个治理体系。在协调市场和社会的关系上，负主要责任的应该是企业和市场，因此，要实现市场和社会的良性互动，企业首先必须担负其必要的社会责任。

在以政府治理为主导的“多中心主体”治理结构中，市场治理为社会治理提供经济政治基础与契约土壤。社会治理为市场治理提供约束与诚信机制。

从上述分析可以看出，在社会多元化和分层化发展趋势下，单纯推进行政体制改革，向市场和社会放权都不能实现良治的目标，建立政府、市场和社会协同互动的现代化治理格局是大势所趋。国家治理的总体战略思想的提出就是为解决“政府失灵”“市场失灵”和“社会失灵”问题的（薛澜等，2014）。我国改革必须将以转变政府职能为核心

---

① 周学荣、何平、李娴：《政府治理、市场治理、社会治理及其相互关系探讨》，《中国审计评论》2014 年第 1 期。

② 尤春媛：《市场经济、契约文明、法治政府》，中国政法大学出版社 2012 年版，第 91—92 页。

的行政体制改革、以发挥市场对资源配置的决定性作用的市场改革，以及以社会组织健康发展和能力培养为核心的社会建设有机结合，在现代化国家治理结构下实现三者的有机协调和系统推进，促进国家治理体系现代化发展。

小　结

本章从政府、市场和社会三位一体的多主体治理结构形成的现代国家治理体系出发，阐述了政府治理、市场治理和社会治理在国家治理体系中的地位，以及三者之间的关系，在现代国家治理体系中，以政府治理为主导、市场治理为基础、社会治理体系为重点。必须建立这三个治理领域的良性协调互动。在全球化和信息化时代，现代化国家治理体系必须具备三个最重要的特征：一是通过转变政府职能，实现国家权力体系现代化；二是依法治国体系的现代化；三是民主治理体系的现代化。合理的政府权力体系、依法治国体系和民主治理体系，是国家治理合理化、现代化的本质内涵。现代国家治理体系是转变政府职能的背景和前提，同时，在这个体系中，政府应该是最基本的组织框架。因此，应将政府职能的转变置于国家治理现代化的整体制度建构中来探讨，否则就失去了应有的制度保障和改革成效。

第九章　结语

通过前述分析可知，在现阶段按照社会主义市场经济体制的要求，我国政府职能存在越位、缺位和错位等问题，导致政府规模过度膨胀，对经济增长产生不利影响，因此，必须从转变政府职能角度压缩政府规模，使政府规模保持在合理水平。而要构建合理的政府规模，就必须在政府、市场和社会三位一体的治理结构形成的国家治理体系下重塑政府与市场关系，实现政府职能转变。

第一节　研究结论

战国时期伟大的思想家孟子善于通过讲故事来讽喻君王。有一次他到山东去见齐宣王。齐宣王问孟子道："听说周文王有一处狩猎场，纵横各长七十里，真有这回事吗?"孟子答道："在史籍上有这样的记载。"宣王说："真有这么大吗?"孟子说："老百姓还觉得太小呢。"宣王说："我的狩猎场，纵横各四十里，老百姓还认为太大了，这又是为什么呢?"孟子说："文王的狩猎场纵横各七十里，割草打柴的去，打鸟捕兽的也去，同老百姓一同享用。老百姓认为太小，这不很自然吗? ……我听说在齐国首都的郊外，有一个狩猎场，纵横各四十里，谁要杀害了里面的麋鹿，就等于犯了杀人罪。那么，这纵横四十里的地面，对老百姓来说，就是一个陷阱。他们认为太大了，不也应该吗?"①

孟子的意思很明确，政府是为公众谋利的，政府的权力如果是名副其实地为民服务而不是与民争利，那么政府规模再大，公众也认为很

---

① 原文出自《孟子·梁惠王下》，详见杨伯峻译注《孟子译注》，中华书局 1960 年版，第 30 页。

小，随着经济和社会的发展，对公共服务需求从质量上和数量上都会不断提升，现有的政府规模可能不足以满足公众的需求。反之，政府如果是为了自身的特殊利益，为少数人的利益服务，政权的权力成了特殊利益集团谋取私利的工具，那么政府规模再小，公众也认为很大。因此，不管政府规模大还是小，都必须与政府职能相适应。

本书基于转变政府职能的角度概述了我国政府规模演变的历史进程，并在政府规模与经济增长关系框架下论述了政府规模影响经济增长的机制，通过实证检验验证了我国政府规模对经济增长产生的不利影响，并得出以下结论：

第一，本书应用各地级市面板数据进行实证分析，结果表明，我国政府规模对经济增长会产生不利影响，在一定程度上阻碍了经济增长。从全国总样本的系统 GMM 估计结果来看，政府规模的扩张会阻碍经济增长，而且从系数值来看这种影响还不小；从东中西三大经济区样本的系统 GMM 估计结果来看，政府规模在三个地区都对经济增长产生不利影响，只是在东部和中部地区比较显著，在西部则不显著；从资本增长率对经济增长影响来看，不论在全国，还是东部、中部和西部地区，资本增长率的持续上升对经济增长都具有负的影响，而且除在中部地区这种不利影响在统计上不显著外，在全国和东部以及西部资本增长率的增加都显著地阻碍了经济进一步增长，这应该值得重视。当然，这并不说明资本会阻碍经济增长，只是降低了经济增长的速度。而且政府对市场的干预可能也起到一定的推波助澜的作用。比如，由于资本的持续增加，尤其是政府投资的增加，会导致全要素生产率的下降，从而拉低了经济增长的速度。因此，必须有效地压缩政府规模，政府要从一些领域退出，还权于企业和社会，尤其是要减少东部地区政府对经济的干预。

第二，政府机构改革必须以转变政府职能为核心。就政府规模而言，过度膨胀一直是困扰我国机构改革的难题，而且经过多年改革，却始终未能突破“精简—膨胀—再精简—再膨胀”的怪圈，根本原因就是改革没有真正做到紧紧围绕转变政府职能这个核心，仅就机构改革而改，没有以合理界定政府职能为前提，不管怎么精简机构和压缩人员编制，政府依然是管得过多，很多可以交给市场或第三方部门做的事情政府也包揽下来，管的事情越多，自然就需要扩大规模和增加人员来配合。因此，我们不能单纯地谈论政府规模大还是小，这并没有实际意义，政府规模大小取决于经济、政治和社会发展的客观需要，并直接由政府职能范围来确定，所以关键是要合理地界定和转变政府职能，防止政府“越位”“缺位”和“错位”。

第三，要紧紧围绕转变政府职能这一核心，处理好政府与市场的关系，有效界定政府职能，既避免政府越位，也要避免政府缺位和市场越位，要区分政府和市场在资源配置中的优势领域，实现二者的良好互补，最终将政府规模控制在合理水平。要以建立有责任的、规模有限的、高效的服务型政府为目标，结合大部制改革方向，紧紧抓住转变政府职能这个关键核心来进行行政体制改革，这样，才能将政府规模控制在与政府职能相对应的水平上，才能最大限度地缩减政府规模，同时最大限度地发挥政府作用，更好地促进经济增长。

第四，要将转变政府职能纳入现代国家治理体系中。在这个治理体系中，以政府治理体系为主导，建立和完善政府、市场和社会三位一体的治理结构，重塑政府与市场，政府与社会，市场与社会之间的关系，使其形成良性协调互动关系，为转变政府职能，实现十八届三中全会提出的完善和发展中国特色社会主义制度，推进国家治理体系和治理能力现代化这一全面深化改革的总目标提供制度保障。要从转变传统的管理和控制理念，树立公共行政的服务理念、合理界定职能，培养和完善市场和第三部门、结合大部制改革的具体目标转变政府职能、减少政府控制和支配的资源等几个方面来有效转变政府职能，并且在实践中要制订可操作性的具体指导方案。

第二节 结论的政策含义

从前面结论可知，缩减政府规模势在必行。但是，构建合理的政府规模是一个系统工程，需要从多方面入手。胡家勇（2002）在论述政府这只“看得见的手”应该转型为“一只灵巧的手”时就提出，压缩政府规模，必须从限定政府控制的资源数量、将国有资产集中在政府功能领域、对政府职能进行有效分解、调整政府工作人员的职业利益和改革政府机构等几个方面入手。本书认为，要将政府规模控制在合理的范围内，必须基于现代国家治理体系框架，建立政府治理体系、市场治理体系和社会治理体系之间的良性协调互动，正确界定新时期政府职能，并切实转变政府职能，否则不可能真正压缩政府规模。

一 健全政府职能转变的制度保障

（一）健全政府职能转变的法律体系

十八届四中全会明确指出："依法治国，是坚持和发展中国特色社会主义的本质要求和重要保障，是实现国家治理体系和治理能力现代化的必然要求……提高党的执政能力和执政水平，必须全面推进依法治国。"并在第三条"深入推进依法行政，加快建设法治政府"中强调各级政府必须坚持在党的领导下、在法制轨道上开展工作，创新执法体制，完善执法程序，推进综合执法，严格执法责任，建立权责统一、权威高效的依法行政体制，加快建设职能科学、权责法定、执法严明、公开公正、廉洁高效、守法诚信的法治政府。[①]

政府必须依法全面履行其职能。法治型政府的实质就是政府自觉地以法律、法规来约束自身行为，依法行政，这也是社会主义市场经济发展的必然要求。行政机关作为政府行使权力和履行职责的主体，在管理社会事务时要做到既不缺位、不错位，也不越位。要坚持法定职责必须为、法无授权不可为。有学者统计，我国80%的法律法规是由行政机关执行的。[②] 2013年，习近平在中共中央政治局第四次集体学习讲话中也指出行政机关是实施法律法规的重要主体，要带头严格执法。法治的核心在于公权力必须受法律的约束。在国家的各种公权力中，与公民联系最密切，且影响最大的就是行政权力。要推进依法治国，建设法治社会，依法行政是关键，而完备的法治体系则是依法行政的前提。

完善的行政法律法规是政府职能法定的制度基础，也是实现政府职能转变的前提和保障。依法行政首先要求约束行政权，其次要求规范行政权的行使程序。因此，依法行政实际上就是要求行政职能法定、行政内容合法，以及行政程序合法规范（张宗林等，2015）。

（二）完善行政问责制度

正如前文所述，在现代民主社会中，政府组织在本质上是一种责任

---

① 参见2014年10月23日《中共中央关于全面推进依法治国若干重大问题的决定》。

② 马怀德：《依法治国制度建设向法治实施转移》，http://legal.people.com.cn/n/2014/1025/c188502-25906147.html。

系统。其责任主要体现在对公众的需求做出迅速回应、针对公众需求所制定的规划以及执行规划要有弹性，必须具备高效率和高效能的行为，必须依法治国，必须对政府组织及其行政人员的失职和违法行为负责，政务必须公开透明并接受公众监督，并且政府组织和行政人员不能以权谋私。① 因此，必须完善问责制度，对政府职能的履行以及行政人员的行为进行监督，并起到惩治和警示作用。

我国行政问责制的建设比较薄弱，只有一些相关的规定和条例，尚未形成制度化的法规。改革开放后，为推进行政问责制的制度化，各地地方政府，如北京、天津、重庆和广州等相继出台了针对不同问责对象的行政问责规章制度。这些规章制度，有些是对部门行政首长进行问责，也有些是对行政机关及工作人员进行问责。

在各地进行探索的同时，中央也积极加快建立问责制制度化的步伐。比如，2003 年颁布的《公共卫生突发条例》明确指出了各级政府及有关部门、社会组织和公民在应对突发公共卫生事件中应承担的责任和义务，以及违法行为应负的法律责任。同年，通过的《行政许可法》则规定了政府的行政许可行为，以及违反该法应承担的法律责任。2004 年颁发的《党内监督条例（试行）》中也对“询问和质询”“罢免或撤换”进行了详细的规定。同年，《全面推进依法行政实施纲要》强调依法行政的基本原则是“权责统一”，对决策责任追究、行政执法责任制，以及完善行政复议责任追究制度等都做了明确的规定。2006 年成立的《中华人民共和国公务员法》则对公务员在行政行为中应承担责任的条件和公务员辞职辞退作了明确规定，促进行政问责法制化和规范化。2009 年中央又出台了《关于实行党政领导干部问责的暂行规定》，明确了七种问责情况，主要涉及群体性事件和具有恶劣影响、造成重大损失等的行政行为。实际工作中，政府缺位和错位带来的严重后果并不亚于越位导致的重大安全责任事故和重大经济犯罪。因此，行政问责应从单纯追究过错、违规等问题向追究包括决策失误、监管不力、处置失当等问题转变，即扩大问责范围。改变以往造成重大责任事故后才问责

---

① 吴威威：《良好的公信力：责任政府的必然追求》，《兰州学刊》2003 年第 6 期。

的做法，要重视对日常工作的审查、督察。①

此外，还必须强化人大问责，健全司法问责，加强新闻媒体问责，培育行政问责文化，建立健全有效的行政监督机制。

（三）健全政府绩效考核机制

改革开放以来，我国经济社会得到了极大的发展，其中，我国分权化改革大大提高了经济绩效是重要原因之一。以 GDP 为目标的政绩考核给地方政府推动当地经济增长提供了极大激励，这一点得到普遍认同。但是，单纯地以 GDP 论英雄，使其他如环境、社会保障和教育等对 GDP 没有直接贡献但同样很重要的目标很自然地就被忽视。在地方官员的效用函数中，晋升机会和经济利益是两个重要变量，在政绩考核指标偏重 GDP 的情况下，地方政府官员会围绕这两个目标来定位政府职能，从而扭曲经济（胡家勇，2009）。因此，要实现经济和社会的可持续发展，必须改革和完善政绩考核制度。纠正过去单纯以 GDP 增长评定政绩的错误倾向，加大资源节约、环境保护和生态效益、科技创新、安全生产，以及各种民生指标在考核指标体系中的权重。正如何帆（2000）对史莱夫等关于《政府的质量》的研究报告进行评论时指出的，可以从“政府干预、官员体系的效率、公共产品的提供、政府的规模和政治自由”五个方面衡量政府质量的标准。涵盖人民生活、生态保护、经济社会文化发展、精神文明和政治文明等方面。此外，政绩考核应改变过去地方政府只对上级政府负责的方式，更重要的是对辖区内的居民负责，因此可以采取上级考核和社会评议相结合的方式。为保证政府全面依法履行职能，除健全相应的监督和制约机制外，还要完善相应的政绩考核程序机制。政府本身就是执法部门，若政绩考核流程表现出主观性和随意性，考核指标再完善，考核方式再科学也难以实现对政府绩效的正确和客观考核，因此，必须实现政府绩效考核制度化和法治化（程李华，2014）。

二 理顺政府与市场、社会之间的关系

理顺政府与市场、社会的关系，是转变政府职能的核心和关键。政府在履行其管理社会事务的职能过程中出现的“越位、缺位、错位”，

① 顾海波、廖兰芳、吴娟：《关于完善我国行政问责制的思考》，《行政与法》2010 年第 5 期。

根本原因是政府在处理与企业、社会组织之间关系，运行其权力时并不是将自身仅仅看成是政府，同时还把自身看成是企业和社会组织，这种角色的混淆，必然导致政府“什么都管”，最终该管的没管好，不该管的却管得过多，而且还不一定管好。从 2013 年“两会”开始，这一核心已经成为我国深化行政体制改革和经济体制改革的认识主线和行动中心，尤其是我国经济发展进入新常态后，面临着经济运行的一系列变化，以及复杂的国内外形势，习近平同志强调指出：“经济体制改革的核心问题仍然是处理好政府和市场关系。”在新常态下，要保持经济持续健康发展，必须抓住这个核心问题，把市场和政府的优势都充分发挥出来。

政府与社会的关系，主要体现在政府和社会组织，也就是前文所说的第三部门之间的职能界定和承接。根据社会主义市场经济体制的要求，我国行政体制改革的目标是要最终建立服务型政府。服务型政府必然地要求政府以为社会提供公共服务为主要职能。从我国的实际情况出发，从政府、市场和第三部门之间的关系出发，当前我国政府应该主要承担宏观调控、微观规制和提供公共服务三项基本职能。其他学者提出的如协调对外关系，维护社会稳定等职能，笔者认为，提供公共服务这项职能已经包含在内。当然，在这三项主要职能基础上，还可以视政府能力、市场完善程度和第三方组织的发育情况进行调整，政府职能应该是一个动态的概念。一旦确定了政府职能，就该将本应由市场行使的权力归还给市场，由第三部门来行使权力会更加有效的话就让渡给第三部门。我国的经济转型实质是“还权于民、还权于企业、还权于市场、还权于社会”的一个过程，而这个过程中的一个关键环节就是政府转型。[①] 清晰地界定了政府职能之后，转变政府职能实际上就是政府向公众、企业、市场和社会放权的过程。

因此，应该根据行政管理、企业管理和社会组织管理的客观规律，在相关学科理论基础上，从界定政府的行政主体地位、企业的市场主体地位、社会组织的社会主体地位及其三者履行职能的功能属性上来规范政府的行政行为，将政府向市场和社会伸出的“干预之手”挡住。

---

① 胡家勇：《构建有效政府是完善社会主义市场经济体制的核心》，《经济理论与政策研究》2009 年特刊。

三　减少政府控制和支配的资源

要有效地控制政府规模，必须消除政府规模扩张的基础。

第一，要减少政府的财政收入。这是政府控制资源的主要方式之一。从我国改革开放以来政府财政收入的变化可以看出，财政收入总额先是逐年下降，从1996年后又逐渐上升，而且增长率也一直超过GDP的增长率。但是，从支出项目来看，这些收入用在民生方面的份额较少。以中央政府为例，《中国统计年鉴》（2015）数据显示，2014年，中央政府各项支出比重中，社会保障支出占8.69%，教育支出占5.55%，医疗卫生支出占6.1%，其中，社会保障支出和医疗卫生支出与过去相比，增幅非常明显，但与其他国家相比，比例仍然偏低。2014年《国际统计年鉴》数据显示，1993年的日本社会保障支出占36.80%，教育支出占6.03%，卫生保健支出占1.6%；2008年的韩国，社会保障支出占21.11%，教育支出占16.01%，卫生保健支出占0.98%；2000年的墨西哥，社会保障支出占20.12%，教育支出占24.73%，卫生保健支出占4.95%。2010年，捷克2008年的这三项支出占比都远远高于我国。虽然我国和这些国家在统计口径上有差异，但也能从一定程度上反映出与政府承担的职能相比，控制的收入过于庞大。更何况还存在地方政府及其职能部门通过各种途径获取大量的预算外收入和非预算收入。

第二，要切实以深化行政审批制度改革为动力，推进权力清单制度的推行，这是转变政府职能的突破口。行政管制和行政审批是政府控制资源的主要方式之一。政府用这种方式控制的很大部分是非国有资源，对这部分资源的配置通常都是偏离市场配置资源的轨道，直接影响到企业的生产经营活动，从而影响企业的发展。实践表明，随着我国市场经济的不断发展和完善，非国有经济在我国经济发展中发挥着越来越重要的作用。但是在非国有投资主体进行投资决策之前，政府的行政审批过程中的“设租”，以及审批之后可能存在乱收费和乱摊派等“寻租”行为是不容忽视的，这在一定程度上会损害非国有投资主体的投资积极性。

第三，要压缩政府负债，尤其是地方政府负债。政府负债是政府控制资源的主要方式之一。我国审计署公布的“2013年第24号公告：36个地方政府本级政府性债务审计结果”显示，截至2012年年底，36个地方政府本级政府性债务余额约3.85万亿元，比2010年增加4000多亿元，从债务形成年度看，2010年及以前年度举借2万多亿元，2011年举借6000多亿元，2012年举借1万多亿元。[①] 而《国务院关于2015年度中央预算执行和其他财政收支的审计工作报告》中重点专项审计结果表明，从审计情况看，本次重点审计的11个省本级、10个市本级和21个县中，至2015年年底，11个省本级政府债务余额0.8202万亿元，或有债务余额1.0970万亿元。较之2013年公布的结果，可知地方政府负债规模得到有效压缩。有关部门和地方建立健全举债融资和风险预警机制，完善了相关制度，政府债务管理得到了进一步加强。一定程度上减少了政府控制的资源，从而可能降低政府对经济发展的负面影响，以及对市场资源配置的扭曲程度。并且还有可能在一定程度上降低地方政府在转变职能过程中的谈判能力，有助于推动行政管理体制改革。

四　准确把握大部制改革内涵，深化行政管理体制改革

党的十七大报告提出“加大机构整合力度，探索实行职能有机统一的大部门体制，健全部门间协调配合机制”的改革目标，第一次将“大部制”改革提上了我国改革的议程，从此以后，大部制改革被寄希望于破解我国政府改革的难题。

从2008年开始的大部制改革，也将近有10年的时间了，但是很多人并未搞清楚大部制改革，到底是“权力的重构”还是“组织的重构”。从我国大部制改革实践来看，事实反映出的是以职能为基础的组织结构的重组，无论在结构上，还是在运作机制上，更多表现为职能合并上的组织重构。[②] 并未涉及十七届二中全会通过的《关于深化行政管理体制改革的意见》中所指出的“决策权、执行权、监督权”的划分和相对分离。党的十七大报告对大部制的具体运行机制提出了一些比较具体的指导性意见，如大部里要实行决策、执行和监督既制约又协调的机制，以及新形成的大部，应如何整合职能，接受社会监督等都应该有相应的新运行机制。但是，在过去的改革实践中，更多地体现出的是机

① 《国务院关于2014年度中央预算执行和其他财政收支的审计工作报告》中，关于地方政府债务余额等没有具体数值，此处不予比较。

② 竺乾威：《大部制改革与权力三分》，《行政论坛》2014年第5期。

构数量和名称的变动，人们很少看到有关具体运行机制探索上的实际作为，这可以说是过去大部制改革的最大遗憾（李丹阳，2014）。

因此，应该正确解读十七届二中全会通过的《关于深化行政管理体制改革的意见》所强调的"按照精简统一效能的原则和决策权、执行权、监督权既相互制约又相互协调的要求，紧紧围绕职能转变和理顺职责关系，进一步优化政府组织结构，规范机构设置，探索实行职能有机统一的大部门体制，完善行政运行机制"。既要做到决策权、执行权和监督权三权划分，又要以转变政府职能为核心，重构政府组织，更要完善改革后的行政运行机制。

在具体改革实践中，大部制应该是政府职能、机构、人员编制等各方面的有机统一，而不是简单的部门或同类职能合并，应该按照社会主义市场经济条件下，政府职能重心应该放在提供公共服务这一主要职能上的原则，综合设置政府机构，该精简的精简，该扩编的扩编，不能"一刀切"。并且要彻底摒弃以前分段、分块、分条管理的方法，真正做到职能和机构的统一，一事一管，减少扯皮和打架现象，降低行政成本，提高行政效率。当然，大部制也并不意味着所有的政府部门设置都不能有职能交叉和重叠，很多发达国家的立法机构中都设有职能交叉的两院，目的就是希望两者之间能互相补充，在出现失误时便于防范风险和纠偏。在过去改革实践中形成的"深圳模式""顺德模式"以及"富阳模式"，这些各具特色的地方大部制改革模式，是对地方政府进行大部制改革的积极探索，为今后改革提供了参考借鉴。

五　优化政府部门人员结构，控制人员规模

一直以来，我国政府机构在人员配置上都存在很多问题。比如，各级政府人员配置比例不合理，中央政府机构比重偏小，而基层政府机构比重偏大；经济比较发达的地方机构和人员都很拥挤，而经济不发达，尤其是落后的山区，人员短缺严重；党政群等组织人员配备比例不合理，党政部门人员密集，比重偏大，而群众组织部门比例偏小；各级政府职能部门人员配置结构不合理，各种承担提供公共服务的部门人员不足，尤其是像就业、社会保障、教育、医疗卫生、环境保护等民生类相关职能部门存在资金投入、机构和人员不足的情况。尤其是地方政府，要应对广大人民群众对公共服务需求不断上升的压力，没有相应的机构和人员配置很难满足不断增长的需求。此外，领导职位人数超编也是一

个很普遍的问题，官多兵少不仅给群众形成官员规模庞大的认识，而且加重了行政运行成本，降低政府的办事效率。并且，我国政府在机构设置上存在同构特征，各级政府机构都是对口设置，不论实际人口和面积多少都是同样配置，造成部分地区人满为患，人浮于事，部分地区却又因人员的短缺，不能满足正常工作需要。针对种种问题，应该坚持机构和人员规模与政府职能相适应的原则，从控制规模和优化人员结构两方面着手来调整政府规模，该减的减，该增的增，要改变过去能进不能退、能上不能下的现象，实行总量缩减和局部扩张相结合的办法，严格控制那些非职能部门的机构和人员数量，而对承担各种具体提供公共服务的部门可以适度扩张，尤其可以向关系到民生的那些职能部门倾斜。

同时，还要注意消除政府机构工作人员特殊的职业利益。[①] 和其他部门就业人员相比，政府机构工作人员除了正常工资和津贴外，还能获取非工资和非货币化的利益，比如在住房、医疗、交通甚至子女教育等方面都享有更多的优惠和照顾，并且能优先占有各种社会经济信息，拥有更好的社会资本带来的各种便利，这些利益都没有也不可能反映到工资和津贴上去。比如，20 世纪 90 年代陕北整合煤炭资源时，第一批获利的大多都是政府机构工作人员或亲属，他们要比其他人先一步获知这一信息并由于工作便利更易于获得承包权。因此，这种政府权力派生出的特殊的职业利益也使政府机构和人员精简不下来，而且还会不断地吸引更多的人挤入这个庞大的队伍，多年持续升温的“国考热”也在很大程度上来源于此。因此，为了能有效地压缩人员规模，必须消除政府机构工作人员特殊的职业利益。

总之，必须从机构、人员和权力等各方面消除政府规模扩张的基础和外在条件，并坚持以切实转变政府职能为改革核心，才能有效控制政府规模，实现我国行政体制改革目标。十八届三中全会也强调了要“加快转变政府职能”。并提出，要从健全宏观调控体系、深化投资体制改革、正确履行政府职能、优化政府组织结构等方面着手深化行政体制改革，切实转变政府职能，建设法治政府和服务型政府。强调要进一步简政放权，改革行政审批制度，最大限度地减少对市场的干预，充分发挥市场机制的调节作用。

---

① 胡家勇：《政府干预理论研究》，东北财经大学出版社 1996 年版，第 191—193 页。

当然，最后还要建立一个完善的政府绩效考评体系。过去单纯地以“GDP论英雄”的考核目标，导致地方政府之间开展晋升锦标赛。虽然在一定程度上激励了地方政府发展当地经济，但单纯地追求GDP指标，导致忽视了诸如环境保护和节约资源等重要方面。在考评体系中加大“资源消耗、环境损害、生态效益、产能过剩、科技创新、安全生产、新增债务”等指标的权重，更加注重就业、收入分配、社会保障和人民健康状况等正是十八届三中全会对我国行政体制改革提出的要求。

第三节　研究展望

政府规模是一个很庞大的理论体系，经济增长则越发复杂，要研究二者之间的关系是一项艰巨的任务。本书也仅仅就其中个别问题做了初步的探讨。

第一，本书从政府规模对消费、投资、就业等宏观因素，以及劳动、资本和技术进步等生产要素的影响来分析政府规模对经济增长产生的直接影响和间接影响，并阐述了这种影响的作用机制。但是，政府规模本身影响因素就很复杂，经济增长也同时受众多社会的、经济的、政治的等各方面的综合作用，本书只是选取了其中几个主要的因素来进行分析，因此从理论上说可能有些片面。

第二，为检验政府规模的经济增长效应，选取了浙江、江西和甘肃三个地区的地级市面板数据进行对比，分析在东部、中部和西部政府规模经济增长效应的差异，且这种差异表现出来的经济含义，反映到政府规模上体现出在经济社会发展过程中，政府规模的扩张在地区之间速度和影响都是不同的。从数据结果来看，东部地区的政府规模显然过大，对经济增长产生了显著的阻碍作用，而在中部和西部这种影响也都是负的，但是没有像东部那么显著。随后，为了更加准确地验证这种经验和实证判断，本书采用全国各地区的地级市面板数据进一步进行检验，结果显示，不论从全国总体样本来看，还是从东部、中部和西部各地市的样本来看，以政府机构工作人员数量反映的政府规模会显著地阻碍经济增长。因此，实证分析结果表明，必须要缩减政府规模，将其降低到既能保证有效履行政府应尽的职能，又能最大限度地促进经济增长。但是，就计量模型而言，在分析政府规模对经济增长的影响时，只是选取了劳动、资本两个基本要素，基于最基础的柯布—道格拉斯生产函数模型下引入政府规模变量，并且在考察政府规模和经济增长之间存在的非线性关系时，只是简单地加入了政府规模这个变量，这可能造成两者之间关系系数估计并不精确。当然，这并不会影响两者之间关系的本质。今后可继续在此基础上将政府规模的变化对其他部门的外溢效应加入理论模型，同时考虑政府规模和其他影响经济增长的因素之间的关系，并且加入一些诸如出口、外商直接投资和城市化水平等其他控制变量，计量分析的结果可能会更加精确。

第三，在对全国样本以及分东部、中部和西部样本进行实证检验后，基于陕西省地方政府数据，检验了陕西省政府规模和经济增长之间的非线性关系。所有检验结果表明 LSTR1 模型总体显著、可靠并有效。结论显示门槛值为 -0.08516，对应的实际政府规模大概在 10%。说明当政府规模小于 10% 时，其扩张会对经济增长产生促进作用；而当政府规模大于 10% 时，继续扩张对经济增长的促进作用会迅速转变为阻碍作用，因此，当前陕西省政府规模过度膨胀。但非线性模型选取的变量较少，没有考虑影响经济增长的全部因素，估计结果可能并不准确，门槛值也可能不精确，因此，今后还需要进一步完善。

第四，本书在理论和实证分析的基础上，阐述了如何构建合理政府规模。基于政府和市场的关系，论述了合理政府规模，并在分析政府职能与规模关系基础上指出，要构建合理政府规模，关键是要合理界定政府职能，要搞清楚政府应该做什么，能做什么。提出一定要紧紧围绕转变政府职能这个核心进行我国行政体制改革。但是在理论模型上可能有欠深入，今后可以考虑从信息机制设计方面入手，研究政府规制和市场及第三方关系，从而为界定政府职能提供更坚实的理论依据，正确地界定政府职能，按照这个职能来配置政府权力和规模，自然就能合理控制政府规模。并且这个模型应该是可以动态发展的，随着经济社会条件的变化，三者之间的关系会随之变化，政府职能也自然就有调整，合理的政府规模也就随之改变。

需要说明的是，本书所论及的政府规模和经济增长以及以转变政府职能为核心进行行政体制改革等论述，都是站在某一个有限的角度来进行的，内容和观点都可能有失偏颇，今后将以更加严谨的治学态度、更加求真务实的精神继续这方面课题的研究。

第五，本书第八章简要阐述了政府职能转变的制度保障，即现代国家治理体系。将转变政府职能纳入国家治理体系现代化的建设进程中，国家治理体系规定着政府职能。在国家治理体系中，政府治理体系是主导，市场治理体系是基础，社会治理体系是重点。这三个治理领域必须协同互动，才能实现国家治理体系现代化。由于笔者水平以及研究领域限制，在这一部分未能深入地系统阐述国家治理体系和政府职能转变的内在逻辑，今后可以在这方面继续深入。

附　　录

附表　三大经济带划分

东部	福建省：福州市、厦门市、莆田市、三明市、泉州市、漳州市、南平市、龙岩市、宁德市 山东省：济南市、青岛市、淄博市、枣庄市、东营市、烟台市、潍坊市、济宁市、泰安市、威海市、日照市、莱芜市、临沂市、德州市、聊城市、滨州市、菏泽市 浙江省：杭州市、宁波市、温州市、嘉兴市、湖州市、绍兴市、金华市、衢州市、舟山市、台州市、丽水市 江苏省：南京市、无锡市、徐州市、常州市、苏州市、南通市、连云港市、淮安市、盐城市、扬州市、镇江市、泰州市、宿迁市 河北省：石家庄市、唐山市、秦皇岛市、邯郸市、邢台市、保定市、张家口市、承德市、沧州市、廊坊市、衡水市 广东省：广州市、韶关市、深圳市、珠海市、汕头市、佛山市、江门市、湛江市、茂名市、肇庆市、惠州市、梅州市、汕尾市、河源市、阳江市、清远市、东莞市、中山市、潮州市、揭阳市、云浮市 海南省：海口市、三亚市 辽宁省：沈阳市、大连市、鞍山市、抚顺市、本溪市、丹东市、锦州市、营口市、阜新市、辽阳市、盘锦市、铁岭市、朝阳市、葫芦岛市
中部	江西省：南昌市、景德镇市、萍乡市、九江市、新余市、鹰潭市、赣州市、吉安市、宜春市、抚州市、上饶市 山西省：太原市、大同市、阳泉市、长治市、晋城市、朔州市、晋中市、运城市、忻州市、临汾市、吕梁市 河南省：郑州市、开封市、洛阳市、平顶山市、安阳市、鹤壁市、新乡市、焦作市、濮阳市、许昌市、漯河市、三门峡市、南阳市、商丘市、信阳市、周口市、驻马店市

续表

中部	吉林省：长春市、吉林市、四平市、辽源市、通化市、白山市、松原市、白城市 黑龙江省：哈尔滨市、齐齐哈尔市、鸡西市、鹤岗市、双鸭山市、大庆市、伊春市、佳木斯市、七台河市、牡丹江市、黑河市、绥化市 安徽省：合肥市、芜湖市、蚌埠市、淮南市、马鞍山市、淮北市、铜陵市、安庆市、黄山市、滁州市、阜阳市、宿州市、六安市、亳州市、池州市、宣城市 湖北省：武汉市、黄石市、十堰市、宜昌市襄樊、鄂州市、荆门市、孝感市、荆州市、黄冈市、咸宁市、随州市 湖南省：长沙市、株洲市、湘潭市、衡阳市、邵阳市、岳阳市、常德市、张家界市、益阳市、郴州市、永州市、怀化市、娄底市
西部	广西壮族自治区：南宁市、柳州市、桂林市、梧州市 四川省：成都市、自贡市、攀枝花市、泸州市、德阳市、绵阳市、广元市、遂宁市、内江市、乐山市、南充市、眉山市、宜宾市、广安市、达州市、雅安市、巴中市 甘肃省：兰州市、嘉峪关市、金昌市、白银市、天水市、武威市、张掖市、平凉市、酒泉市、庆阳市、定西市、陇南市 内蒙古自治区：呼和浩特市、包头市、乌海市、赤峰市、通辽市、鄂尔多斯市、呼伦贝尔市、巴彦淖尔市、乌兰察布市 云南省：昆明市、曲靖市、玉溪市、保山市、昭通市、丽江市、临沧市 陕西省：西安市、铜川市、宝鸡市、咸阳市、渭南市、延安市、汉中市、榆林市、安康市、商洛市 贵州省：贵阳市、六盘水市、遵义市、安顺市 宁夏回族自治区：银川市、石嘴山市、吴忠市、固原市、中卫市 青海省：西宁市 新疆维吾尔自治区：乌鲁木齐市、克拉玛依市 西藏自治区：拉萨市、北海市、防城港市、钦州市、贵港市、玉林市、百色市、贺州市、河池市、来宾市、崇左市

参考文献

1. Abrams, B. A., "The Effect of Government Size on the Unemployment Rate", *Public Choice*, Vol. 99, No. 3, 1999, pp. 395 – 401.

2. Abu – Bader, S. and Abu – Qarn, A. S., "Government Expenditures, Military Spending and Economic Growth: Causality Evidence from Egypt, Israel, and Syria", *Journal of Policy Modeling*, Vol. 25, No. 6, 2003, pp. 567 – 583.

3. Afonso, A., Schuknecht, L. and Tanzi, V., "Public Sector Efficiency: an International Comparison", *Public Choice*, Vol. 123, No. 3 – 4, 2005, pp. 321 – 347.

4. Ahmed, S., "Temporary and Permanent Government Spending in an Open Economy: Some Evidence for the United Kingdom", *Journal of Monetary Economics*, Vol. 17, No. 2, 1986, pp. 197 – 224.

5. Angeletos, G. M. and Panousi, V., *Revisiting the Supply – side Effects of Government Spending under Incomplete Markets*, NBER Working Paper, No. 13136, 2007.

6. Arellano, M. and Bond, S., "Some Tests of Specification for Panel Data: Monte Carlo Evidence and an Application to Employment Equations", *The Review of Economic Studies*, Vol. 58, No. 2, 1991, pp. 277 – 297.

7. Armey, R., *The Freedom Revolution*, Washington, D. C.: Rognery Publishing Co., 1995.

8. Aschauer, D. A., "Does Public Capital Crowd out Private Capital?", *Journal of Monetary Economics*, Vol. 24, No. 2, 1989, pp. 171 – 188.

9. Bailey M J., *National Income and the Price Level: A Study in Macroeconomic Theory*, New York: McGraw – Hill Publishing Company, 1971.

10. Bairam, E., "Government Size and Economic Growth: The African Ex-

perience, 1960 - 1985", *Applied Economics*, Vol. 22, No. 10, 1990, pp. 1427 - 1435.

11. Barro, R. J., "Output Effects of Government Purchase", *Journal of Political Economy*, Vol. 89, No. 6, 1981, pp. 1086 - 1121.

12. Barro, R. J. and Sala - i - Martin, X., "Public Finance in Models of Economic Growth", *The Review of Economic Studies*, Vol. 59, No. 4, 1992, pp. 645 - 661.

13. Barro, R. J., " A Cross - country Study of Growth, Saving, and Government" //*National Saving and Economic Performance*, University of Chicago Press, 1991, pp. 271 - 304.

14. Barro, Robert J. and Lee, Jong - Wha, "International Comparisons of Educational Attainment", *Journal of Monetary Economics*, Vol. 32, No. 3, 1993, pp. 363 - 394.

15. Bhargava, A., Jamison, D. T. and Lau, L. J. et al., "Modeling the Effects of Health on Economic Growth", No. 3, 2001, pp. 423 - 440.

16. Blau, P. M., "A Formal Theory of Differentiation in Organization", *American Sociological Review*, Vol. 35, No. 2, 1970, pp. 201 - 218.

17. Bloom, D. E., Canning, D. and Sevilla, J., "The Effect of Health on Economic Growth: A Production Function Approach", *World Development*, Vol. 32, No. 1, 2004, pp. 1 - 13.

18. Bond, S. R., *Dynamic Panel Data Models: A Guide to Micro Data Methods and Practice*, Institute for Fiscal Studies Working Paper, No. P09/02, 2002.

19. Borcherding, T. E., *Budgets and Bureaucrats: The Sources of Government Growth*, Duke University Press, 1977.

20. Borcherding, T. E., "The Causes of Government Expenditure Growth: A Survey of the US Evidence", *Journal of Public Economics*, Vol. 28, No. 3, 1985, pp. 359 - 382.

21. Borcherding, T. E., Ferris, J. S. and Garzoni, A., "Growth in the Real Size of Government Since 1970", *Handbook of Public Finance*, Vol. 2005, pp. 77 - 108.

22. Brennan, G. and Buchanan, J. M., *The Power to Tax: Analytical Foun-*

dations of a Fiscal Constitution, Cambridge University Press, 1980.

23. Busom, I., "An empirical Evaluation of the Effects of R&D Subsidies", *Economics of Innovation and New Technology*, Vol. 9, No. 2, 2000, pp. 111 - 148.

24. Carmignani, F., "The Impact of Fiscal Policy on Private Consumption and Social Outcomes in Europe and the CIS", *Journal of Macroeconomics*, Vol. 30, No. 1, 2008, pp. 575 - 598.

25. Cashin, P., "Government Spending, Taxes, and Economic Growth", *Staff Papers - International Monetary Fund*, Vol. 42, No. 2, 1995, pp. 237 - 269.

26. Cavallo, E. and Daude, C., "Public Investment in Developing Countries: A Blessing or A Curse?", *Journal of Comparative Economics*, Vol. 39, No. 1, 2011, pp. 65 - 81.

27. Chen, S. T. and Lee, C. C., "Government Size and Economic Growth in Taiwan: A Threshold Regression Approach", *Journal of Policy Modeling*, Vol. 27, No. 9, 2005, pp. 1051 - 1066.

28. Christenson, J. A. and Sachs, C. E., "The Impact of Government Size and Number of Administrative Units on the Quality of Public Services", *Administrative Science Quarterly*, Vol. 25, No. 1, 1980, pp. 89 - 101.

29. Christopoulos, D. K., Loizidesb, J. and Tsionasc, E. G., "The Abrams Curve of Government Size and Unemployment: Evidence from Panel Data", *Applied Economics*, Vol. 37, No. 1, 2005, pp. 1193 - 1199.

30. Conte, M. A. and Darrat, A. F., "Economic Growth and the Expanding Public Sector: A Reexamination", *The Review of Economics and Statistics*, Vol. 70, No. 2, 1988, pp. 322 - 330.

31. Dar, A. A. and AmirKhalkhali, S., "Government Size, Factor Accumulation, and Economic Growth: Evidence from OECD Countries", *Journal of Policy Modeling*, Vol. 24, No. 7, 2002, pp. 679 - 692.

32. De Giorgi, G. and Gambetti, L., *The Effects of Government Spending on the Distribution of Consumption*, Working Papers, 2012, No. 12.

33. Diamond, J., *Government Expenditure and Economic Growth: An Empirical Investigation*, International Monetary Fund, Fiscal Affairs Dept.,

No. 1989.

34. Easterly, W. , *Policy Distortions, Size of Government, and Growth*, PPR Working Paper, No. 3214, 1989.

35. Easterly, W. and Rebelo, S. , "Fiscal Policy and Economic Growth", *Journal of Monetary Economics*, Vol. 32, No. 3, 1993, pp. 417 –458.

36. Ehdaie, J. , *Fiscal Decentralization and the Size of the Government: An Extension with Evidence from Cross – country Data*, The World Bank Working Paper, No. 1387, 1994.

37. Fatás, A. and Mihov, I. , *The Effects of Fiscal Policy on Consumption and Employment: Theory and Evidence*, Centre for Economic Policy Research Working Paper, No. 2760, 2001.

38. Feldmann, Horst, "Government Size and Unemployment: Evidence from Industrial Countries", *Public Choice*, Vol. 127, No. 3 – 4, 2006, pp. 443 –459.

39. Feldmann, Horst, "Government Size and Unemployment in Developing Countries", *Applied Economics Letters*, Vol. 17, No. 3, 2009, pp. 289 – 292.

40. Fiorito, Riccardo and Kollintzas, Tryphon, "Public Goods, Merit Goods, and the Relation between Private and Government Consumption", *European Economic Review*, Vol. 48, No. 6, 2004, pp. 1367 –1398.

41. Folster, Stefan and Henrekson, Magnus, "Growth Effects of Government Expenditure and Taxation in Rich Countries", *European Economic Review*, Vol. 45, No. 8, 2001, pp. 1501 –1520.

42. Gali, J. , López – Salido, J. D. and Vallés, J. , "Understanding the Effects of Government Spending on Consumption", *Journal of the European Economic Association*, Vol. 5, No. 1, 2007, pp. 227 –270.

43. Gemmell, N. , "International Comparison of the Effects of Non – Market Sector Growth", *Journal of Comparative Economics*, Vol. 7, No. 4, 1983, pp. 368 –381.

44. Gemmell, N. , "Evaluating the Impacts of Human Capital Stocks and Accumulation on Economic Growth: Some New Evidence", *Oxford Bulletin of Economics and Statistics*, Vol. 58, No. 1, 1996, pp. 9 –28.

45. González, X. , Jaumandreu, J. and Pazó, C. , "Barriers to Innovation and Subsidy Effectiveness", *RAND Journal of Economics*, Vol. 36, No. 4, 2005, pp. 930 – 950.

46. Govindaraju, V. C. , Rao, R. and Anwar, S. , "Economic Growth and Government Spending in Malaysia: A Re – examination of Wagner and Keynesian Views", *Econ Change Restruct*, Vol. 44, No. 3, 2011, pp. 203 – 219.

47. Grier, Kevin B. and Tullock, Gordon, "An Empirical Analysis of Cross – national Economic Growth, 1951 – 1980", *Journal of Monetary Economics*, Vol. 24, No. 2, 1989, pp. 259 – 276.

48. Grossman, P. J. , "Government and Economic Growth: A Non – linear Relationship", *Public Choice*, Vol. 56, No. 2, 1988, pp. 193 – 200.

49. Grossman, P. J. , "Government and Growth: Cross – sectional Evidence", *Public Choice*, Vol. 65, No. 3, 1990, pp. 217 – 227.

50. Guseh, J. S. , "Government Size and Economic Growth in Developing Countries: A Political – economy Framework", *Journal of Macroeconomics*, Vol. 19, No. 1, 1997, pp. 175 – 192.

51. Hansen, Bruce E. , "Inference When a Nuisance Parameter is Not Identified Under the Null Hypothesis", *Econometrica*, Vol. 64, No. 2, 1996, pp. 413 – 430.

52. Hansen, B. E. , "Sample Splitting and Thereshold Estimation", Econometrical, Vol. 68, No. 3, 2000, pp. 575 – 603.

53. Heitger, B. , *The Scope of Government and Its Impact on Economic Growth in OECD Countries*, Kieler Arbeitspapiere Working Paper, No. 1034, 2001.

54. Ho, Tsung – wu, "The Government Spending and Private Consumption: A Panel Cointegration Analysis", *International Review of Economics /& Finance*, Vol. 10, No. 1, 2002, pp. 95 – 108.

55. Jing, J. and Zou, H. F. , "How Does Fiscal Decentralization Affect Aggregate, National, and Subnational Government Size", *Journal of Urban Economics*, Vol. 52, No. 2002, pp. 270 – 293.

56. Johnes, L. R. and Thompson, F. , *Public Management: Institutional Re-*

newal for the Twenty - first Century, Stamford, Conn. and London: Jai Press, 1999, p. 32.

57. Joulfaian, D. and Marlow, M. L., "Government Size and Decentralization: Evidence from Disaggregated Data", *Southern Economic Journal*, Vol. 56, No. 4, 1990, pp. 1094 - 1102.
58. Karras, Georgios, "Employment and Output Effects of Government Spending: Is Government Size Important?", *Economic Inquiry*, Vol. 31, No. 3, 1993, pp. 354 - 369.
59. Kasarda, John D., "The Structural Implications of Social System Size: A Three - level Analysis", *American Sociological Review*, Vol. 39, No. 1, 1974, pp. 19 - 28.
60. Kelley, A. C., "Demographic Change and the Size of the Government Sector", *Southern Economic Journal*, Vol. 43, No. 2, 1976, pp. 1056 - 1066.
61. Klette, T. J. and Møen, J., "R&D Investment Responses to R&D Subsidies: A Theoretical Analysis and A Microeconomic Study", *World Review of Science, Technology and Sustainable Development*, Vol. 9, No. 2, 2012, pp. 169 - 203.
62. Kormendi, Roger C., "Government Debt, Government Spending, and Private Sector Behavior", *The American Economic Review*, Vol. 73, No. 5, 1983, pp. 994 - 1010.
63. Kormendi, Roger C. and Meguire, Philip G., "Macroeconomic Determinants of Growth: Cross - Country Evidence", *Journal of Monetary Economics*, Vol. 16, No. 2, 1985, pp. 141 - 163.
64. Kraay, A. and Van Rijckeghem, C., *Employment and Wages in the Public Sector: A Cross - Country Study*, IMF Working Paper, No. 95/70, 1995.
65. Landau, Daniel, "Government and Economic Growth in the Less Developed Countries: An Empirical Study for 1960 - 1980", *Economic Development and Cultural Change*, Vol. 35, No. 1, 1986, pp. 35 - 75.
66. Lee, J., "Optimal Size and Composition of Government Spending", *Journal of the Japanese and International Economies*, Vol. 6, No. 4, 1992, pp. 423 - 439.

67. Leeper, Eric M., Plante, Michael and Traum, Nora, "Dynamics of Fiscal Financing in the United States", *Journal of Econometrics*, Vol. 156, No. 2, 2010, pp. 304 – 321.

68. Lerner, Josh, "The Government as Venture Capitalist: The Long – run Impact of the SBIR Program", *Journal of Business*, Vol. 72, No. 3, 1999, pp. 285 – 318.

69. Lewis – Beck, M. S. and Rice, T. W., "Government Growth in the United States", *The Journal of Politics*, Vol. 47, No. 1, 1985, pp. 1 – 30.

70. Lin and Y., Steven A., "Government Spending and Economic Growth", *Applied Economics*, Vol. 26, No. 1, 1994, pp. 83 – 94.

71. Lowery, D. and Berry, W. D., "The Growth of Government in the United States: An Empirical Assessment of Competing Explanations", *American Journal of Political Science*, Vol. 27, No. 4, 1983, pp. 665 – 694.

72. Marlow, M. L., "Fiscal Decentralization and Government Size", *Public Choice*, Vol. 56, No. 3, 1988, pp. 259 – 269.

73. Meltzer, A. H. and Richard, S. F., "Tests of a Rational Theory of the Size of Government", *Public Choice*, Vol. 41, No. 3, 1983, pp. 403 – 418.

74. Mueller, Dennis C. and Murrell, Peter, "Interest Groups and the Size of Government", *Public Choice*, Vol. 48, No. 2, 1986, pp. 125 – 145.

75. Noell, J. J., "On the Administrative Sector of Social System: An Analysis of the Size and Complexity of Government Bureaucracies in the American States", *Social Force*, Vol. 52, No. 4, 1974, pp. 549 – 558.

76. Nolan, Patrick D., "Size and Administrative Intensity in Nations", *American Sociological Review*, Vol. 44, No. 1, 1979, pp. 110 – 125.

77. North, Douglass C., "The Growth of Government in the United States: An Economic Historian's Perspective", *Journal of Public Economics*, Vol. 28, No. 3, 1985, pp. 383 – 399.

78. Oates, W. E., "Searching for Leviathan: An Empirical Study", *The American Economic Review*, Vol. 75, No. 4, 1985, pp. 748 – 757.

79. Osborne D. and Plastrik P., *Banishing Bureaucracy: The Five Strategies for Reinventing Government*, New York: Reading Massachusetts: Addison – Wesley Publishing Company Inc., 1997.

80. Pevcin, Prim Ož, *Does Optimal Size of Government Spending Exist?* University of Ljubljana Paper Presented to the EGPA (European Group of Pubilc Administration), No. 2004.

81. Pryor, F. L., *Public Expenditures in Communist and Capitalist Nations*, London: Allen & Unwin, 1968.

82. Ram, R., "Government Size and Economic Growth: A New Framework and Some Evidence from Cross - section and Time - series data", *The American Economic Review*, Vol. 76, No. 1, 1986, pp. 191 - 203, 281 - 284.

83. Reagan, Michaeld D., "Why Government Grows", *Challenge*, Vol. 14, No. 1, 1965, pp. 4 - 7.

84. Romer, P. M., "Endogenous Technological Change", *The Journal of Political Economy*, Vol. 98, No. 5, 1990, pp. 71 - 102.

85. Rubinson, Richard, "Dependence, Government Revenue, and Economic Growth, 1955 - 1970", *Studies in Comparative International Development*, Vol. 12, No. 2, 1977, pp. 23 - 28.

86. Sandberg, L. G., "Ignorance, Poverty and Economic Backwardness in the Early Stages of European Industrialization: Variations on Alexander Gerschenkron's Grand Theme", *Journal of European Economic History*, Vol. 11, No. 3, 1982, pp. 675 - 697.

87. Schclarek, Alfredo, "Fiscal Policy and Private Consumption in Industrial and Developing Countries", *Journal of Macroeconomics*, Vol. 29, No. 4, 2007, pp. 912 - 939.

88. Serven, Luis, *Does Public Capital Crowd Out Private Capital? Evidence from India*, World Bank Policy Research Working Paper, No. 1613, 1996.

89. Sheehey, Edmund J., "The Effect of Government Size on Economic Growth", *Eastern Economic Journal*, Vol. 19, No. 3, 1993, pp. 321 - 328.

90. Stein, E., "Fiscal Decentralization and Government Size in Latin America", *Journal of Applied Economics*, Vol. 2, No. 2, 1998, pp. 357 - 391.

91. Sylwester, K., "Income Inequality, Education Expenditures, and Growth", *Journal of Development Economics*, Vol. 63, No. 2, 2000,

pp. 379 – 398.

92. Tagkalakis, A., "The Effects of Fiscal Policy on Consumption in Recessions and Expansions", *Journal of Public Economics*, Vol. 92, No. 5, 2008, pp. 1486 – 1508.

93. Takii K., "Fiscal Policy and Entrepreneurship", *Journal of Economic Behavior & Organization*, Vol. 65, No. 3 – 4, 2008, pp. 592 – 608.

94. Tridimas, G. and Winer, S. L., "The Political Economy of Government Size", *European Journal of Political Economy*, Vol. 21, No. 3, 2005, pp. 643 – 666.

95. Vedder, R. K. and Gallaway, L. E., "Government Size and Economic growth", Paper Prepared for the Joint Economic Committee of the US Congress, 1998, pp. 1 – 15.

96. Wallsten, S. J., "The Effects of Government – industry R&D Programs on Private R&D: The Case of the Small Business Innovation Research Program", *RAND Journal of Economics*, Vol. 31, No. 1, 2000, pp. 81 – 100.

97. Well, D. N., "Accounting for the Effect of Health on Economic Growth", *The Quarterly Journal of Economics*, Vol. 122, No. 3, 2007, pp. 1265 – 1306.

98. Yavas, A., "Does too Much Government Investment Retard the Economic Development of A Country?", *Journal of Economic Studies*, Vol. 25, No. 4, 1998, pp. 296 – 308.

99. Young, A., "The Razor's Edge: Distortions and Incremental Reform in the People's Republic of China", *The Quarterly Journal of Economics*, Vol. 115, No. 4, 2000, pp. 1091 – 1135.

100. 包心鉴：《论我国行政体制改革的双向目标结构》，《社会科学研究》1994 年第 3 期。

101. 蔡增正：《教育对经济增长贡献的计量分析——科教兴国战略的实证依据》，《经济研究》1999 年第 2 期。

102. 曾明、张光：《规模经济、转移支付与政府规模——以江西为例》，《江西社会科学》2008 年第 5 期。

103. 陈东琪：《政府规模与机构改革》，《经济学家》1999 年第 3 期。

104. 陈工、苑德宇：《我国公共投资挤占私人投资了吗？——基于动态面板数据模型的实证分析》，《财政研究》2009 年第 12 期。

105. 陈健、胡家勇：《政府规模与经济发展》，《财经问题研究》2003年第8期。
106. 陈仲常、吴永球：《财政支出、私人投资与就业增长》，《中国劳动经济学》2007年第1期。
107. 程李华：《现代国家治理体系视阈下的政府职能转变》，博士学位论文，中共中央党校，2014年。
108. 戴广：《政府规模和经济收敛》，《经济学》（季刊）2004年第3期。
109. 范子英、张军：《粘纸效应：对地方政府规模膨胀的一种解释》，《中国工业经济》2010年第12期。
110. 高彦彦、苏炜、郑江淮：《政府规模与经济发展——基于世界面板数据的实证分析》，《经济评论》2011年第2期。
111. 郭月梅：《地方政府规模与产出波动的关系：中国的经验分析》，《财政研究》2008年第7期。
112. 韩永军：《中国财政支出对农村居民消费的动态影响》，《统计与决策》2012年第6期。
113. 何帆：《政府的质量》，《国际经济评论》2000年第5期。
114. 胡家勇：《构建有效政府是完善社会主义市场经济体制的核心》，《经济理论与政策研究》2009年特刊。
115. 胡家勇：《我国政府规模及干预的成本—收益分析》，《社会科学辑刊》1994年第6期。
116. 胡家勇：《我国政府规模的系统分析》，《经济研究》1996年第2期。
117. 胡家勇：《转型国家如何构建有效政府》，《天津社会科学》2005年第6期。
118. 胡宁生：《国家治理现代化：政府、市场和社会新型协同互动》，《南京社会科学》2014年第1期。
119. 胡书东：《经济发展中的中央和地方关系——中国财政制度变迁研究》，上海三联书店、上海人民出版社2001年版。
120. 胡书东：《政府规模和财政分权、集权的适宜度》，《改革》2002年第1期。
121. 胡向婷、张璐：《地方保护主义对地区产业结构的影响——理论与实证分析》,《经济研究》2005 年第 2 期。
122. 胡永刚、杨智峰:《财政农业支出对农村产出与居民消费影响的SVAR 分析》,《数量经济技术经济研究》2009 年第 7 期。
123. 贾俊雪、郭庆旺、刘晓路:《资本性支出分权、公共资本投资构成与经济增长》,《经济研究》2006 年第 12 期。
124. 姜磊:《政府规模与服务业发展——基于中国省级单位面板数据的分析》,《产业经济研究》2008 年第 3 期。
125. 姜磊、郭玉清:《法治水平、政府规模与服务业发展——基于中国地区面板数据的分析》,《山西财经大学学报》2008 年第 4 期。
126. 姜宁、黄万:《政府补贴对企业 R&D 投入的影响——基于我国高技术产业的实证研究》,《科学学与科学技术管理》2010 年第7 期。
127. 金红磊:《适度政府规模研究》,人民出版社 2010 年版。
128. 金玉国、李杰、尚明月:《政府规模对区域经济发展的影响效应:以 2004 年为例》,《山东经济》2006 年第 5 期。
129. 景维民、张慧君、黄秋菊:《经济转型深化中的国家治理模式重构》,经济管理出版社 2013 年版。
130. 康丕菊、彭志远:《政府支出与居民消费关系分析》,《云南财经大学学报》(社会科学版)2012 年第 1 期。
131. 孔刘柳、谢乔昕:《财政分权对地方政府规模影响的区域差异实证》,《上海经济研究》2010 年第 2 期。
132. 李丹阳:《2008—2013:中国大部制改革探索的成效和存在的问题》,《经营管理者》2014 年第 5 期。
133. 李国柱、马树才:《政府规模与经济增长:基于中国的经验研究》,《统计与决策》2007 年第 2 期。
134. 李建强、张淑翠:《政府规模对经济增长的非线性影响——基于中国省级面板数据的平滑转移检验》,《南京财经大学学报》2011 年第 5 期。
135. 李军:《略论政府规模与活动范围的经济界限》,《财贸经济》1991 年第 1 期。
136. 林毅夫:《转型国家需要有效市场和有为政府》,《中国经济周刊》2014 年第 6 期。

137. 刘博逸：《政府规模适度化的评价标准》，《湘潭大学学报》（社会科学版）2000 年第 2 期。
138. 刘霖：《政府规模与经济增长——基于秩的因果关系研究》，《社会科学研究》2005 年第 1 期。
139. 刘霖：《一个衡量政府规模的新指标》，《当代财经》2005 年第 5 期。
140. 刘溶沧、马拴友：《赤字、国债与经济增长关系的实证分析——兼评积极财政政策是否有挤出效应》，《经济研究》2001 年第 2 期。
141. 刘伟、张辉：《中国经济增长中的产业结构变迁和技术进步》，《经济研究》2008 年第 11 期。
142. 刘新、刘星、刘伟：《财政社会保障支出的就业效应——基于 1978—2008年的经验数据》，《山西财经大学学报》2010 年第 7 期。
143. 卢向国：《关于政府规模适度化的理性思考》，《学习论坛》2001 年第 10 期。
144. 陆铭、欧海军：《高增长与低就业：政府干预与就业弹性的经验研究》，《世界经济》2011 年第 12 期。
145. 罗凯：《健康人力资本与经济增长：中国分省数据证据》，《经济科学》2006 年第 4 期。
146. 罗忠桓、卿定文：《现代服务型政府的规模特征》，《四川行政学院学报》2005 年第 3 期。
147. 吕炜、单双：《政府规模与公共服务水平关系研究——基于中国省际面板数据的分析》，《财经科学》2009 年第 3 期。
148. 吕锡琛、Sarafinas Dan：《论老子无为而治与哈耶克的自由与有限政府思想》，《中南大学学报》（社会科学版）2012 年第 6 期。
149. 吕忠梅、陈虹：《政府干预与干预政府——关于政府经济行为的理性分析》，《经济法论丛》1999 年第 2 期。
150. 马光荣、李力行：《政府规模、地方治理与企业逃税》，《世界经济》2012 年第 6 期。
151. 马拴友：《政府规模与经济增长：兼论中国财政的最优规模》，《世界经济》2000 年第 11 期。
152. 马拴友：《公共教育支出与经济增长——我国财政教育支出的最优

规模估计》，《社会科学家》2002 年第 2 期。
153. 毛寿龙、李梅：《有限政府的经济分析》，上海三联书店 2000 年版。
154. 闵学勤：《政府质量评估的微观模型建构——基于全球 58 个国家数据的实证分析》，《社会科学研究》2013 年第 2 期。
155. 钱昇、武健：《政府补贴对知识溢出条件下竞争企业 R&D 合作收益的影响》，《东岳论丛》2007 年第 6 期。
156. 任剑涛：《国家治理的简约主义》，《开放时代》2010 年第 7 期。
157. 邵晓、任保平：《结构偏差、转化机制与中国经济增长质量》，《社会科学研究》2009 年第 5 期。
158. 施定国、徐海洪、刘凤朝：《政府科技投入对高校科技支出及专利产出的影响》，《科技进步与对策》2009 年第 23 期。
159. 石亚军：《当前推进政府职能根本转变亟须解决的若干深层问题》，《中国行政管理》2015 年第 6 期。
160. 石佑启、黄新波：《我国大部制改革的价值取向》，《广东行政学院学报》2012 年第 3 期。
161. 苏盛安、赵付民：《政府科技投入对我国技术进步的贡献》，《科技管理研究》2005 年第 9 期。
162. 苏晓红、王文剑：《中国的财政分权与地方政府规模》，《财政研究》2008 年第 1 期。
163. 孙琳、潘春阳：《"利维坦假说"、财政分权和地方政府规模膨胀——来自 1998—2006 年的省级证据》，《财经论丛》2009 年第 2 期。
164. 孙群力：《经济增长对中国地方政府规模的影响：Wagner 法则的有效性检验》，《江西财经大学学报》2007 年第 2 期。
165. 孙群力：《财政分权对政府规模影响的实证研究》，《财政研究》2008 年第 7 期。
166. 孙群力：《地区差距、财政分权与中国地方政府规模》，《财贸经济》2009 年第 7 期。
167. 孙群力：《中国地方政府规模影响因素的实证研究》，《财政研究》2010 年第 1 期。
168. 孙群力：《中国地方政府最优规模的理论与实证研究》，《中南财经政法大学学报》2006 年第 4 期。
169. 唐皇凤：《中国国家治理体系现代化的路径选择》，《福建论坛》（人文社会科学版）2014 年第 2 期。
170. 汪德华、张再金、白重恩：《政府规模、法治水平与服务业发展》，《经济研究》2007 年第 6 期。
171. 汪习根：《“全面推进依法治国”笔谈之三　国家治理体系的三个维度》，《改革》2014 年第 9 期。
172. 王弟海、龚六堂、李宏毅：《健康人力资本、健康投资和经济增长——以中国跨省数据为例》，《管理世界》2008 年第 3 期。
173. 王浦劬：《论转变政府职能的若干理论问题》，《国家行政学院学报》2015 年第 1 期。
174. 王文甫：《政府支出、技术进步对劳动就业的效应分析》，《经济科学》2008 年第 3 期。
175. 王文甫：《公共教育支出对劳动就业效应的理论分析》，《统计与决策》2010 年第 5 期。
176. 王文剑：《财政分权、地方政府行为与地区经济增长》，博士学位论文，河南大学，2008 年。
177. 王文剑：《中国的财政分权与地方政府规模及其结构——基于经验的假说与解释》，《世界经济文汇》2010 年第 5 期。
178. 王雪青：《对我国政府规模扩张的分析研究》，《黑龙江对外经贸》2005 年第 6 期。
179. 王玉明：《论政府规模及其合理尺度》，《地方政府管理》1998 年第 9 期。
180. 王祖明、吴仁明、靳玉军：《论我国政府规模扩大的原因及改革原则》，《重庆邮电学院学报》（社会科学版）2004 年第 1 期。
181. 夏杰长：《我国劳动就业结构与产业结构的偏差》，《中国工业经济》2000 年第 1 期。
182. 许春、刘奕：《技术溢出与企业研发政府补贴政策的相机选择》，《科学学与科学技术管理》2005 年第 1 期。
183. 许耀桐、刘祺：《当代中国国家治理体系分析》，《理论探索》2014 年第 1 期。
184. 许治：《政府公共 R&D 与内生经济增长》，博士学位论文，西北大学，2006 年。
185. 宣晓伟：《国家治理体系和治理能力现代化的制度安排：从社会分工理论观瞻》，《改革》2014 年第 4 期。
186. 闫志刚：《公共部门规模探讨——兼评中国之官民比》，《四川行政学院学报》2006 年第 3 期。
187. 颜青：《财政支出结构与居民消费水平关系研究》，《统计与决策》2012 年第 11 期。
188. 杨灿明、孙群力：《外部风险对中国地方政府规模的影响》，《经济研究》2008 年第 9 期。
189. 杨建芳、龚六堂、张庆华：《人力资本形成及其对经济增长的影响——一个包含教育和健康投入的内生增长模型及其检验》，《管理世界》2006 年第 5 期。
190. 杨子晖：《政府规模、政府支出增长与经济增长关系的非线性研究》，《数量经济技术经济研究》2011 年第 6 期。
191. 姚静：《对政府规模问题的探究》，《兰州学刊》2005 年第 2 期。
192. 尹音频、张昆明：《财政政策结构的就业效应分析与思考》，《西南民族大学学报》（人文社会科学版）2004 年第 2 期。
193. 于长革：《政府职能与政府间责权配置》，载胡家勇主编《构建有效政府》，中国社会科学出版社 2010 年版。
194. 余长林：《人力资本投资结构与经济增长——基于包含教育资本、健康资本的内生增长模型理论研究》，《财经研究》2006 年第 10 期。
195. 袁芳英、王东海：《政府消费性支出和生产性支出的就业效应探析》，《学术交流》2009 年第 6 期。
196. 张东红、殷龙、仲健心：《政府研发投入对企业研发投入的互补与替代效应研究》，《科技进步与对策》2009 年第 17 期。
197. 张光南、李军：《制度、最优政府规模与经济增长》，《统计研究》2008 年第 3 期。
198. 张慧君：《经济转型与国家治理模式演进——基于中国经验的研究》，《经济体制改革》2009 年第 2 期。
199. 张平：《论中国区域产业结构演进的特征》，《武汉大学学报》（哲学社会科学版）2005 年第 3 期。
200. 张荣霞、何影、史晓丹：《民生类政府财政支出对居民消费影响的研究》，《软科学》2013 年第 11 期。

201. 张喜红、罗志强：《论现代国家治理体系的协同性》，《湖北社会科学》2014 年第 11 期。

202. 张雅林：《适度政府规模与我国行政机构改革的选择》，《经济社会体制比较》2001 年第 3 期。

203. 张勇、古明明：《公共投资能否带动私人投资：对中国公共投资政策的再评价》，《世界经济》2011 年第 2 期。

204. 张治觉、吴定玉：《我国政府支出对居民消费产生引致还是挤出效应——基于可变参数模型的分析》，《数量经济技术经济研究》2007 年第 5 期。

205. 张宗林、张建明、张丽荣等：《依法行政是法治社会的根基》，《信访与社会矛盾问题研究》2015 年第 3 期。

206. 赵蓓、战岐林：《税收、政府支出与消费变动的关系——基于省际面板数据的实证分析》，《当代财经》2010 年第 11 期。

207. 赵志耘、吕冰洋：《政府生产性支出对产出—资本比的影响——基于中国经验的研究》，《经济研究》2005 年第 11 期。

208. 郑法川：《地方政府规模影响因素实证分析》，《湖北经济学院学报》2012 年第 4 期。

209. 周黎安、陶婧：《政府规模、市场化与地区腐败问题研究》，《经济研究》2009 年第 1 期。

210. 周学荣、何平、李娲：《政府治理、市场治理、社会治理及其相互关系探讨》，《中国审计评论》2014 年第 1 期。

211. 朱翠萍、蒋智华：《政府财政支出的就业效应与政策建议》，《云南财经大学学报》2010 年第 3 期。

212. 诸大建、徐萍：《中国政府规模、经济增长与福利》，《同济大学学报》（社会科学版）2010 年第 2 期。

213. 竹立家：《国家治理体系重构与治理能力现代化》，《中共杭州市委党校学报》2014 年第 1 期。

214. 祝接金、胡永平：《政府支出、效率改进与经济增长——基于面板数据随机系数模型的实证研究》，《当代财经》2005 年第 2 期。

215. 祝树金、虢娟：《开放条件下的教育支出、教育溢出与经济增长》，《世界经济》2008 年第 5 期。

后　记

本书是在博士毕业论文的基础上完成的，即将付梓之际，有欣喜、有激动，更有紧张和忐忑不安。欣喜的是，自己的成果出版在即，忐忑的是，自认为付出一番心血的成果，在学界前辈和同行面前却只是拙作一篇，贻笑大方。但作为一名从事政治经济学研究领域的新成员，出于对有效政府研究的热情，选择“政府规模”这一研究对象，提出个人的一些浅显的观点和论证，勉强算是一个小小的贡献。在实际写作中发现，鉴于个人的理论素养和专业知识，很难驾驭这一研究对象。只能试图在以往我国行政体制改革历史经验的基础上，以政府规模对经济增长的影响机制为立足点，对政府规模和经济增长效应做出较为准确的评价，对围绕政府职能转变这一核心构建合理政府规模提出一些理论思考。并结合党的十八大以来党和政府对我国行政体制改革做出的新的决议，提出一些转变政府职能，构建合理政府规模的政策思路。

博士论文完成至今已两年有余，在书稿修改过程中尽可能反映出我国行政体制改革的新变化，但数据更新有一定难度，且新增一年在统计特征上显示异常，因此保留原论文的数据结构。政府规模是一个意义重大且难以把握的课题，论文的浅薄之处显而易见，或许还有许多谬误，请学界前辈、专家和读者批评指正。

本书的出版要感谢教研部和科研处领导的大力支持，并感谢中共陕西省委党校资助。还要特别感谢本书注释和参考文献中提到的期刊论文、学位论文和专著的作者，没有他们的研究成果，本书很难顺利完成。

当然，也要感谢我的博士研究生导师胡家勇研究员。没有他的悉心指导、鞭策和关爱，我不可能顺利完成学业。还有帮助过我的经济系的各位老师和同学们，恕我不能一一列举出名字，但我永远也不会忘记和你们在一起度过的幸福时光，我为成为你们的同学和朋友备感荣幸和自豪。

最后，要感谢我的家人对我的关爱和支持。尤其是我先生的理解、支持和帮助，才使我克服困难，坚持完成学业，并按时完成单位的工作。感谢有他的陪伴！

以后我一定会以更专业的心对待工作，更柔软的心对待生活，更笃学的心对待学习，更充实地度过未来的每一天。

李银秀

2017 年 1 月